解　答　編

JN065080

筆記問題編

1　前置詞に関する問題

3　**出題例**
(1) ④　(2) ⑤　(3) ③　(4) ②

(1) 当時，多くの子どもたちが餓死した。
(2) 君のおかげで，私たちはこの仕事を1日で終えた。
(3) 私たちの国では，学校は4月に始まる。
(4) この雷雨ではホテルにいるほうがいい。

5　**EXERCICE 1**
(1) en　(2) à　(3) vers　(4) à　(5) jusqu'au
(6) dans　(7) de　(8) dans　(9) en
(10) depuis　(11) de　(12) pour

(1) 彼女はディクテで悪い点をとった。
(2) 夏は，カフェテラスにたくさんの人がいる。
(3) 彼は奥さんのほうを振り向いた。
(4) 彼はニース大学の教師です。
(5) 広い公園が湖まで広がっている。
(6) 私の友人は飛行機事故で亡くなった。
(7) ニコルは毎日自宅からバス停まで歩く。
(8) 私たちは森を歩くのが好きです。
(9) 泥棒は刑務所へ連れて行かれた。
(10) パリからヴァランスまでは晴天に恵まれた。
(11) ポケットから手を出しなさい。
(12) 16時ごろのストラスブール行きの列車はありますか？

7　**EXERCICE 2**
(1) parmi　(2) devant　(3) contre
(4) sous　(5) sous　(6) entre　(7) parmi
(8) derrière / devant　(9) Sur　(10) chez
(11) par　(12) sur

(1) この音楽家は最も偉大な音楽家の1人です。
(2) 正面玄関のまえは駐車禁止です。
(3) 彼は机を壁にぴったりつけた。
(4) 彼は雨のなかをでかけた。

(5) 彼はいつもパソコンを小脇にかかえて散歩する。
(6) 彼はたばこを指にはさんでいる。
(7) 君のクラスの生徒たちのなかでだれが最もたくさんの本を読みますか？
(8) その犬はとても長いあいだ車の後を追いかけてきた［車のまえを走っていた］。
(9) 国の西部ではまもなく雲がいすわる天気になるでしょう。
(10) くつろいでください。
(11) 南仏へ行くにはリヨンを経由することになるでしょう。
(12) 帆船が水のうえをゆっくりと進んでいる。

9　**EXERCICE 3**
(1) Entre　(2) en　(3) pendant　(4) de
(5) pour　(6) dans　(7) en　(8) pendant
(9) à　(10) vers　(11) dans　(12) Dans

(1) 私は2度のロンドン旅行のあいまにあなたと会えるでしょう。
(2) 私は1時間で100キロメートル走った。
(3) 私は君を1時間待って，それから出発した。
(4) 私は朝早く来ます。
(5) 明晩のテーブルを予約したいのですが。
(6) 私は1週間後彼に会いにいきます。
(7) その本は10月に出版されるだろう。
(8) 散歩の途中で私たちは突然雷雨にあった。
(9) 私の両親は今月末にヴァカンスにでかける。
(10) 5月15日頃にパーティーを開きます，正確な日付はのちほどお知らせします。
(11) 3日以内にお子さんの入園手続きをしなければなりません。
(12) 若いころ彼はドライブするのが好きだった。

11　**EXERCICE 4**
(1) Après　(2) avant　(3) jusqu'à　(4) dès
(5) avant　(6) depuis　(7) depuis
(8) Après　(9) jusqu'à　(10) après
(11) avant　(12) dès

(1) ほほえんだあと彼女は私を許してくれた。
(2) 彼女はその仕事を始めるまえに躊躇した。
(3) 彼は講演の最後までいた。
(4) きょうにもさっそくこの仕事を始めなければならない。
(5) 彼は10時まで家へ帰ってこない。
(6) 私の娘はけさからずっと具合が悪い。
(7) 私の犬が心配だ，数日まえからもう餌を食べていない。
(8) 少し休憩したあと私たちは仕事を再開した。
(9) いつまで彼（女）を待つのですか？
(10) 遅れないようにするために，16時50分を過ぎて到着することのないように。
(11) 土曜日までに私の車を修理してください，日曜日には車が要ります。
(12) 緊急の用事があれば，着いたらすぐに私に電話してください。

13 *EXERCICE 5*

(1) avec (2) à (3) sans (4) à (5) sans
(6) avec (7) sauf (8) avec (9) avec
(10) sauf (11) Avec (12) à

(1) エティエンヌ，指で食べないで！
(2) 出かけるときはドアに鍵をかけてください！
(3) 彼は1時間のあいだ休みなく話していた。
(4) 彼はいつも大股で歩く。
(5) その日ブレストはずっと雨だった。
(6) 私は一晩中父と政治談義をした。
(7) 日曜日をのぞいて私のスケジュールはいっぱいだ。
(8) バス付きの部屋が欲しいのですが。
(9) 船はゆっくりと前進している。
(10) セシルをのぞいて，私たちは全員泳ぐことができる。
(11) もう少しつきがあったら，フランスチームは試合に勝っていたのだが。
(12) つけ加えることがなにかありますか？

15 *EXERCICE 6*

(1) pour (2) de (3) sur (4) de (5) sur
(6) pour (7) de (8) de (9) pour
(10) pour (11) contre (12) contre

(1) これは子ども向けの映画ではない。
(2) この仕事をやるには当然車の運転ができなければならない。
(3) 20人中2人の受験生が合格した。
(4) 私に飲みものをください，喉が渇いて死にそうだ。
(5) 私はその件に関して何の意見もない。
(6) この季節にしては暑い。

(7) その列車は30分遅れている。
(8) テレビのうえには重たいものをなにも置かないでください。
(9) 私たちはその島へ行くために船に乗った。
(10) だれもそんなことをするほど愚かではないでしょう。
(11) 彼が拒否したので私は彼に対する怒りをおぼえた。
(12) 賛成票を投じたジャンをのぞいて，全員がその企画に反対票を投じた。

17 *EXERCICE 7*

(1) malgré (2) Par (3) par (4) en
(5) par (6) Selon (7) en (8) par
(9) en (10) en (11) comme (12) comme

(1) 寒かったにもかかわらず，多くのデモ参加者がやってきた。
(2) 幸い彼は転んだときけがをしなかった。
(3) 彼は週に2回レストランで夕食をとる。
(4) 彼は健康そうには見えない。
(5) 私は求人広告で職を見つけた。
(6) 私にいわせれば，君は完全にまちがっている。
(7) 私たちは田舎に木造の家を建てた。
(8) 地下鉄の4番線でそこへ行くことができる。
(9) ケーキを4つに切り分けてください。
(10) 君のプリンターを貸して，私のは故障している。
(11) 君は助手としてだれを採用したの？
(12) 君はお母さんに似て料理がうまい。

19 *EXERCICE 8*

(1) à (2) à (3) à (4) avec (5) en (6) de
(7) de (8) pour (9) de (10) de (11) à
(12) pour

(1) ここはとても暮らしやすい街です。
(2) これはその国を旅行するまえに知っておくと役に立つ情報です。
(3) 彼女はやっと出かける用意ができた。
(4) 彼女は妹たちにやさしい。
(5) 彼は数学がよくできる。
(6) 今日数ヶ国語ができることは役に立つ。
(7) 広場には1万人をくだらない人がいた。
(8) 彼らはこの旅行をするのに十分なお金をもっている。
(9) 猫の習性は犬のそれとは異なる。
(10) 彼（女）の小論文はスペルミスだらけだ。
(11) 君の車はとても運転しやすい。
(12) 受験するにはあらかじめ登録しておく必要がある。

EXERCISE 9

(1) à　(2) par　(3) à　(4) de　(5) de
(6) avec　(7) sur　(8) de　(9) de　(10) sur
(11) de　(12) à

(1) この家具は大して役に立たない。
(2) 探し続けなさい，その辞書は最後には見つかるでしょう。
(3) 彼は真実を言うことをためらっていた。
(4) 彼は通勤に車を使っている。
(5) 私は運を試してみることにした。
(6) 私は金曜日の6時にローズと会う約束をしている。
(7) 私はこの問題を解決するためにあなたを当てにしている。
(8) 子どもたちは私がいないことをいいことにばかなことをした。
(9) あす忘れないで私の家に寄ってください。
(10) スイッチを入れるにはこのボタンを押さなければならない。
(11) 健康に気をつけてください。
(12) あなたのドレスは私のと似ている。

まとめの問題

1　(1) ②　(2) ①　(3) ⑤　(4) ④
(1) この霧だと，ドライブに行くことはできない。
(2) ジャックは私の友だちです。
(3) 私の祖父はけっこうな歳なのに週に2回プールに行く。
(4) 君が外出中だれが子どもたちの面倒をみてくれるの？

2　(1) ④　(2) ③　(3) ⑥　(4) ⑤
(1) TGV を使えば，パリーモンペリエ間は3時間ちょっとの旅路です。
(2) アメリから帰国してこのかた彼らから音沙汰がない。
(3) 天気予報によると今週末は晴れます。
(4) 入場料は1人10ユーロです。

3　(1) ⑥　(2) ④　(3) ⑤　(4) ③
(1) 午後はイギリス南部で雨になります。
(2) 彼は文法の教科書を忘れたので罰をうけた。
(3) 彼はなにも言わずに行ってしまった。
(4) 私たちの国では，11月初めには冬になってしまいます。

4　(1) ①　(2) ⑥　(3) ④　(4) ②
(1) これはのどの痛みにとてもよく効く薬です。
(2) これらすべての本のなかから私たちの友だちがもっとも気に入るものを選ぶのはむずかしい。

(3) 彼らはこの部屋を1DK に作りかえたいと思っている。
(4) 子どものころ私はリヨンに住んでいた。

5　(1) ⑥　(2) ②　(3) ④　(4) ①
(1) 今度の試験で彼は20点満点で18点とった。
(2) 写真コンクールで彼はアランとコリーヌについで3位だった。
(3) 彼は隣人たちから嫌われている。
(4) 私の意見では，ヴァカンスへでかけるのはあきらめるほうがいいでしょう。

6　(1) ④　(2) ③　(3) ⑥　(4) ①
(1) きょうは気温は季節のわりに低いままでしょう。
(2) 春です，木々に花が咲いています。
(3) 私のアパルトマンの窓はモンソー公園に面しています。
(4) 私たちはシングルの部屋をお願いしたいのですが。

2　定型表現

出題例
(1) santé　(2) mal　(3) invite　(4) fort
(5) Servez

EXERCICE 1

(1) bientôt　(2) Assieds / Assois
(3) retour　(4) bonjour　(5) Enchanté(e)
(6) temps　(7) anniversaire　(8) amitiés
(9) aise　(10) année　(11) présenter
(12) félicitations

EXERCICE 2

(1) possible　(2) faute　(3) gentil
(4) dépendra　(5) façon　(6) rien　(7) fait
(8) pardon　(9) coup　(10) quoi
(11) doute　(12) tort

EXERCICE 3

(1) avis　(2) sûr　(3) nécessaire　(4) droit
(5) important　(6) besoin　(7) regrette
(8) permets　(9) autrement　(10) revient
(11) service　(12) dérange

EXERCICE 4

(1) plaisir　(2) entendu　(3) égal
(4) marche　(5) aucune　(6) faute
(7) promis　(8) convient　(9) Dommage
(10) allait　(11) manque　(12) nôtres

3 動詞に関する問題

59 ### 出題例
(1) avons eu (2) demande
(3) sont montés (4) diminuera
(5) enseignait

(1) **A, B** 今年の夏はよく雨が降った。
(2) **A** この仕事には3ヶ月以上かかる。
   B この仕事は3ヶ月以上を要する。
(3) **A, B** 彼らはニースで列車に乗った。
(4) **A** この地域では生徒の数がますます減
   少するだろう。
   B この地域では生徒数が減少するだろ
   う。
(5) **A** 私の姉［妹］は高校で英語の授業を
   していた。

4

B 私の姉［妹］は高校で英語を教えて
いた。

61 *EXERCICE 1*

(1) sont　(2) a été tuée　(3) a sauvé

(4) est　(5) meurs　(6) neige　(7) pleut

(8) était　(9) a vécu　(10) sont devenues

(11) soigne　(12) êtes

(1) **A, B**　この手袋は私の母のものです。
(2) **A**　彼女は交通事故の犠牲になった。
　　B　彼女は交通事故で亡くなった。
(3) **A**　彼は遊泳者を危険から脱出させた。
　　B　彼はおぼれている遊泳者を救出した。
(4) **A**　この絵は描き直さなければならない。
　　B　この絵は描きなおすべきだ。
(5) **A**　私はとても空腹で喉も渇いている。
　　B　私は空腹と渇きで死にそうだ。
(6) **A, B**　けさからずっと雪が降っている。
(7) **A, B**　3日まえからずっと雨が降ってい
る。
(8) **A, B**　私のアパルトマンはこの街にあっ
た。
(9) **A**　私の父は生涯を仕事に捧げた。
　　B　私の父は仕事のためだけに生きた。
(10) **A**　私の眼鏡はどこにあるのだろう？
　　B　私の眼鏡はどこへいったのだろう？
(11) **A, B**　君がいないあいだ，だれが猫の世
話をするのですか？
(12) **A**　あなたはマルセイユで生まれたので
すか？
　　B　あなたはマルセイユ出身ですか？

63 *EXERCICE 2*

(1) a amusé　(2) ai dormi　(3) habitait

(4) a habillé　(5) se coucher

(6) se promener　(7) laver　(8) joue

(9) me suis réveillé　(10) lave-toi

(11) dîne　(12) travailler

(1) **A, B**　この本は私を楽しませてくれた。
(2) **A, B**　昨夜私は4時間しか眠れなかった。
(3) **A**　少年時代彼は田舎で暮らしていた。
　　B　少年時代彼は田舎に住んでいた。
(4) **A, B**　彼女は息子に新調の服を着せた。
(5) **A**　彼はすでに眠るためにベッドへいった。
　　B　彼はすでに寝にいった。
(6) **A**　彼は町をひと巡りしにでかけた。
　　B　彼は町を散歩しにでかけた。
(7) **A, B**　私は日曜日には洗車しなければな
らない。
(8) **A**　ジャンヌはピアノで音楽を演奏する。
　　B　ジャンヌはピアノを演奏する。

(9) **A**　雷雨が私の眠りを覚ました。
　　B　私は雷雨で目を覚ました。
(10) **A, B**　パスカル，寝るまえに歯を磨きな
さい。
(11) **A, B**　家族全員が7時に夕食をとる。
(12) **A, B**　勉強しにいきなさい，君はあすの
宿題がある。

65 *EXERCICE 3*

(1) sortir　(2) Suivez　(3) est restée

(4) passait　(5) arrivera　(6) sont montés

(7) retournerais　(8) ai passé

(9) Passons　(10) traverser　(11) vient

(12) va

(1) **A**　この本は発売されたばかりです。
　　B　この本は刊行されたばかりです。
(2) **A**　そのまま広場まで進み続けてくださ
い。
　　B　広場までこの道に沿って行ってくだ
さい。
(3) **A**　彼女はベッドで1日過ごした。
　　B　彼女は1日中ベッドにいた。
(4) **A, B**　彼は嘘つきとみなされていた。
(5) **A**　彼は奥さんの説得に成功しないだろ
う。
　　B　彼は奥さんをうまく説得できないだ
ろう。
(6) **A, B**　彼らは北駅で列車に乗った。
(7) **A**　私はもう一度パリへ行きたいのだが。
　　B　私はパリを再訪したいのだが。
(8) **A**　私は今週末湖畔にいた。
　　B　私は今週末を湖畔で過ごした。
(9) **A**　細部にいつまでも拘泥しないように
しましょう。
　　B　細部を飛ばしましょう。
(10) **A**　銀行へ行くには，あの橋を通らなけ
ればならない。
　　B　銀行へ行くには，あの橋を渡らなけ
ればならない。
(11) **A, B**　どうして彼はいつも約束を忘れる
のだろう？
(12) **A**　どうしたの，マルタン？
　　B　どこがよくないの，マルタン？

67 *EXERCICE 4*

(1) joignant　(2) a abandonné

(3) a coupé　(4) quitte　(5) touche

(6) partageait　(7) se marier

(8) diminuera　(9) ai manqué

(10) augmente / a augmenté　(11) ai perdu

(12) Enlevez

<table>
<tr><td>ページ</td><td></td><td></td></tr>
</table>

(1) **A, B** 彼らが成功したのは力を結集する ことによってです。

(2) **A** 彼女はテニスへの関心を失った。
B 彼女はテニスを断念した。

(3) **A** 彼女は1つのリンゴを4つに分けた。
B 彼女は1つのリンゴを4つに切り分 けた。

(4) **A** 彼女は旅にでることしか考えていな い。
B 旅にでるという考えが彼女の頭を離 れることはけしてない。

(5) **A** 彼は毎月30日に給料を支払われる。
B 彼は毎月30日に給料をもらう。

(6) **A** 彼は友人と同じアパルトマンに住ん でいた。
B 彼はアパルトマンを共有していた。

(7) **A, B** 彼は今年の秋アニタと結婚する。

(8) **A** この村の住民はだんだん減っていく だろう。
B この村では住民数が減少してゆくだ ろう。

(9) **A** 私は遅れずに到着しなかったので列 車に乗れなかった。
B 私は列車に乗り遅れた。

(10) **A** この町では事故がますます増えてい る。
B この町では事故数が増加している [増 加した]。

(11) **A** 私の父は昨年亡くなった。
B 私は昨年父を失った。

(12) **A** テーブルのうえにノートを置かない でください。
B テーブルのうえのノートをどけてく ださい。

69 EXERCICE 5

(1) a changé　(2) a changé

(3) Essaye / Essaie　(4) Installez-vous

(5) remplacerai　(6) préparais

(7) ranger　(8) réparer　(9) ont mis

(10) ont posé　(11) s'installer

(12) a été remise

(1) **A** 彼女は家具をよそに置いた。
B 彼女は家具の位置をかえた。

(2) **A** 彼女は携帯電話を他のと取りかえた。
B 彼女は携帯電話をかえた。

(3) **A, B** 遅刻しないように努力しなさい！

(4) **A** 自分の家にいるようにくつろいでく ださい。
B ゆったりとしてください。

(5) **A** 私は来月車をかえる。
B 私は来月車を取りかえる。

(6) **A** 私は高校生のころ試験のために猛勉

強していた。
B 私は高校生のころ多いに試験の準備 をしていた。

(7) **A, B** この書類を全部整理する必要があ るでしょう。

(8) **A, B** 閉まりの悪いドアを修理しなけれ ばならない。

(9) **A** 彼らはそこへ行くのに1時間かかっ た。
B 彼らは1時間かけてそこへ行った。

(10) **A, B** 彼らは部屋にじゅうたんを敷いた。

(11) **A, B** 彼らは南仏へ移り住んだ。

(12) **A, B** 会議は来週に延期された。

71 EXERCICE 6

(1) ferme　(2) ouvre　(3) bouche

(4) arrête　(5) a éteint　(6) commence

(7) était allumée　(8) continuerai

(9) ouvre　(10) Commence

(11) Continuez　(12) as fini

(1) **A** この美術館は火曜日は見学者を受け 入れない。
B この美術館は火曜日は休館だ。

(2) **A** このスーパーは日曜日も閉まらない。
B このスーパーは日曜日も開いている。

(3) **A** この建物のせいで私たちは遠くが見 えない。
B この建物は私たちの視界をさえぎっ ている。

(4) **A** 彼女はずっと泣きっぱなしだ。
B 彼女は泣くことをやめない。

(5) **A, B** 彼はテレビを消した。

(6) **A, B** 雪が降り始める。

(7) **A** 部屋には明かりがあった。
B 部屋には明かりがついていた。

(8) **A** 私は勉学を断念しない。
B 私は勉学を続ける。

(9) **A** 図書館には9時になったら入れる。
B 図書館は9時に開館する。

(10) **A** まず持ちものを片づけなさい！
B 持ちものを片づけることから始めな さい！

(11) **A** 次の交差点までこの道に沿って行っ てください。
B 次の交差点までこのままこの道を行 ってください。

(12) **A** 君は残りを全部食べた？
B 君は料理を食べ終えた？

73 EXERCICE 7

(1) s'agit　(2) serrent　(3) a lancé

(4) presse　(5) Tire　(6) a sauté

(7) a tourné　(8) ai jeté　(9) saisis

6

⑽ a poussé　⑾ marchaient

⑿ Assois-toi / Assieds-toi

⑴ **A** それは私たちの本題ではない。

　　B それが問題になっているのではない。

⑵ **A** この靴は窮屈すぎて足が痛い。

　　B この靴は私にはきつい。

⑶ **A** その作家を有名にしたのはこの小説です。

　　B その作家を世にだしたのはこの小説です。

⑷ **A** 彼女は私にできるだけ早く会いにくるようにと言う。

　　B 彼女は会いにくるようにと私をせきたてる。

⑸ **A** 部屋から出るときはドアを閉めなさい。

　　B 部屋から出るときは後ろ手にドアを引きなさい。

⑹ **A** ピエールが読まなかった1ページがある。

　　B ピエールは読むとき1ページ飛ばした。

⑺ **A** イザベルは私を見た。

　　B イザベルは私のほうへ目を向けた。

⑻ **A** 私は古新聞を全部ゴミ箱へ入れた。

　　B 私は古新聞を全部捨てた。

⑼ **A, B** 私はあなたの説明をうまく理解できない。

⑽ **A** 晴天だから私たちは散歩した。

　　B 晴天は私たちを散歩へと駆りたてた。

⑾ **A** 地下鉄はさのうはヒトに入っていた。

　　B 地下鉄はきのうは動いていなかった。

⑿ **A, B** この椅子にすわりなさい。

EXERCICE 8

⑴ a montré　⑵ a découvert

⑶ se présentera　⑷ cherche

⑸ cachaient　⑹ est couverte

⑺ a disparu　⑻ avons présenté

⑼ paraît　⑽ écoutes　⑾ as rencontré

⑿ voir

⑴ **A, B** 彼女は私たちにヴァカンスの写真を見せた。

⑵ **A, B** 彼は路上で100ユーロ紙幣を見つけた。

⑶ **A, B** 彼は国会議員選挙に立候補するだろう。

⑷ **A** 彼は眼鏡を見つけることができない。

　　B 彼はあちこち眼鏡を探している。

⑸ **A** 彼らは不満を露わにしていた。

　　B 彼らは不満を隠さなかった。

⑹ **A** テーブルのうえにたくさんの本がある。

　　B テーブルは本におおわれている

⑺ **A** 私の携帯電話がもう見当たらない。

　　B 私の携帯電話がなくなった。

⑻ **A** 私たちは身分証明書を税官吏に見せた。

　　B 私たちは身分証明書を税官吏に提示した。

⑼ **A** 彼は奥さんと別れるといううわさだ。

　　B 彼は奥さんと別れるらしい。

⑽ **A** なぜ君は私たちのアドバイスに従わないの？

　　B なぜ君は私たちの言うことを聞かないの？

⑾ **A, B** 君はいつジュリエットと知りあったの？

⑿ **A** 君はときどき私のところへくることができるでしょう。

　　B 君はときどき私に会いにくることができるでしょう。

EXERCICE 9

⑴ Taisez-vous　⑵ Explique　⑶ répète

⑷ a salué　⑸ discutaient　⑹ dit

⑺ représente　⑻ a menti　⑼ appelle

⑽ crie　⑾ veut　⑿ écriras

⑴ **A** しっ！おしゃべりしないでください！

　　B しっ！黙ってください！

⑵ **A** 私に君が泣いている理由を教えなさい。

　　B 私になぜ君が泣いているのか説明しなさい。

⑶ **A** ここだけの話だが，私はマリーをあまり好きではない。

　　B 私がマリーをあまり好きではないことを口外しないで。

⑷ **A, B** フランソワはブランさんにあいさつした。

⑸ **A** 彼らは政治情勢について意見を交わしたものだった。

　　B 彼らは政治情勢について議論したものだった。

⑹ **A** 私はドライブしたくない。

　　B 私はまったくドライブする気にはならない。

⑺ **A** 鳩は平和の象徴だ。

　　B 鳩は平和を象徴している。

⑻ **A** 警察は目撃者が真実を言わなかったと確信している。

　　B 警察は目撃者がうそをついたと確信している。

⑼ **A, B** ジラールさん，あなたに電話です。

⑽ **A** そんなに大声で話すな，私には君の声がよく聞こえている。

B 大きな声をだすな，私には君の声がよく聞こえている。
(11) A この単語の意味は何ですか？
B この単語はなにを意味するのですか？
(12) A 君は両親に手紙をだしなさい。
B 君は両親に手紙を書きなさい。

79 *EXERCICE 10*

(1) possédait (2) a pris (3) prêter
(4) a eu (5) garder (6) a rendus
(7) Donnez (8) reprendrai (9) a reçu
(10) s'occupe (11) Laisse (12) prenez

(1) A この別荘はある作家のものでした。
B この別荘を所有していたのはある作家です。
(2) A 彼女は1年で10キロ太った。
B 彼女は1年で10キロ体重が増えた。
(3) A 君のCDを借りてもいい？
B 私に君のCDを貸してくれる？
(4) A, B ヴォージュ地方ではきのうたくさんの雪が降った。
(5) A 授業中は話すべきではない。
B 授業中は沈黙を守らなければならない。
(6) A 彼らは好結果がでたおかげで今までより愛想よくなった。
B 好結果は彼らを今までより愛想よくした。
(7) A あなたがどこに住んでいるか私に教えてください。
B 私にあなたの住所を教えてください。
(8) A 私はもう1杯コーヒーを飲みます。
B 私はコーヒーをもう少し飲みます。
(9) A 郵便配達人はけさ彼に娘からの手紙を届けた。
B 彼はけさ娘からの手紙をうけとった。
(10) A, B 私が外出するとき夫が子どもの面倒をみてくれる。
(11) A お父さんのじゃまをするな！
B お父さんをそっとしておきなさい！
(12) A, B あなたは肉を食べますか，それとも魚？

81 *EXERCICE 11*

(1) produira (2) avez fait / faites
(3) a cassé (4) a chargé (5) se porte
(6) a amené (7) fait (8) faisait
(9) brûle (10) porte
(11) conduit (12) apporter

(1) A, B この木にはすばらしい実がなるだ

ろう。
(2) A すみませんが，あなたは番号をおまちがえです。
B すみませんが，あなたはまちがった番号をダイヤルしました。
(3) A, B 彼女は皿を洗っているとき，コップを割った。
(4) A 彼女は夫にトマトを買うように言った。
B 彼女は夫にトマトの買いものを言いつけた。
(5) A, B 彼女は体の調子がよい。
(6) A 彼は兄［弟］といっしょに家にきた。
B 彼は家にきた，兄［弟］を連れてきた。
(7) A 彼は大学でスペイン語を勉強している。
B 彼は大学でスペイン語をやっている。
(8) A 今年の夏の暑さは息がつまるようだった。
B 今年の夏はおそろしく暑かった。
(9) A 森は炎のなかにある。
B 森は燃えている。
(10) A 手紙は8月10日づけだ。
B 手紙には8月10日の日付がついている。
(11) A 毎朝彼女は車で娘を学校へ連れていく。
B 毎朝彼女は車で娘を学校へ送っていく。
(12) A お客さんたちへ食事や飲みものをだしてくれますか？
B 注文の品をお客さんたちにもっていってくれますか？

83 *EXERCICE 12*

(1) me souviendrai (2) pensez
(3) savait (4) s'est aperçu
(5) me rappelle (6) sens (7) ai oublié
(8) comprends (9) ai remarqué
(10) connais (11) crois (12) reconnaissez

(1) A この旅行はいつまでも私の記憶に残るでしょう。
B 私はこの旅行をいつまでも覚えているでしょう。
(2) A, B あなたはこのドレスをどう思いますか？
(3) A, B 彼は3歳でスキーをすることができた。
(4) A, B 彼は自分の誤りに気づいた。
(5) A 私はもうそのホテルの名前を忘れた。
B 私はもうそのホテルの名前が思いだせない。
(6) A 私はとても腹が痛い。

B 私は腹に深い痛みを感じる。

(7) **A** 私はそのレストランの住所が思いだせない。

B 私はそのレストランの住所を忘れた。

(8) **A** このテキストの意味が私には理解できない。

B 私にはこのテキストが理解できない。

(9) **A** 私はローズの新しい髪型に注意をひかれた。

B 私はローズの新しい髪型に注目した。

(10) **A** 君はすでにディジョンへ行ったことがあるの？

B 君はディジョンを知ってるの？

(11) **A** 君は彼女が真実を言っていると思う？

B 君は彼女が言っていることを信じる？

(12) **A** あなたは私の息子を覚えていますか？

B あなたは私の息子がわかりますか？

85 ## EXERCICE 13

(1) respecte　(2) aimera　(3) choisissez
(4) ressemble　(5) préfère　(6) prévoir
(7) ont décidé　(8) m'attendais
(9) semble　(10) intéresse　(11) se trouve
(12) plaît

(1) **A** ベルナールは父親をばかにしている。
B ベルナールは父親を尊敬していない。

(2) **A** これらの花はとても私の娘の気に入るだろう。
B 私の娘はこれらの花がとても気に入るだろう。

(3) **A, B** これら2枚のブラウスのうちあなたはどちらを選びますか？

(4) **A** エミリーはほんとうに彼女の母親のようだ。
B エミリーは彼女の母親によく似ている。

(5) **A, B** 彼は演劇より映画のほうが好きだ。

(6) **A** 彼が試験に落ちることを前もって知ることは簡単だった。
B 彼が試験に落ちることを予想することは簡単だった。

(7) **A, B** 彼らはアメリカ合衆国に住むことに決めた。

(8) **A** 私はそんなことが起こるとは考えていなかった。
B 私はそのことを予想していなかった。

(9) **A** 私はルイーズをとても頭がいいと思う。
B 私にはルイーズはとても頭がよさそうに思える。

(10) **A** 彼(女)の講演は聴衆を退屈させる。

B 彼(女)の講演は聴衆の関心をひかない。

(11) **A, B** 君はエッフェル塔がどこにあるか知ってる？

(12) **A** 君は新しい車に満足しているの？

B 君の新しい車は気に入った？

87 ## EXERCICE 14

(1) permettra　(2) a accepté　(3) éviter
(4) demandent　(5) a empêché
(6) ose　(7) voulait　(8) refusons
(9) est interdit　(10) doit　(11) faudrait
(12) retiens

(1) **A** 彼は稼ぎがいいのでこの車を買うことができるだろう。
B 彼は給料のおかげでこの車を買うことができるだろう。

(2) **A, B** 彼はパーティーに来ることを承諾した。

(3) **A** 彼は渋滞に巻き込まれないように注意する。
B 彼は渋滞を避けるように注意する。

(4) **A** この公共工事を終えるには3年以上かかる。
B この公共工事は3年以上を要する。

(5) **A, B** 彼は暴風雨のために自転車に乗ることができなかった。

(6) **A, B** 私は彼(女)にノーと言う勇気がない。

(7) **A, B** ロールはまったくプールへ行く気になれなかった。

(8) **A** 私たちは彼(女)の招待を受けないのですか？
B 私たちは彼(女)の招待を断るのですか？

(9) **A** 芝生のうえを歩いてはいけない。
B 芝生のうえを歩くことは禁じられている。

(10) **A** 彼(女)の娘はこの消防士たちに救出された。
B 彼(女)の娘の命があるのはこの消防士たちのおかげだ。

(11) **A, B** 君はもっとよく考えてみるべきだよ。

(12) **A** あなたは行ってもいいです。
B 私はあなたをひき止めません。

89 ## EXERCICE 15

(1) peut　(2) obéissait　(3) ai appris
(4) punit　(5) a battu　(6) étudiera
(7) enseignait　(8) a conseillé
(9) s'emploie　(10) sers　(11) te sers

9

ページ (12) aident

(1) **A** この仕事を1時間ですることは可能です。
B この仕事は1時間ですることができる。

(2) **A** 彼は小学生のころ先生の言うことを聞かなかった。
B 彼は小学生のころ先生に従わなかった。

(3) **A** ジャックが君の到着を私に話した。
B 私はジャックから君の到着を知らされた。

(4) **A** 先生はおしゃべりをしている生徒たちに罰をあたえる。
B 先生はおしゃべりをしている生徒たちを罰する。

(5) **A** フランスチームはメキシコ戦に勝利した。
B フランスチームはメキシコチームを打ち負かした。

(6) **A** 私の娘はピアノの演奏を習うだろう。
B 私の娘をピアノを勉強するだろう。

(7) **A** 私の父は高校で化学の授業をしていた。
B 私の父は高校で化学を教えていた。

(8) **A, B** 友人は私たちに新しいレストランを勧めた。

(9) **A, B** この単語はあまり使われない。

(10) **A** あなたはなににしますか？
B 私はあなたになにを出しましょうか？

(11) **A** 君はそこへ行くために車に乗るの？
B 君はそこへ行くために車を使うの？

(12) **A** あなたのアドバイスはいつもとても有益です。
B あなたのアドバイスはいつも私の助けになる。

91 ***EXERCICE 16***
(1) as payé (2) ai dépensé (3) a vendu
(4) regrette (5) étonne (6) compte
(7) crains (8) remercie (9) vaut
(10) gagnait (11) souffres (12) coûte

(1) **A** このコートは高かったの？
B 君はこのコートに高い代金を払ったの？
(2) **A** この旅行は私にはとても高くついた。
B 私はこの旅行にたくさんのお金を費やした。
(3) **A** 彼はこの車を買った。
B 彼はこの車を売ってもらった。
(4) **A** 彼が来られないのは残念だ。

ページ **B** 私は彼が来られないのを残念に思う。
(5) **A** 彼があなたの提案を受けいれる公算はまずない。
B 彼があなたの提案を受けいれることはありそうもない。
(6) **A** この村には300人の住民がいる。
B この村の住民は300人を数える。
(7) **A, B** 私は列車に遅れるのではないかと心配だ。
(8) **A, B** 私は君が助けてくれたことに礼を言う。
(9) **A** 彼らの別荘は1千万ユーロで売れるかもしれない。
B 彼らの別荘は1千万ユーロの値打ちがある。
(10) **A** 彼は仕事の代価として高額のお金をもらっていた。
B 彼は高額のお金を稼いでいた。
(11) **A, B** 君はどこが痛いの？
(12) **A** このバッグの価格はいくらですか？
B このバッグはいくらですか？

92 **まとめの問題**

1 (1) vont (2) viendra (3) manque
(4) a vécu (5) a passé

(1) **A, B** ところで，仕事の調子はどうですか？
(2) **A** 彼は8時ごろ私を迎えに家に立ち寄る。
B 彼は8時ごろ私を迎えに家にくる。
(3) **A** 私はきょうこの仕事を終えるには十分な時間がない。
B 私はきょうこの仕事を終えるには時間が足りない。
(4) **A** 私の祖父は高齢で他界した。
B 私の祖父は長生きした。
(5) **A** サミュエルは午後いっぱいテニスをした。
B サミュエルは午後いっぱいテニスをして過ごした。

2 (1) cachait (2) paraît (3) a appelé
(4) continuera (5) ai retiré

(1) **A** あの家があるので私たちは海を見ることができなかった。
B あの家は私たちに海を見えなくしていた。
(2) **A** この雑誌は毎月発売される。
B この雑誌は毎月刊行される。
(3) **A** 彼女は医者に家へきてくれるように頼んだ。
B 彼女は医者を呼んだ。

10

(4) **A** 彼は夕食後のヴァイオリンの練習をやめないだろう。

    B 彼は夕食後のヴァイオリンの練習を続けるだろう。

(5) **A** 私はもう君を信頼していない。

    B 私は君への信頼感をなくした。

3 (1) a obtenu (2) prévienne
  (3) prenait (4) connaît (5) faites

(1) **A** 猛勉強したので彼はバカロレアに合格した。

    B 猛勉強したので彼はバカロレアを取得した。

(2) **A, B** 私は彼に出発の日時を前もって言わなければならない。

(3) **A** 彼は通勤に地下鉄を使っていた。

    B 彼は通勤に地下鉄に乗っていた。

(4) **A, B** ピエールはそのニュースを知っているの？

(5) **A, B** あなたの職業は何ですか？

4 (1) peut (2) devriez (3) voulais
  (4) me plaindre (5) aiment

(1) **A** ここに駐車することは禁止されている。

    B ここに駐車することはできない。

(2) **A, B** あなたはその提案を拒否すべきでしょう。

(3) **A, B** 私はもう彼に会いたくなかった。

(4) **A** 私は私の協力者に満足している。

    B 私は私の協力者に言うべき不満はない。

(5) **A** 猫は水をひどく嫌う。

    B 猫は水がまったく好きではない。

5 (1) préparaient (2) restera
  (3) pèse (4) ont quitté (5) bouche

(1) **A** この俳優たちは新しい公演にとりくんでいた。

    B この俳優たちは新しい公演を準備していた。

(2) **A** 彼女はカナダで1ヶ月過ごすだろう。

    B 彼女はカナダに1ヶ月滞在するだろう。

(3) **A** この小包の重さは2キロある。

    B この小包は2キロの重量がある。

(4) **A** ブラン家の人たちは1昨日パリを出発した。

    B ブラン家の人たちは1昨日パリを離れた。

(5) **A** 交通渋滞のおかげで動くことができない。

    B 交通渋滞が通りをふさいでいる。

6 (1) fait (2) dire (3) servait
  (4) Écoute (5) respecter

(1) **A, B** この壁は高さ3メートルある。

(2) **A** この2つの単語は同じ意味ではない。

    B この2つの単語は同じことを意味しない。

(3) **A** この道具は火をおこすのに使われていた。

    B この道具は火をおこすのに役立っていた。

(4) **A** 私が言っていることに注意しなさい。

    B 私が話しているとき，私の話をよく聞きなさい。

(5) **A** 速度制限に違反すべきではない。

    B 速度制限を遵守しなければならない。

4 代名詞を中心とした問題

95 **出題例**
(1) ① (2) ⑤ (3) ⑦ (4) ④ (5) ⑥

(1) ―君はどんな友だちと旅行へ行ったの？
―学校の友人たちとだよ。

(2) ―フランスではどの店も日曜日は閉まっているのですか？
―いいえ，いくつかの店は開いています。

(3) ―ジャックに電話すべきでしょう。
―ちょうどそう考えていたところです。

(4) ―彼らは私にこの3つのプランを提案しました。
―どれがもっとも気に入りましたか？

(5) ―君はピエールと知り合いなの？彼はどんな人なの？
―彼は君が信頼することのできる人だよ。

97 **EXERCICE 1**
(1) lui (2) elle (3) eux (4) toi (5) eux
(6) Nous (7) elle (8) elles (9) Elle
(10) moi (11) vous (12) moi

(1) ―ブリュノは試験に合格したの？
―はい，両親は彼を自慢している。

(2) ―この傘はルグラン夫人のものですか？
―はい，それは彼女のものです。

(3) ―私は彼らに意見をたずねた。

—それで，彼らのうち何名が賛成なの？

(4) —私たちはいつ会いますか？

—決めるのは君だよ。

(5) —君はいつジラール夫妻に会うの？

—来週彼らの家へ行く。

(6) —ロベール，パトリック，私は昨晩この放送を見たけれど，君たちは？

—ぼくたちもだよ。

(7) —お母さんからさっき君に電話があったよ。

—おもしろいね，ちょうど彼女のことを考えていた。

(8) —君は彼女たちを知ってる，彼女とその姉［妹］を？

—いや，でもパトリスのパーティーのときに彼女たちのうわさを耳にした。

(9) —君はけしてアルコールを飲まないけれど，君の奥さんはどうなの？

—彼女もそうなんだ。

(10) —君はじょうずにイタリア語を話す。

—ありがとう，でもアリシアは私よりうまく話す。

(11) —いつでも好きなときに私に電話していいです。

—あなたは今晩家にいますか？

(12) —あなたがたはもうパリの生活に慣れましたか？

—いいえ，私も妻もパリの生活のリズムに耐えられない。

EXERCICE 2

(1) moi　(2) lui　(3) Le　(4) leur　(5) se

(6) les　(7) les　(8) l'　(9) t'　(10) vous

(11) nous　(12) m'

(1) —そんなばかな！

—私をよく見て，うそを言っているように見える？

(2) —私は正午にサンドリーヌと会う約束がある。

—彼女に会うのなら，私に電話するように彼女に言ってね。

(3) —私の携帯電話が見つからない。

—ほらあそこだよ，それはテーブルのうえにある。

(4) —私はルボー家に行く。

—それじゃあ，彼らに私からのこの小包を渡してください。

(5) —10月です，しかしこんなに寒い！

—まったく，真冬のようだ。

(6) —あなたは本をどこで買いますか？

—私はそれをいつもカルチエ・ラタンのこの本屋で買います。

(7) —君の課題は覚えたの？

—まだ完全にはそれを習得していない。

(8) —君はルイーズに会った？

—はい，きのう彼女に会った。

(9) —私に電話してくれる？

—でも，私はきのうも君に電話したよ！

(10) —君は明朝私たちを迎えにきてくれる？

—はい，8時ごろ君たちを迎えに寄るよ。それでいい？

(11) —あなたたちは彼に手紙を書きますか？

—はい，私たちはよく彼に手紙を書きます，しかし彼のほうは私たちに手紙をくれません。

(12) —もっとチーズを欲しいですか？

—私にそれをもう少しください。

EXERCICE 3

(1) en　(2) le　(3) en　(4) y　(5) Y　(6) en

(7) y　(8) en　(9) en　(10) en　(11) l'　(12) en

(1) —ダニエルは何枚か写真を撮ったの？

—いいえ，彼はそれを1枚も撮らなかった。

(2) —あなたのご両親は結婚してどれくらいになるのですか？

—彼らは結婚して20年になります。

(3) —君は郵便局に寄ったの？

—はい，そこから来たんです。

(4) —君のクラスには何人の生徒がいますか？

—きょう休んでいるジャックを含めて，20人の生徒がいます。

(5) —私はすぐに行かなければならない。

—どしゃぶりの雨だよ。君はどうしてもそうしたいの？

(6) —ヴィクトール家の人たちは来週ヴァカンスに出発する。

—彼らは私たちよりヴァカンスをとる。

(7) —母さん，今晩ポールの家へ行ってもいい？

—はい，そこへ行きなさい。

(8) —あなたはコーヒーに砂糖をいれますか？

—はい，それを少しいれます。

(9) —彼（女）の計画は少しとっぴだ，そう思わない？

—そんなことを私に話さないで！

(10) —君はもう彼（女）の最新作を読んだ？

—いいえ，でもそのうわさは聞いたことがある。

(11) —君はロベールがインドへ行くことを知ってる？

—はい，彼は私たちにきのう夕食のときそう告げた。

(12) —あなたはあの人とどこかで会ったことがあるのですか？

—はい，確かにそうです。

EXERCICE 4

(1) la sienne (2) les leurs (3) Cela / Ça
(4) La mienne (5) Ceux, ceux
(6) Cela / Ça (7) Celle (8) celui
(9) celui, celui (10) Celles (11) celle, celle
(12) celle

(1) ―あなたは私のスカートとマルトのそれ
　　をどう思う？
　　―あなたのスカートはすてきだけど，彼
　　女のはもっとすばらしい。
(2) ―彼らは最近すぐ腹をたてる。
　　―彼らをそっとしておきなさい，私たち
　　には私たちの悩みがあり，彼らには彼
　　らの悩みがある。
(3) ―あいにく，私は現金の持ちあわせがな
　　い。
　　―それは大したことではありません，あ
　　なたは小切手で支払うことができます。
(4) ―私の妻は料理が大好きだ。で，君の奥
　　さんは？
　　―私の妻もそうだ。
(5) ―手袋しなさい，さもないと手が冷たい
　　よ。
　　―どれにしよう？革の手袋それとも毛糸
　　の手袋？
(6) ―君にとって最良の大学はどこ？
　　―それは場合によるよ！
(7) ―あの女の子を見なさい。
　　―どの女の子？ル・モンドを読んでいる
　　女の子？
(8) ―君の父さんはどの人？
　　―ひげをたくわえている人だよ。
(9) ―君は携帯電話を2個もってるの？
　　―いや，これは私ので，もうひとつはニ
　　コルのだよ。
(10) ―あなたはどんな靴にしたの？
　　―私の赤いスカートに合うものにした。
(11) ―君はこれら2着のスカートのどちらに
　　するか迷ってるの？
　　―そう，こっちはあっちより着心地がい
　　いけれど，あっちはこっちよりおしゃ
　　れだわ。
(12) ―私の小皿をとってくれる？
　　―それはあそこの，皿の横にある小皿？

EXERCICE 5

(1) Que (2) quel (3) quelles
(4) Auquel (5) quelle (6) Duquel
(7) Lequel/Qui (8) Lesquelles
(9) Qu'est-ce qui (10) quel (11) quoi
(12) Qu'est-ce que

(1) ―ポールがトゥールへ引っ越して2年に
　　なる。
　　―彼はどうしてるの？
(2) ―このプリンターはとても高い。
　　―それはいくらなの？
(3) ―残念だけど，今晩は来ることができな
　　い。
　　―どんな理由で君は私の招待を断るの？
(4) ―あなたのお兄 [弟] さんと話すことが
　　できますか？
　　―2人の兄 [弟] のうちのどちらとです
　　か？
(5) ―あす花火がある。
　　―それは何時に始まるの？
(6) ―私はヴァカンスの計画が2つある。
　　―君は今どちらのほうを話してるの？
(7) ―私はさっき友たちと会った。
　　―友だちのなかのだれと？
(8) ―私はすべての質問に答えた。
　　―そのなかのどれがあなたにはむずかし
　　く思えましたか？
(9) ―私は昨晩飲み過ぎた。
　　―なぜ君はそんなことをしたの？
(10) ―私の息子は来年学校に入学する。
　　―フランスでは何歳からそこへ行かなけ
　　ればならないのですか？
(11) ―あなたは私にアドバイスしてくれます
　　か？
　　―あなたがなにを言ってるのかわかりま
　　せん。なにに関してですか？
(12) ―あなたは回数券が欲しいのですか？
　　―回数券とは何ですか？

EXERCICE 6

(1) ce (2) quoi (3) ce (4) quoi (5) où
(6) combien (7) quelle (8) laquelle
(9) ce (10) qui (11) laquelle (12) qui

(1) ―彼女はヴァカンスの計画について私に
　　話しました。
　　―それをどう思うか私に言ってください。
(2) ―彼はあなたに来たいかどうかききまし
　　たか？
　　―はい，でも私はどう答えればいいのか
　　ほんとうにわからなかった。
(3) ―ぼくはこのごろまったく気がふさいで
　　いる。
　　―君はとてもおちこんでいるように見え
　　る。私になにがうまくいかないのか言
　　いなさい。
(4) ―私はスポーツも音楽も好きではない。
　　―じゃあ，なにに興味があるのか私に言
　　いなさい。
(5) ―財布が見つからない。
　　―それをどこに置いたか思いだせない

の？

(6) ―ジェリーは歴史の点数が悪かったのですか？

―そうです,先生は彼がどれくらい歴史の講義を勉強したのか知りたがっていました。

(7) ―ジェロームは食べものにうるさすぎるよね？

―私は彼にどんな食事をあたえればいいのかわからない。

(8) ―2着のドレスはあなたによく似合ってる！

―そうなの！どちらにすればいいのかわからないわ。

(9) ―私の滞在許可証は有効期限がすぎている。どうしよう？

―それを更新するにはどうしなければならないかをあなたに説明しましょう。

(10) ―さっきだれかから君に電話があったよ。

―君はそれがだれなのかわからないの？

(11) ―君は新しい車を買いたいの？

―そう,これら2台の車のうちどちらにするか迷ってる。どちらがガソリンの消費量が少ないかわかる？

(12) ―君はローランが結婚したことを知ってる？

―はい,でもだれが彼の奥さんなのかは知らない。

109 *EXERCICE 7*

(1) laquelle (2) dont (3) quoi (4) quoi
(5) qui (6) dont (7) que (8) quoi
(9) qui (10) où (11) que (12) où

(1) ―あの男の人が親切なのはほんとうです！

―はい,それはみんなが彼を尊敬している理由です。

(2) ―彼らには子どもがいるの？

―はい,もちろん。私は息子を覚えているけれど,彼の会社はテーブルを作っていた。

(3) ―庭は荒れ放題だ。どうしよう？

―草を刈ること,そこから始めなければならないでしょう！

(4) ―ぼくたちは今日の午後サッカーをする。

―宿題を終えなさい,その後なら遊びに行ってもいいよ。

(5) ―サン・キラン村へはどう行くのですか？

―とても趣のある細い道を行かなければなりません。

(6) ―どんな計画なの？

―君に話したことのある計画だよ,君は知ってるよ。

(7) ―これはだれ？

―私がずっと以前から知っている友人だよ。

(8) ―君の連絡先を教えてくれますか？

―はい。君はなにか書くものをもってる？

(9) ―君はクレールがもうすぐ結婚することを知ってる？

―はい。彼女の婚約者は信頼できるとても誠実な若者です。

(10) ―君は私たちのこのまえの旅行を覚えている？

―はい,どしゃぶりのなかを出発した日のことを思いだすよ。

(11) ―君は新しいセーターを編んだの？

―いいえ,これはアニーおばさんがプレゼントしてくれたものよ。

(12) ―あなたはスイスへ行くのにブザンソンを通りますか？

―はい。そこは両親が生まれた町です。

111 *EXERCICE 8*

(1) même (2) toutes (3) personne
(4) quelque chose (5) autre
(6) quelqu'un (7) Rien (8) rien (9) on
(10) Aucun (11) plusieurs (12) chacune

(1) ―しばらく君には会わなかったね。

―2年になると思う。でも君は変わっていない。

(2) ―これらの手紙には切手が貼ってありますか？

―はい,全部貼ってあります。

(3) ―彼はとても内気なの？

―はい,だれにも話しかけない。

(4) ―店主は2名の従業員を解雇した。

―彼らはなにか悪いことをしたの？

(5) ―なぜ君たちは別れたの？

―私たちはお互いにもはやまったくわかりあえなくなっていた。

(6) ―私に手を貸してくれますか？

―あいにく,ぼくはとても忙しい。だれかほかの人に頼んでください。

(7) ―君はきのうなにをしたの？

―まったくなにも,休んでいたわ。

(8) ―君はふさいでいるように見える。どうしたの？

―全然何でもない。

(9) ―なにも聞こえなかった？

―いや,だれかドアをノックしたと思う。

(10) ―あなたがたはもういくつものアパルトマンを見て回った。どれを買いますか？

―わかりません,迷っています。どれも私たちの意にそぐわない。

(11) ―あなたはペットを飼っていますか？

―はい，何匹も飼っています。犬２匹，猫２匹と兎２羽です。

⑿―あなたにはお孫さんはいますか？

―はい，３人の孫娘がいます。18歳になったのを祝ってそれぞれアクセサリーを買ってあげました。

113 *EXERCICE 9*

⑴ un autre ⑵ autre chose
⑶ quelques ⑷ mêmes ⑸ plusieurs
⑹ autre part ⑺ toutes
⑻ Quelque part ⑼ tous
⑽ nulle part ⑾ chaque ⑿ autres

⑴―これはとてもおいしいコーヒーだ。
　―もう１杯飲みたい？
⑵―そのスカートはあなたにとてもよく似合います。
　―でも短すぎる。ほかのものを見せてください。
⑶―君は持ちあわせはいくらある？
　―100ユーロと少々。
⑷―双子の兄［弟］と彼はなんて似ているのだろう！
　―そうですね，ふたりは同じ栗色の目をしている。
⑸―彼女はよく映画を見に行きますか？
　―はい，彼女は月に何回も行きます。
⑹―私たちは海へ行くけど，君はいっしょに来る？
　―私はほかの所へ行きたい。
⑺―プルーストの本はどこで買うことができますか？
　―すべての優良な本屋で。
⑻―そのレストランはどこにあるのですか？
　―中心街のどこかです！
⑼―なぜあなたはきょう買いものをするのですか？
　―あすはこの辺ではすべての店が閉まるからです。
⑽―君はなにを探しているの？
　―私の眼鏡だけど。どこにも見つからない。
⑾―君はジョゼフの両親がフィンランドに住んでいることを知っている？
　―はい，彼は毎月彼らに会いにいく。
⑿―あなたは列車に乗り遅れたのですか？
　―そうです。ニース行きのほかの列車の発車時刻を教えていただけますか？

114 まとめの問題

1 ⑴② ⑵⑤ ⑶④ ⑷⑥ ⑸③

⑴―あなたはこのスカーフをどう思う？
　―私はきのうあなたがつけていたもののほうがいい。
⑵―オリヴィエは元気？
　―わからない，１月まえから彼の消息はまったく途絶えている。
⑶―市長選挙に３名の立候補者がいる。
　―君はだれに投票するか決めた？
⑷―私はとくに冒険映画が好きだ。
　―君の好きな俳優はだれ？
⑸―君はこのリンゴを食べたいの？
　―はい，それを半分だけ欲しい。

2 ⑴① ⑵⑦ ⑶② ⑷⑥ ⑸⑤

⑴―ぼくはフランソワの家に招待されている。君もいっしょに来る？
　―いいえ，けっこう。私は彼に会いに行く気にはまったくなれない。彼は退屈すぎる。
⑵―昨晩君がカフェにいるとだれか私に言った。
　―そうだけど！だれがそう言ったの？
⑶―君はきのうコンサートへ行ったの？
　―はい，私が見たロックコンサートはとてもおもしろかった。
⑷―あなたはだれかが部屋に入るのを見ましたか？
　―いいえ，私はだれも見ませんでした。
⑸―やっと来ましたね！私はあなたを１時間待ったよ！
　―ちょうど出かけなければならないときに，フランソワが電話で話し始めたものですから。

3 ⑴⑦ ⑵② ⑶③ ⑷④ ⑸⑤

⑴―私は銀行でお金をおろさなければならない。
　―銀行はまもなく閉まるよ，すぐにそこへ行きなさい。
⑵―私はこの美術館を見学したいのですが。
　―どこのことを話しているのですか？
⑶―シュザンヌはこの会社で働いているのですか？
　―そうです。私がここに入社できたのは彼女のおかげです。
⑷―君は傘をもっていないの？
　―はい，私のは電車に置き忘れた。
⑸―早く来て！出発するよ！
　―はい，はい，私は着いた，準備はできた！

4 ⑴④ ⑵⑥ ⑶③ ⑷② ⑸⑤

(1) ―君はこれらのカップをいくらで買った
の？

―それは1個3ユーロした。

(2) ―これはだれ，この写真の女性は？

―それは子どものころいつもその家で
ヴァカンスを過ごしていた私のおば
だよ。

(3) ―この飛行機事故では1人の生存者も
いない。

―事故の原因は何だったかわかります
か？

(4) ―君はなにを読むのが好きなの？

―場合によるよ。小説を読みたい日も
あれば，詩を読みたい日もある。

(5) ―これらの映画はすべてとてもおもし
ろいですか？

―いいえ，全部そうだというわけでは
ありません。何本かは退屈です。

⑤ (1) ③ (2) ⑦ (3) ⑤ (4) ⑥ (5) ②

(1) ―きょうは少なくとも5キロメートル
の迂回をしなければならない。

―そう。私たちがふだん通っている橋
が工事中だから。

(2) ―私は事故のときそこにいました。

―それじゃ，あなたは一部始終を見
ていたのですか？

(3) ―マルクはずっと冗談ばかり言ってる。

―そう思う？でも，彼が言ってること
のなかには時としてほんとうのこと
もある。

(4) ―君はあの女性を知ってるの？

―うん，どこかで会ったことがあるん
だけど，どこでだったかはわからない。

(5) ―君たちはあす山歩きに行くの？

―はい，そうしたい人はだれでもいっ
しょに来ていいよ。

⑥ (1) ④ (2) ③ (3) ⑥ (4) ⑤ (5) ②

(1) ―あなたの国では何歳で成人になるの
ですか？

―18歳でそうなります。

(2) ―このバイクはだれのものですか？

―それは彼（女）のものです。

(3) ―ヴェルレーヌってだれ？

―君はヴェルレーヌを知らないの？そ
れはすばらしい人だよ。

(4) ―会議はどうでしたか？

―数人の人たちの意見が合いませんで
したが，全体的にはうまくいきまし
た。

(5) ―君はエミリーを知ってる？

―それはだれ？母親がピアニストの女
の子？

5 長文完成

出題例

(1) ② (2) ② (3) ① (4) ③ (5) ③

ポールは子どものころ学校が好きだった。
というのは，とてもいい友だちがいたからだ。
彼はいつも彼らといっしょに遊んでいた。彼
が嫌いだった**唯一の**ことは宿題だった。

今では父親になっているポールは，最近，
「宿題のない週」の話を耳にした。**実際に**，
娘のマリーが通う学校では，ある1週間まっ
たく宿題をださないと決まった。

このアイデアはとても彼の気に入った。彼
は，子どもたちは家では宿題以外にやること
があると考える。彼は家でやる宿題をけして
ださないことを**切望してさえいる**。しかし，
妻のエステルは**彼と同じ考えではない**。彼女
は，宿題がでないと子どもたちは家でまった
く勉強しなくなるのではないかと心配なのだ。

(1) ① まるで…のように

② というのは…だから

③ …するあいだに

(2) ① 同じ ② 唯一の ③ 他の

(3) ① 実際に ② 反対に

③ それでも

(4) ① 心配でさえある

② 不幸でさえある

③ 切望しさえする

(5) ① 満足している

② この問題に関心がない

③ 彼の意見と同じではない

EXERCICE 1

(1) ① (2) ① (3) ② (4) ① (5) ①

昨年，フランスの電力消費量は7％減少し
た。かなりの減少である。この減少のほんと
うの理由を知らなければ朗報といえるのだが。

フランス人があまり電力を使わなかったの
は，第1に，昨年は例年になく寒く**なかった**
からである。家のなかがじゅうぶん暖かかっ
たために暖房機を使うまでもなかったといっ
てもよい。電力消費量が減少したもう1つの
理由は，経済危機である。企業活動が**右肩下
がり**なので，電力消費も減少傾向になる。

ほんとうの朗報は，再生可能エネルギーの
生産が**大幅に増えた**ことだ。風力エネルギー
については，増加率15％である。とはいえ，
このエネルギーはフランス人のエネルギー消
費量全体の**わずかな**部分でしかない。太陽エ
ネルギーの生産については，昨年に比べて3
倍に増加した。

(1) ① よい ② 悪い ③ 悲しい

(2) ① はるかに少なく

② はるかにたくさん　③ とても
(3)① 増加状態　② 減少状態
　　③ スト状態
(4)① はるかに増加した
　　② はるかにたくさん消費した
　　③ はるかに減少した
(5)① わずかな　② 大きな　③ 広い

参考：Autant dire que …といっても同じことだ，être en diminution 減少中である（次の leur consommation électrique l'est aussi の中性代名詞 le は en diminution をうけます），multiplier A par B A を B 倍する，par rapport à …に比べて

119 *EXERCICE 2*
(1)②　(2)①　(3)③　(4)①　(5)①

　学校でのハラスメント**撲滅**キャンペーンが始まろうとしている。ハラスメントとは，暴力行為や侮辱を**続ける**ことによって人を傷つけるときのことである。
　このキャンペーンの構想は教育討論会のときに生まれた。キャンペーンはインターネットのサイトで**紹介され**，そこで主旨が説明されるだろう。またスポット広告も使われ，これがテレビとインターネットで広まるだろう。
　学校でのハラスメントの問題は残念ながら**このところ**しょっちゅうニュースになっている。ちょうど新学期をまえにして，第6学年に在籍する12歳の女子中学生が自殺した。家族によると，生徒の行為は彼女が被害をうけていたハラスメントの結果だという。
　調査によると，**小学校では**少なくとも10人中1人がハラスメントの被害にあっている。中学校ではさらに大きな割合になる。だからこの問題に立ち向かうために行動することは緊急を要する。
(1)① 遊ぶ　② 戦う　③ 置く
(2)① 継続的に　② ときどき
　　③ めったに…ない
(3)① 貼られるだろう
　　② 置かれるだろう
　　③ 紹介されるだろう
(4)① 今　② あとで　③ すぐに
(5)① 小学校で　② 大学で
　　③ 中学で

参考：lutter contre …と戦う，lors de …のとき，diffuser 放送する，広める，selon …人の見解・情報などによれば，au moins 少なくとも，important 数量・規模などが大きい

120 *EXERCICE 3*
(1)②　(2)②　(3)②　(4)②　(5)③

　ヴァンセンヌ動物園は1934年に開業した。そこは**年数がたつにつれて**とても老朽化していた。動物たちの生活環境ももはやよくなかったので，改修する必要があった。たんなる動物園というより，さまざまな種類の動物がいる自然空間**のような**動物園を建設すること。それは新しいヴァンセンヌ動物園が挑んだ挑戦である。この計画を実現するには2年以上の工事が**必要**だろう。
　1930年代の動物園は，動物たちを見せるだけで，そこにいる動物たちが生息する環境に注意が向けられることはなかった。しかし今日の動物園は来園者に，動物だけではなくほかのものも見せられるように**配慮をしている**。それは，世界各地からやってきた動植物が生息する環境を紹介することでもある。
　動物園の工事が**終わったら**，ヴァンセンヌ動物園で，パタゴニア，マダガスカル，さらにはギアナのような所を発見することができるだろう。そして数種類の絶滅危惧種をふくむ千種類あまりの現存する動物は以前よりはるかに暮らしやすい生活環境を楽しむことができるだろう。
(1)① 今日　② 年数がたつにつれて
　　③ 今年
(2)① 喜ばせていた
　　② 似ていないであろう
　　③ 無関心ではなかった
(3)① よい　② 必要な
　　③ 準備ができた
(4)① 中止する　② 気づかう
　　③ 忘れる
(5)① 決められるだろう
　　② 許されるだろう
　　③ 終わるだろう

参考：se dégrader 悪化する，rénover 改修する，espèce 種類，se lancer 思い切ってやってみる，évoluer 進展する，動き回る，présenter plus qu'un animal 動物より多くを見せる，découvrir à quoi は à quoi のまえの quelque chose が省略されています，profiter de …を活用する，恩恵に浴する

121 *EXERCICE 4*
(1)①　(2)②　(3)①　(4)③　(5)③

　水道の蛇口をあける，水を飲む，手を洗う，トイレへ行く…それは豊かな国ではあまりにも**日常的な**行為なので，もはやそうすることに注意を払ってさえいないほどだ。しかし，それは地球上の何億もの人たちには経験できない行為である。
　地球上で8人中1人は飲料水を利用するこ

とができない。しかもその人口は増加し**続けている**。このような人たちは水を，遠くまで，時としては家からずっと離れた所までも汲みに行かなければならない。そのうえ，人が**必要とする**水は飲料水や体を洗うために使う水だけではない。農業や工業にも水が必要となる。

消費される水の95％は，なにか**食べる**ものを生産するために使われている。そして食料を必要とする人口はますます増えている。したがって撒水しなければならない作物も増えているということである。ところでこの水はどこへ行けば見つかるのだろうか？

地球の淡水の水源は無尽蔵ではない。地球の表面積の70％は水におおわれている。しかし，淡水はこの水の３％に**すぎない**。淡水があるのはとりわけ極地と高山である。

(1)① 日常の　　② 不可能な
　　③ とてもまれな
(2)① …を助ける　　② …をやめない
　　③ …を拒否する
(3)① 必要である　② 接近する
　　③ 思いだす
(4)① 飲む　　② 書く　　③ 食べる
(5)① 同様に　　② 幸いにも
　　③ …だけ

参考：tellement … que ～とても…なので～，avoir accès à …に近づける，利用できる，et puis それから，そのうえ，ne … pas seulement …だけではない，de plus en plus ますます多く，bouche 食べものを必要とする口，eau douce 淡水

122 **EXERCICE 5**
(1)② 　(2)② 　(3)③ 　(4)① 　(5)②

フランスの人々は食べものをとても誇りにしている。全世界に住む人たちがわが国のチョコレートパンやケーキを食べたいと思っている。

しかしパン屋は，店で売るすべての菓子パンとケーキを**作っているというわけではない**。多くは冷凍食品である。パン屋は，朝とても早い時間に全部作ってしまうことなどできない。パン屋はパンを作るが，全種類の菓子パンとケーキを作っている時間はない。**とはいえ**，商売をするには客にいろいろな製品を提供する必要がある。

冷凍食品はたいていあまりおいしくない。もしそれを買い**たくなければ**，パン屋のドアにペンギンマークの小さなロゴが張ってあるかどうか確かめることだ。**もし張ってあったら**，冷凍食品を置いている。しかしもし全部店で作っているパン屋が近所にあったら，**ためらうことなく**褒めてあげてください。

(1)① 作る　　② 製造しない
　　③ 用いない
(2)① したがって　　② しかしながら
　　③ さもなければ
(3)① …を必要とする　② …できない
　　③ …したくない
(4)① もしそれがそこにあれば
　　② もし彼が歩いたら
　　③ もし彼が見たら
(5)① …しようとしないでください
　　② 迷わず…してください
　　③ もう…しようと考えないでください

参考：toutes sortes de …あらゆる種類の…，affaires 商売，vérifier 確かめる，en forme de …の形をした，hésiter à …するのをためらう，féliciter 褒める

123 **EXERCICE 6**
(1)③ 　(2)② 　(3)① 　(4)② 　(5)①

ベルリンで11月に，犯人たちはある銀行の金庫を空にした。損害は１千万ユーロ以上に**達する**。泥棒たちは，月並みな強盗をする**のではなく**，銀行の金庫まで配下の者たちといっしょにトンネルを掘った。

月曜日の朝，警察は金庫から，犯人たちが偽名で３月から借りていたガレージまで続くトンネルを発見した。金は金曜日に銀行が閉まったあとで盗まれたようだ。そのあと泥棒たちはDNAの痕跡をすべて**消しさる**ためにトンネルに火を放ったらしい。そもそもこの火によって消防と警察は急を知ったのである。

トンネルは数ヶ月かけて掘られたようだ。犯人たちはこの仕事を成功させるために穴掘りの本職**の助けを借りた**のにちがいない。穴を掘ったあと，銀行の金庫を開けるのには簡単なバールを用いたと思われる。

警察は犯人の人数を発表できないでいるが，ある男の似顔絵が**出回っている**。なお街の住民によると，その似顔絵はガレージのまえで見かけた人物にとてもよく似ているということだった。

(1)① 値段が…である　　② 置く
　　③ …に達する
(2)① …の代わりに　　② …しないで
　　③ …するために
(3)① 破壊する　② 残す　③ 盗む
(4)① 逃げる　　② 助けを求める
　　③ 喜ばせる
(5)① 循環する　　② 歩く　　③ 通る

参考：vider 空にする，commettre 犯罪を犯す，agence 銀行の支店，incendier 放火する，d'ailleurs そもそも，alerter 通

124 *EXERCICE 7*

(1) ③　(2) ③　(3) ③　(4) ③　(5) ③

　火曜日の朝，第5学年の生徒で13歳の子どもが，通っている中学校の横を**走る**スクールバスにひかれて亡くなった。

　中学校の近くに停車していたオルモン・トランスポール社のバスは，8時ごろ発進してすぐにハンドルを切ろうとしたが，車の近くにいた子どもが**目に入らなかった**らしい。数人の中学生が事故が発生した**ばかりの**現場にかけつけた。しかし少年はその場で死んでいた。オルモン・トランスポール社の責任者は事故原因を調査すると告げ，運転手が**勾留**されたと明言した。

　中学校長は「**深い驚き**」を表し，「中学校で心理的聞きとりが実施される」と述べた。

(1)① 　住んでいた
　　②　帰ろうとしていた
　　③　走っていた
(2)①　呼んだのだろう
　　②　見たのだろう
　　③　見なかったのだろう
(3)①　…しようとしていた
　　②　…させていた
　　③　…したばかりだった
(4)①　あらゆる点で
　　②　遠くに　　③　勾留中の
(5)①　冷たい　　②　高い　　③　強烈な

参考：démarrer 乗りものが動きだす，sur place その場で，mettre … en place 実施する

125 *EXERCICE 8*

(1) ③　(2) ③　(3) ②　(4) ①　(5) ①

　これまでは目の色を変えたければ，コンタクトレンズを使うことができた。この柔らかいプラスチック片は目のうえに直接置かれる。しかしだれでも**それに耐えられるわけではない**。

　最近アメリカの医者が，永久に目の色を変えられる方法を発見したと発表した。この技術は，もともと栗色の目だが青い目にしたい人たちを**対象にしている**。

　私たちの目の色は虹彩にあるメラニン色素によって決まる。色素の量が多ければ多いほど，目の色は**濃く**なる。この医者はレーザーをあてて，それでもって虹彩を覆っている栗色の色素を除去する。そのあと，青い色が**現れる**には2週間から3週間待たなければならない。それは痛みをともなわず，確実である。

　ただし，この技術はまだほんの数人にテス

トされただけである。おまけにこの医者は資金が不足している。したがって，目の色を変えるには，**貯金**をする必要があろう。栗色の目の人が青い目をもつには3600ユーロかかるだろう。

(1)①　それを捨てない
　　②　それを残さない
　　③　それを耐えられない
(2)①　関係ない
　　②　占める　　③　…に訴えかける
(3)①　明るい　　②　濃い　　③　青白い
(4)①　現れる　　②　変わる　　③　消える
(5)①　節約　　②　喜び
　　③　彼のスーツケース

参考：jusqu'à présent (= jusqu'ici) 現在まで，permettre de …することを可能にする，mettre … au point カメラなどの焦点を合わせる，pour l'instant (= pour le moment) 今のところ，de plus そのうえ，faire des économies 貯金をする

126 *EXERCICE 9*

(1) ①　(2) ②　(3) ①　(4) ②　(5) ②

　フランス人が初めての有給休暇をとることができたのは1936年のことである。この2週間の自由時間は**生活スタイル**のまさに革命だった。以来，ヴァカンスは5週間以上にまで延長された…世界記録だ！

　だから今は，より頻繁に，しかしより短期間のヴァカンスがとられるようになってきた。8月の最初の2週間は**もっとも人の動きが多い**期間である。というのは大多数のフランス人は太陽と暑さを求めるからだ。要するにブルターニュ地方から南西部にかけて，あるいはコート・ダジュールのフランス海岸には美しい浜辺があるということだ。冬はアルペンスキーの357ヶ所のリゾート地がスキーヤーや山岳愛好家を迎えてくれる。変化に富んだ風景と歴史建造物をもつフランスは，あいかわらず世界でトップの観光**地**である。外国で，それも**どちらかというと**ヨーロッパ圏内でヴァカンスを過ごすのはフランス人の3分の1以下である。しかしフランス国**外**での逗留に心をひかれる人の数はますます増えていて，人々は全世界への旅行プランに魅力を感じるようになってきている。

(1)①　生き方において
　　②　実現手段において
　　③　旅行の仕方で
(2)①　もっともむずかしい
　　②　もっとも頻繁に通う
　　③　もっとも満足のゆく
(3)①　目的地　　②　ガイド　　③　町
(4)①　少なくとも　　②　好んで，むしろ

③　…を除いて
(5)①　…のなかに　　②　…の外に
　　③　…の近くに

参考：s'allonger 長くなる，offrir 提供する，se laissent séduire 誘惑に身を任せる，offre 申し出

127 *EXERCICE 10*

(1)③　(2)③　(3)②　(4)②　(5)②

　　7歳前後のジャックはバスク地方に住んでいた。彼は12月22日に1人で救急車に乗ってボルドーの小児病院へやってきた。肺炎の診断がくだされ，緊急入院を要したからである。母親は送ってくることができなかった。妊娠していて，ボルドーまでの**旅行に耐え**られそうになかったからだ。

　　ほかの子どもたち同様，ジャックも祝日だからといって病院を**離れることはできなかった**。そういうときサンタクロースが会いにきてくれた。「ぼくはたくさんのプレゼントをもらった！」とジャックは**笑みを絶やす**ことなく話す。この病院では，クリスマスイブには子どもたちが家へ帰ることができるように最大限の努力がなされる。しかし，なかにはそれができない子どもたちもいる。**重病**の子どもたちのケースである。ジュリアンは医学部の学生である。3年まえからほかの医学部の学生たちとプレゼントをもってくるようにしている。「ぼくは子どもが病気だというのは**不公平だと思う**」と病気の子どもたちにプレゼントを配りながら彼は言う。

(1)①　ドライブする　　②　庭にでる
　　③　旅行に耐える
(2)①　…からでなければならなかった
　　②　…に入ることができなかった
　　③　…を離れることができなかった
(3)①　不平を言うのをやめる
　　②　ほほえむのをやめる
　　③　ほほえみ続ける
(4)①　皮膚の　　②　重い　　③　軽い
(5)①　幸福な　　②　不公平な
　　③　無実の

参考：hospitalisation 入院，attendre un bébé 妊娠している，cesser de …することを中止する，pour certains 何人かにとって，atteint de …におかされた

6　長文読解

129 出題例

(1)①　(2)①　(3)②　(4)①　(5)①　(6)②

　　オリヴィエは外国映画をフランス語に吹き

替える。彼はブルース・ジョンソンのフランス語吹き替えの声として有名である。フランスで，1987年にこの偉大なアメリカ人の男優が脚光を浴びたのは彼の声によってである。それ以来，彼はブルース・ジョンソン出演のあらゆる映画の吹き替えを行った。オリヴィエの生き生きした声色は，アメリカ人の男優が演じる人物の好ましい面を増幅させる。

　　オリヴィエは現在57歳だが，彼がこの仕事を始めたのは8歳のときである。「話をする猫，ミミ」で子猫のおもしろい声は彼のものである。動物も人間も，ほかの多くの主人公が彼の声でしゃべっている。

　　オリヴィエによると，吹き替える人物と同じように話し，呼吸することがとても大切であるという。彼はとくに，心の動きを理解するには人物の目に注目することをすすめる。うまく吹き替えをすることは，その人物に敬服することでもある。
(1)　ブルース・ジョンソンはフランスではオリヴィエの声で有名になった。
(2)　オリヴィエは1987年から，映画に出演しているブルース・ジョンソンの吹き替えをしている。
(3)　オリヴィエは8年まえに吹き替えを始めた。
(4)　「話をする猫，ミミ」でオリヴィエは子猫の声を演じた。
(5)　オリヴィエによると，声を提供する人物と同じように話し，呼吸しなければならない。
(6)　オリヴィエによると，人物の目を見るとうまく吹き替えができなくなる。

130 *EXERCICE 1*

(1)①　(2)①　(3)②　(4)①　(5)②　(6)②

　　私は戦場カメラマンである。だから子どもは長らく予定になかった。決められた時間内に世界の果てへ旅立つことができるには，なによりも自由でなければならないからだ。それととりわけ，何といっても危険な仕事をしているので，自分以外の人間に責任をもつことは拒否していた。両親はとりたててなにも言わなかったけれど，悲しんでいると感じていた。そっちのほうが辛かった！しかし両親に喜んでもらうために子どもをつくるのではない。

　　私は39歳のとき同じジャーナリストのダニエルと出会った。2人とも結婚するのに「機が熟し」ていたのだと思う。子どもを作りたいという願望が，当たりまえのように避けがたく芽生えた。ルイは私が41歳を3週間過ぎたときに生まれた。この子は私たちの愛の結晶だ。急がなくてよかったと思う。エゴイスムではない。母親としての役目をはたしているときも，妻としての役目をはたしていると

きも，とても晴れ晴れとした気分になる。そして，これはルイにとって大事なことだと思う。もし30歳で母親になっていたら，私はこれほどの自信をもつことはできない。というのは，今のほうが，自分がどのような存在なのかよくわかると思うからだ。

(1) 結婚前，エミリーにとって，仕事のほうが子どもをもつことより重要だった。
(2) 結婚前，エミリーは仕事が危険なので子どもをもつのがいいとは思えなかった。
(3) エミリーの両親は彼女のライフスタイルを非難していた。
(4) ジャーナリストのダニエルと出会ったとき，エミリーは39歳だった。
(5) エミリーは壮年になって子どもをもうけたことを後悔している。
(6) エミリーは30歳で母親になるほうが好ましいと思っている。

参考：avant tout なによりもまず，autre … que ～ とは別の…，quand même それでもやはり，grand-chose 大したこと，pire (=plus mauvais) より悪い，s'imposer 不可欠である，prendre son temps ゆっくり時間をかける，serein 平静な，晴朗な

EXERCICE 2

(1)② (2)① (3)② (4)② (5)② (6)①

　ぼくは2月29日に生まれた。それは4年おきにしかこない変な日である。こんなに珍しい日に生まれて，ぼくは困っている。クラスメイトが全員で「あいつは2歳だ！あいつは2歳だ！」と言って，ぼくをからかうからだ。ちょっとのけものにされているように感じる。だから，2月29日生まれの人と知り合いたいのだが。

　母にべつの日に生まれたほうがよかったと言うと，母は「おまえが2月29日に生まれたことを自慢に思っている。おまえはかなり特別な男の子だということだからね」と答える。ぼくの誕生日が特別なように。家族は毎年誕生日を祝ってくれる。ふだんは2月28日にお祝いをして，「あまり特別ではない」プレゼントをもらう。でもほんとうの誕生日のときは，プレゼントはいつも少し盛大だ。ぼくはクリスマスの日の12月25日に生まれればよかったと思う。そうすれば，いっぺんにたくさんのプレゼントをもらえるからだ。

　今年のカレンダーには2月29日がある。ほぼクラス全員を招待するつもりだ。盛大なパーティーを開く。

(1) ジャンは2月29日に生まれたことに満足している。
(2) ジャンは2月29日生まれの人たちに親近感をもっている。

(3) ジャンの母親は彼が2月29日に生まれたことで落胆している。
(4) ジャンの家族は4年に1回しか誕生日を祝ってくれない。
(5) ジャンは2月29日より2月28日のほうがたくさんのプレゼントをもらえる。
(6) ジャンは今年12歳になる。

参考：inconvénient 不都合，à part わきにのけて，quelqu'un d'autre ほかのだれか，comme ça そうすれば，d'un seul coup 一度に

EXERCICE 3

(1)① (2)② (3)② (4)① (5)① (6)①

　私は，歌手である母とギタリストである父に囲まれ，音楽が幅をきかせている家庭で育った。音楽は私の血を流れている。だから私はごく幼いころから歌うのが好きだった。それに私にはダンス，ギター，ピアノなどほかにも熱中している芸術があった。音楽のいろいろなジャンルに興味があった。しかし私にとってもっとも重要な音楽スタイルはソウル・ミュージックである。それからポップスやヒップホップを聞いていた時期もあった。

　18歳のとき女性プロデューサーと出会い，3年間スタジオでいっしょに仕事をした。ピアノバーで歌っていたこともある。今は歌うことが私の人生だ。

　舞台に立つのは，ごく幼いころからずっと待っていたことだ。コンサートには，私のなかにあるさまざまな顔をとり入れたいと思っている。私のギター演奏によって，アメリカ風のショーにしてみたり，もっと内面が前面にでるようなコンサートにしてみたりである。私の目標の1つは音楽をとおして人々の助けになることである。とりわけ，ほんとうには目標をもてないでいる今日の若者たちの助けになることである。私が彼らに言いたいのは，希望をもって前へ進め，戦え，ということだ。

(1) 家庭環境はアリシアに幸いした。
(2) アリシアは子どものころ歌うことしか好きではなかった。
(3) アリシアはソウル・ミュージックよりポップスのほうが好きだ。
(4) 女性プロデューサーとの出会いは，アリシアにとって歌手になるきっかけとなった。
(5) アリシアはごく幼いころからコンサートを開きたかった。
(6) アリシアのコンサートの目的は，人々を，とりわけ今日の若者たちを勇気づけることである。

参考：comme たとえば…といった，numéro un ナンバーワンの

EXERCICE 4

(1) ② (2) ① (3) ② (4) ① (5) ② (6) ②

　デルフィーヌは高校生である。16歳である。彼女は人権擁護のための高校生弁論大会に出場した。« plaidoirie » とは，ある立場を擁護するために書いたり，あるいは話したりするテキストのことである。

　デルフィーヌは高齢者について話すことにしていた。いくつかの老人ホームにおける老人たちの処遇についてである。ほぼ10分間デルフィーヌは，「老人たちが子どもとみなされている，それどころか物のようにみなされていることは受け入れがたい」ということを説明した。

　彼女は，社会が老人たちの地位を回復させ，彼らを尊敬し，堂々と齢をかさねていくのを助ける方法を見つけるように求めた。デルフィーヌは大会の１等賞を獲得した。彼女はじゅうぶんそれに値した。

(1) « plaidoirie » は研究レポートではなくて口頭発表である。
(2) デルフィーヌは高齢者の立場を擁護するために話すことにしていた。
(3) デルフィーヌは大半の老人ホームにおいて高齢者がどのような処遇をうけているか説明した。
(4) デルフィーヌは高齢者が老人ホームで子ども扱いされていることを気の毒に思っている。
(5) デルフィーヌの考えでは，社会は高齢者の老人ホームへの入所を支援しなければならない。
(6) デルフィーヌの考えでは，高齢者は堂々と齢をかさねていくには値しない。

参考：plaidoirie 口頭・文書による弁護，voire それどころか，considérer A comme B Ａを Ｂ とみなす

EXERCICE 5

(1) ① (2) ② (3) ① (4) ② (5) ② (6) ①

　ブノワは左利きだというので苦労した。というのは，あらゆるものが右利き用に考案されているからだ。窓を開ける取っ手からビデオゲームのコントローラーまで。彼は10歳のとき，生活していくうえで，悩みの種となってきた左利きに起因する細々したことがあふれているのに気づいた。たとえば，祖母は大事なことをなに１つ任せたことがなかった。「おまえはその左手でなんでも壊してしまう」というのが彼女の口癖だったからだ。

　今は左利きでも以前よりは生活しやすい。たまに迷信のようなものが残っているとはいえ，左手は悪魔の手である。善と良の象徴で

ある右側の反対にあるのが，不幸の象徴である左手である。ブノワはもう左利きであることに慣れた。彼はうまく書くために，ノートの向きを変えたりテーブルの縁へ体を移動させたりする癖がある。左利きとしての最悪の経験は，女の子と初めてダンスをしたときである。どちらの手や足を前にだせばよいのかわからなくなってしまったのだ。最良の経験は，他人と異なるすべての人たちの気持がわかるようになったことだ。障害のある人たちや，高齢者の気持が。

(1) 大半の日用品は右利き用に作られている。
(2) 小学校へ入学するとすぐに，ブノワは悩みの原因が左利きだということにあると気づいた。
(3) ブノワの祖母は彼をとても不器用だと思っていた。
(4) 今日，左利きに偏見をもっている人はもういない。
(5) ブノワは最初から女の子とじょうずに踊ることができた。
(6) 左利きであるおかげでブノワは，他人と異なる人たちがどう感じているのか理解できるようになった。

参考：souffrir de …で苦しむ，par exemple たとえば，même si たとえ…でも，pire 定冠詞や所有形容詞とともに最上級「最悪の」，rendre qn / qc ＋属詞 …を…にする

EXERCICE 6

(1) ① (2) ② (3) ② (4) ② (5) ① (6) ②

　６億人のインド人は家にトイレをもっていない。これは，この広大な国の人口のほぼ半数である。信じがたいことだが，インドでは，携帯電話をもっている人のほうが家にトイレがある人より多い。

　インドの田舎では，女性には発言権があまりない。アニタ・ナールにとって，夫に反抗するにはきっとたいへんな勇気が必要だったろう。

　しかしこの若妻は時間をかけて考えたりしなかった。新郎の家にきたとき，トイレがないことに気がついた。アニタにとって，戸外で用を足すなど論外だった。彼女は，夫がトイレを取り付けないかぎり帰らないと言って，家をでた。

　村のほかの女性たちも彼女にならい，まさしく「トイレ革命」の口火をきった。彼女たちは，水が排泄物によって汚染されるおそれのない清潔な村で暮らすために，トイレ設備ができないかぎり戻ってはこなかった。

　アニタは勇気ある行動によって7,700ユーロの報償金をもらった。

(1) インドの人口は約12億である。

(2) インドでは，携帯電話をもっている人は全員は家にトイレをもっている。
(3) 田舎では，インドの女性は率直に自分の意見を表明できる。
(4) アニタ・ナールは家にトイレがなかったので，夫と離婚した。
(5) 村の女性たちはアニタ・ナールを見習って家をでた。
(6) アニタ・ナールは，夫の家から逃げだしたので7,700ユーロの罰金を払った。

参考：le droit à la parole 発言権，pas question de …は論外だ，déclencher …を引き起こす，une fois +過去分詞 いったん…すると，risquer de …のおそれがある，récompense 報償金

136 *EXERCICE 7*
(1) ② (2) ② (3) ② (4) ② (5) ① (6) ②

子どものころエチエンヌは絵がうまいほうだった。しかし，バカロレアのあと，なにをすればいいのかわからなかった。「おまえはじょうずにさっと鉛筆を走らせる，その道を試してごらん」と言ったのは父親だった。そこで医学を1年間修めたあと，彼はデッサンの研修をうけた。

彼はアメリカとフランスの映画の大作に携わった。両国の仕事はだいぶちがう。アメリカ人との仕事では，絵コンテは欠かせない。映画の構図を「目で見る」必要があるからだ。じつにたくさんのアクションシーンやスタントシーンがある。フランスでは，アクション映画においてさえスタントはそれほど多くない。だから絵コンテもそれほど使われない。

今日，彼はデッサンを描いて，映画界で働いている。そのことは子どもたちに夢をあたえるにちがいない。ときどき学校へ自分の仕事について話しに行くこともあり，アドバイスを求める若者たちのデッサンもうけとる。彼らには，各人が自分の気に入るものを発見することが重要だと言う。父親のアドバイスがなかったら，今彼はきっとデッサン画家にはなっていないだろう。多くの若者には，埋もれている才能や秘められた情熱がある。
(1) エチエンヌはごく小さいころからデッサン画家になりたかった。
(2) エチエンヌの父親は彼に医者になるよう助言した。
(3) アメリカ映画を制作するときは，絵コンテなしですますことができる。
(4) 絵コンテはフランスのほうがアメリカよりよく使われる。
(5) エチエンヌはデッサン画家になることを夢みる若者たちにアドバイスする。
(6) エチエンヌによると，多くの若者たちは

自分の才能に気づいている。

参考：bac (= baccalauréat) 大学入学資格試験，voie 進路，indispensable 不可欠の

137 *EXERCICE 8*
(1) ② (2) ② (3) ① (4) ① (5) ① (6) ②

目にはいるものといえばコンクリートだけの都市はじつにもの悲しい。とはいえ，こうした状況を改善するのはさほどやっかいなことではない。

これは園芸家の約20団体からなるグループが考えていることである。彼らは「都市での造園契約」を提案した。じつは，ある調査によれば，10人中9人のフランス人は自分たちの町にもっと緑地が増えればいいと思っている。都市での自然の占めるスペースを回復したいというのも契約の目的である。とくに園芸家たちは，都会に住む人たちに分割庭畑の創設によって上質の果物と野菜を食べられるようになってもらいたいと思っている。

彼らはまた，幼い子どもたちのためにも学校に園芸を導入することによって，緑地の広がりに手を貸したいとも考えている。園芸家たちは現状を手早く変えるためにいくつもの提案をしている。そのなかには，新しいビルの下に分割庭畑を創設することや病院内の庭園を広げることがある。
(1) コンクリート製のビルでいっぱいの都市の風景を改善することは不可能である。
(2) フランス人の90％は，自分たちの町にはたくさんの緑地があると思っている。
(3) 園芸家団体の活動の目的は，緑地帯を広げることである。
(4) この園芸家たちは，都会に住む人たちが園芸をするよう促している。
(5) この園芸家たちは小学生を園芸に親しませたい。
(6) この園芸家たちは，新しいビルの屋上に庭を造るよう提案している。

参考：accès 到達，de qualité 高品質の，choses 事態，au pied de …の根もとに

138 *EXERCICE 9*
(1) ② (2) ② (3) ② (4) ① (5) ① (6) ①

2005年には，フランス人の32％が自宅でインターネットに接続していた。それも首都では40％を超えていた。今日，フランス人の4分の1が，ネットサーフィンをするため（77％）であるにせよ，電子メールを見るため（73％）であるにせよ，毎日インターネットに接続していると推定される。しかしフランス人はまだオンラインショッピングに消極的である。多くの人が支払いの安全性に不安が

あるからだ。

　新しいテクノロジーはまた，ほかの可能性にも道を開く。たとえば仕事の領域において。1部の人たちにとっては，自宅で仕事をするという夢が現実のものとなった。自宅でもしくは職場から離れたところで仕事をしているサラリーマンの数は全体の7％と推定される。フランスにおいて，「在宅勤務」はゆっくりではあるが確実に広がっている。

　最後に，オンライン教育の「Eラーニング」は企業に人気がある。伝統的な教育と比べて，この新しい教育法によれば，遠くから多くの従業員を育成できるからである。

(1) 2005年にはパリに住む過半数の人たちが自宅でインターネットを利用していた。

(2) 今日フランス人の73％が電子メールを見るために，毎日インターネットに接続する。

(3) フランス人は，支払い方法が複雑なので，オンラインでの買いものを躊躇する。

(4) 「在宅勤務」によって，サラリーマンは会社へ行かないで自宅で働くことができる。

(5) 「在宅勤務」はフランスでゆっくり広がる傾向にある。

(6) 「Eラーニング」は，それを利用して従業員を育成したい企業に注目されている。

参考：soit …, soit …かあるいは…か，en ligne オンラインで，estimer à +数値 …を…と見積もる，moyen de …する手段

EXERCICE 10
(1) ② (2) ① (3) ① (4) ② (5) ① (6) ②

　先週，フランス国有鉄道はフランス各地でほとんどすべての列車の発着時刻を変更した。

　なぜ全部変更したのだろうか？それには3つの理由がある。第1に，この新しい時刻表によってレールの大工事ができるからである。工事は5年間続くにちがいない。毎年1000kmの線路が改修される。次に，フランス国有鉄道は1部の路線で一定間隔運行を実施したいからである。それは，以後，列車が毎日定められた時刻に発車することを意味する。一定間隔運行の目的は，輸送をよりスムースにすることと，定刻着を容易にすることである。最後に，3つめの理由は，走り始める新規参入の列車に線路をゆずらなければならないからである。新しいリヨン―ローヌ間の新幹線だけではなく，フランス国有鉄道と競合する列車もある。

　まもなく外国の会社の列車がフランスの線路を走ることが認可される。それはパリとヴェネチアを結ぶことになる。初めて国外の列車が参入することによって，フランス鉄道は

新時代をむかえる。

(1) すべての発着時刻を修正するには5年かかる。

(2) フランス国有鉄道は，5年後に5000kmの線路の改修を終えるだろう。

(3) もしフランス国有鉄道が一定間隔運行の実施に成功したら，列車の到着が遅れることはなくなるだろう。

(4) 一定間隔運行によって，輸送はスムースでなくなり，列車は定刻に到着することができなくなるだろう。

(5) 新しいリヨン―ローヌ間の新幹線はまもなく営業を開始する。

(6) フランスの列車は，国外の列車と同時に走ることはできないだろう。

参考：SNCF (= Société nationale des chemins de fer français) フランス国有鉄道，horaire 時刻表，発着時刻，voie (= voie ferrée) 線路，mettre … en place …を実施する，faciliter 容易にする，TGV (= train à grande vitesse) フランス新幹線，concurrent 競争する

7　会話文完成

出題例
(1) ① (2) ① (3) ② (4) ② (5) ③

婦人：こんにちは。リヨン行き6時25分の列車に乗りたいのですが。でも，その列車が運休になったと言われました。

従業員：はい，その通りです。

婦人：(考えられないわ)！

従業員：でも，6時55分発のべつの列車があります。

婦人：その列車だとリヨンには何時に着くのですか？

従業員：8時ちょうどです。

婦人：(まったくだめです)。リヨンで7時45分発のパリ行きTGVに乗らなければなりません。

従業員：次のTGVに乗ることはできないのですか？それは8時20分にリヨンを出発して10時20分にパリに着きます。

婦人：ほかに方法はないのですか？

従業員：(はい，残念ですが)。

婦人：いいでしょう。選択の余地はありません。ここでTGVの予約を変更することができますか？

従業員：(もちろんです)。切符を見せてください。

婦人：(どうぞ)。

従業員：ありがとうございます。しばらくお待ちください。新しい予約をします。

(1)① それはありえません
   ② 急いでください
   ③ 問題ありません
(2)① まったくだめです
   ② 申し分ありません
   ③ わかりません
(3)① 見てみましょう
   ② はい，残念ですが
   ③ いいえ，幸いにして
(4)① 絶対だめです
   ② もちろんです
   ③ たいしたことはありません
(5)① 私はそれをなくしました
   ② そうしたくありません
   ③ はい，どうぞ

142 *EXERCICE 1*

(1)② (2)② (3)① (4)② (5)①

ドゥニ：海岸へ散歩しに行かない？おいしい
　　　　夕食のあとは，外の空気を吸いに行きた
　　　　い。
クローディア：私もよ！（お伴するわ）。
ドゥニ：そう，じゃあ，行こう。
　　　　（…）
クローディア：（ほんとうに気持のいい天気
　　　　だわ）。
ドゥニ：そうだね，海からの風だ。とても心
　　　　地よい。
クローディア：いっしょに散歩するなんてあ
　　　　まりないわよね？
ドゥニ：そうだね！（ぼくたちにはあまりな
　　　　いね）。
クローディア：あなたの言うとおりだわ。こ
　　　　れがもうしばらく続いて欲しいんだけど。
ドゥニ：（残念だね）。こんな時間はすぐに過
　　　　ぎてしまう。楽しいことは何でもいつも
　　　　あっという間に過ぎてしまう。
クローディア：今日は運がいいわ。海がほん
　　　　とうに穏やかだわ。
ドゥニ：そうだね，すばらしい。海に（飛び
　　　　込み）たいところだね。
クローディア：そんなことしないで。
(1)① 私はここにいる
   ② 私はあなたといっしょに行く
   ③ 私はひとりで散歩に行く
(2)① ほんとうに暑い
   ② ほんとうに快適な天気だ
   ③ 冷たい風が吹き始めた
(3)① それは私たちにはあまりない
   ② それは私たちを困らせる
   ③ それは私たちを苦しめる
(4)① 私にはどうでもいい
   ② 残念だ
   ③ 私たちは幸福だ
(5)① 水に飛び込む

② 帰る
③ 落ちる

参考：si＋直説法半過去形？　…しません
か？（誘い，提案）

143 *EXERCICE 2*

(1)① (2)① (3)② (4)① (5)③

アンリ：この新道計画案をどう思う？
サンドリーヌ：反対よ！もう一度環境を（破
　　　　壊する）ことになるわ。
アンリ：たぶんね。でもぼくは君に賛成しな
　　　　い。ぼくは新道ができれば，観光事業が
　　　　発展できると思う。
サンドリーヌ：（絶対だめ）！この計画はばか
　　　　げてる。なお一層汚染のすすんだ地域に
　　　　観光客が来たがると思う？
アンリ：（いずれにせよ），まだ決定したわけ
　　　　ではない。計画でしかない。
サンドリーヌ：このニュースはあらゆる新聞
　　　　にでているし，それは私が読んだのとち
　　　　がう。私は決定は（すでに）なされたと
　　　　理解した。私は計画に反対する。
アンリ：サンドリーヌ，熱くなるのはまちが
　　　　ってるよ。結論をだすまでにまだよく考
　　　　える時間がある。
サンドリーヌ：（本気で言ってるの）！
アンリ：話し合おうよ，それだけ。
(1)① 破壊する
   ② 保護する
   ③ 利用する
(2)① ぜったいだめ
   ② 賛成
   ③ いいですよ
(3)① その場合
   ② いずれにせよ
   ③ 完全に
(4)① すでに
   ② まだ
   ③ しばしば
(5)① 残念ながら
   ② 君の言うとおりだ
   ③ 冗談でしょう

参考：être contre 反対する，environ-
nement 環境，s'opposer à …に反対する

144 *EXERCICE 3*

(1)① (2)③ (3)① (4)② (5)③

ジル：SMSで新年のあいさつを交わすこと
　　　ができるとはほんとうにすばらしい。
パトリス：しかしなぜそんな伝達手段に興味
　　　　があるんだろう？（ぼくはそれが大嫌い
　　　　だ）。
ジル：それによって，（とても遠くにいる）

友人たちにまで新年の祝辞を伝えることができるからだよ。

パトリス：君の友人たちはどこに住んでるの？

ジル：オーストラリアに 1 人とアメリカ合衆国に 2 人いる。彼らには 1 月 1 日の朝，ショートメッセージを送った。

パトリス：深夜 0 時を過ぎた（とたん），署名さえない，たくさんのメッセージをうけとるんだね。なかには，（たんに）知人リストに入っているからというだけで，君に新年のあいさつをしてくる人もいる。プライベートなことは一言も書かれていないし，君に似つかわしい祝福のことばもない。

ジル：でも，楽しめるし，たくさんの絵文字を作ることもできる。それに，友人のリストを用意して，ワンクリックで全員にちょっとした楽しいメッセージ送ることができる。

パトリス：（それは安易な解決策だよ）。喜んでもらうには，もう少しお互いに手間をかけなければならない，ちがう？

(1)① 私はそれが大嫌いだ
　②　私はそれにする
　③　私はそれに興味がある
(2)① 近くに
　②　国内に
　③　とても遠くに
(3)① …するやいなや
　②　…のまえに
　③　…がある
(4)① めったに…ない
　②　たんに
　③　完全に
(5)① 何の問題もない
　②　それは名案だ
　③　それは安易な解決策だ

参考：SMS 英語の Short Message Service の略，clic クリック

145　*EXERCICE 4*

(1)③　(2)②　(3)②　(4)②　(5)①

バルバラ：で，結局のところ，あなたたちは日本へ行くの，それとも行かないの？

ロベール：行くよ，用意はできた，決めたよ。（ぼくたちは 7 月20日に出発する）。

バルバラ：わかった，旅行の準備期間は 1 ヶ月ある。どこへ行くの？

ロベール：まず東京だよ。

バルバラ：（どこに宿泊するの）？

ロベール：じつは友人たちの家なんだ。ほんの 1 週間だけ滞在する。全部を見学する時間があればいいんだけど，見てまわる

ところがたくさんあるから！

バルバラ：（そのあとは）どうするつもり？

ロベール：まず，新幹線に乗って京都へ行く。次に，九州を見学するつもりだよ。

バルバラ：そこへは車で行くの？

ロベール：もちろん，ちがうよ，飛行機に乗るよ！あちらでどこに泊まるかは（まだわからない）。小さなホテルを探してみるよ。当地で探すほうが簡単にいくだろう。

バルバラ：（ところで）日本語は話せるの？

ロベール：少しね。

(1)①　私たちはまだ迷っている
　②　私たちは今年は出発しない
　③　私たちは 7 月20日に出発する
(2)①　あなたたちは何で行くの
　②　あなたたちはどこに宿泊するの
　③　あなたたちはどこに住みつくの
(3)①　それで
　②　そのあと
　③　是が非でも
(4)①　私はすでに決めた
　②　私はまだわからない
　③　私は忘れた
(5)①　ところで
　②　要するに
　③　というのは

参考：en fait 実際は，実は，avoir l'intention de …するつもりである，essayer de …しようと努める，sur place その場で

146　*EXERCICE 5*

(1)①　(2)③　(3)①　(4)②　(5)①

女性記者：あなたは偉大なマジシャンです。（どのようにして）マジックを見つけたのですか？

マジシャン：テレビでマジシャンを見ているときです。そして私が 8 歳のとき誕生日プレゼントに手品の箱をもらったんです。それがきっかけでした。

女性記者：あなたは初めての公演を（覚えていますか）？

マジシャン：もちろんです。学校の式典での公演でした。そのとき私は先生にマジックをやりたいと申し出たんです。仲間たちに大うけでした。

女性記者：あなたはマジックの講義をうけたことがありますか？

マジシャン：いいえ，（独学で覚えました）。

女性記者：あなたは業を失敗したことがありますか？

マジシャン：若いころは，そう，たしかにそんなことがありました。しかし，今は（もう，ミスはゆるされません）。1 つの

26

演目を舞台にだすまえに，少なくとも200回稽古します。

女性記者：読者にマジシャンとしてなにかアドバイスがありますか？

マジシャン：マジシャンになりたいという夢があるなら，あきらめないようにしなければなりません。信念と情熱があれば，いつも（夢は達成できるのだから）！

(1)① どのようにして
　　② いくつ
　　③ なぜ
(2)① あなたはもう忘れましたか
　　② あなたはもう見ましたか
　　③ あなたは覚えていますか
(3)① 私は1人で学びました
　　② 私はとても進歩しました
　　③ 私はその助言に従いませんでした
(4)① 私はよくミスをする
　　② 私はもうミスをすることはできない
　　③ 私は自分のミスに気がつかない
(5)① それを達成する
　　② どうにもならない
　　③ さあ行こう

参考：numéro 演目，voir le jour 日の目を見る，répétition 稽古

147 *EXERCICE 6*
(1)②　(2)②　(3)②　(4)②　(5)②

女性家主：こんにちは，ブシャールさん！お元気ですか？

借家人：こんにちは。長い間，お会いできませんでしたね。

女性家主：でもご存じのように，私は用事がたくさんありますから。お目にかかりにくる（時間がなかった）んです。

借家人：もっともあなたの訪問は私を不安にさせます。というのも，お会いするたびに，いらっしゃるのは悪い知らせを伝える（ため）だからです。

女性家主：まあまあ，おわかりかと思いますが，私も家計の負担が大きいんです，少しの家賃の値上げをお願いしに来ました。

借家人：あなたが来るのをみて，家賃の値上げを要求されると（予想していました）。

女性家主：ご存じのように，あらゆるものがすごく値上がりしました。

借家人：いつもそうおっしゃる。しかし，（値上がりしていない）ものが1つだけあります。私の給料です。

女性家主：はい，わかります。でも，このすばらしい家を見てください！

借家人：でも，学校へやらなければならない私の子どもたちを見てください！（私もまた）相当な負担なんです。

(1)① …する機会があった
　　② …する時間がなかった
　　③ …したくなかった
(2)① …でなければ
　　② …するために
　　③ …ならば
(3)① 私は満足だった
　　② 私は予想していた
　　③ 私は知らなかった
(4)① 上がった
　　② 増えなかった
　　③ 下がらなかった
(5)① 私は思う
　　② 私もまた
　　③ それでも

参考：loyer 家賃，d'ailleurs そのうえ，もっとも，chaque fois que …するたびに，considérable かなりの

148 *EXERCICE 7*
(1)②　(2)③　(3)②　(4)①　(5)①

店員：こんにちは。あなたのためになにかできることがありますか？

ベアトリス：こんにちは。このスキャナーをお返しします。変な音がすると思いませんか？

店員：（そうですね）。調子がよくない。

ベアトリス：なぜぱちぱちという音がするのですか？

店員：おそらく接触が悪いんですよ。請求書と保証書をおもちですか？

ベアトリス：はい，（どうぞ）。

店員：ありがとうございます。ただ，1週間まえに保証期限が切れています，ご存じのように。

ベアトリス：ほんとうですか？

店員：はい，（修理費用はあなたの負担になります）。

ベアトリス：なんですって？1週間のちがいで？例外にはできないんですか？

店員：（すみませんが）。みなさま同じです。

ベアトリス：（信じられないわ）。インターネットで店を公開しますから，かならずそうすると思っていてください。

(1)① それは申し分ありません
　　② それはほんとうです
　　③ 私はわかりません
(2)① 私はそれをなくしました
　　② 私は欲しくありません
　　③ ほらどうぞ
(3)① 大きな修理が必要です
　　② 修理はあなたの出費になるでしょう
　　③ それを修理することはできません
(4)① すみませんが

② 見てみます
③ いいえ，幸いにも
(5)① それは信じられません
② それは可能です
③ 問題ありません
参考：facture 請求書, certificat de garantie 保証書, à … près の差で, exception 例外

149 *EXERCICE 8*

(1)②　(2)①　(3)②　(4)③　(5)①

コリーヌ：ジュリアン，あなたは新しい仕事に満足している？

ジュリアン：うん，（まさにぼくがやりたかったことだから）。

コリーヌ：現在はどこで働いているの？

ジュリアン：南部の小さな村で小学校教師をしている。毎朝自転車で学校に通ってる。そこへ行くのに20分足らずしかかからない。（ぼくが気に入っているのは），まさに村の住民全員と知り合いだということだよ。子どもたちはもちろん，彼らの親までね。

コリーヌ：しつけの問題はないの？

ジュリアン：うん，しつけの問題はまったくない。それこそ小さな村にいることの（利点）だね。

コリーヌ：以前はどこで働いていたの？

ジュリアン：パリで。あの町での暮らしはあまり好きになれなかった。

コリーヌ：でもあそこはわくわくするすばらしいい町よ！

ジュリアン：そうだね，でも不便なこともたくさんある。（たとえば），気に入らなかったのは通勤時間だった！職場へ行くのに，公共交通機関のなかで１日２時間以上過ごしていた。

コリーヌ：ああそう，疲れるわね。でも，週末は遊びにでかけることもできるし，コンサートにも行けるし。

ジュリアン：そう，しかし週末までまた地下鉄に乗るのは（うんざりする）。

(1)① それは死ぬほど退屈だ
② それはまさに私がやりたかったことだ
③ それは私が好きではなかったすべてだ
(2)① 私が好きなこと
② 人から言われていること
③ 私には興味のないこと
(3)① それは流行っている
② それはまさに利点だ
③ それはとても困る
(4)① もちろん
② それに
③ たとえば
(5)① それはうんざりする

② それはうれしい
③ それはとりこにする
参考：moins de …以下, déplaire à …に気に入らない, transport 輸送, ça m'ennuie de …なのは困る

150 *EXERCICE 9*

(1)②　(2)①　(3)①　(4)③　(5)③

パトリック：マルクが私たちの企画に賛成すると思う？

セシル：いや，思わない。（おそらく反対するでしょう）。私たちがまだじゅうぶん考えていないと言うでしょう。今にわかるわ！

パトリック：それじゃあ，いろいろなことを（どのように）提案しようか？

セシル：四半期の結果から始めましょう。みんな質問するでしょう。（それで少なくとも１時間はかかるでしょう）。そのあと，ちょっとコーヒータイムをとりましょう。最後に，私たちの企画を提案しましょう。

パトリック：そして，もしマルクが私たちの仕事の出来が悪いと言ったら…

セシル：リズに意見を聞くわ。彼女とは知り合いだし，彼女ならとても冷静でしょうから，私たちに簡単で賢明な質問をしてくれるでしょう。

パトリック：その質問には，よかったら，ぼくが答えるよ。

セシル：いい考えね！あなたが話すのを聞いたら，マルクもはっとするでしょう。

パトリック：そうだね，でも（ほんとうにマルクが拒否したら）？

セシル：そのときは，リュシアンに来てくれるように頼みましょう。彼がいたら，みんなは彼の話に耳を傾けるわ。そしたらマルクもみんなと同じ行動にでるわよ！

パトリック：万事うまくいけばいいんだけど！それでもやはり，（ぼくは少し心配だ）！

セシル：とんでもない！今にわかるわ，万事うまくいくわよ！

(1)① 彼はおそらく賛成するでしょう
② 彼はおそらく反対するでしょう
③ 彼は完全に私たちに賛成するでしょう
(2)① どのようにして
② どれくらいまえから
③ どこで
(3)① それで少なくとも１時間はかかるでしょう
② そろそろ私たちは行かなければなりません
③ 私たちは仕事を終えた

28

ページ

(4)① もしマルクが私たちの意見を採用したら
② もしマルクが同意したら
③ もしマルクがほんとうに拒否したら
(5)① それはうまくいくだろう
② 私はそれを確信している
③ 私は少し心配だ

参考：commencer par …から始める，pause 休憩，frapper 心を打つ，quand même それでもやはり

151 *EXERCICE 10*
(1)③ (2)③ (3)② (4)① (5)①

婦人：こんにちは。4月の初め，2日か3日にマドリッドへ発ちたいのですが。まだ座席があると思いますか？
従業員：（見てみましょう）。何名ですか？
婦人：1名です。
従業員：（帰りの予定はいつですか）？
婦人：月末の29日か30日です。
従業員：4月2日に発って，5月2日に帰る便が1便あります。日時固定です。
婦人：ああ！（それじゃあ，だめです）。5月1日には帰っていなければなりません。
従業員：では，ほかには1便しかありません。145ユーロと，多少高いですよ。4月5日に発って30日に帰る便です。ただし早く決める必要があります。行きの便は（2席しか残りがありません）。
婦人：どこの会社ですか？
従業員：エール・フランスです。
婦人：では，（それでいいです）。選択肢はないわね。
(1)① 満席です
② あいにく，席はもうありません
③ 見てみます
(2)① あなたは何曜日に発つのですか
② あなたはどれくらいの予定で発つですか
③ あなたはいつ帰るつもりですか
(3)① それは重大ではありません
② それは不可能です
③ 問題ありません
(4)① 2席しか残っていません
② じゅうぶんな席があります
③ あなたはまだ時間があります
(5)① それでいいです
② 考えてみます
③ 論外です

参考：penser …するつもりである，à la fin de …の終わりに，en は un autre vol の vol をうけます

ページ

第1回
実用フランス語技能検定模擬試験

筆記試験問題

154 1 (1)⑥ (2)⑤ (3)④ (4)②

(1) 私は彼を評価し，尊敬している。
(2) テニスのチャンピオンはひどく疲れていたにもかかわらず試合に勝った。
(3) ブリュッセル行きの列車がまもなく駅へ入る。
(4) しばらくお待ちください，美術館は5分後に開館します。

154 2 (1)courage (2)arrive (3)mode (4)marche (5)possible

155 3 (1)paraît (2)a coupé (3)dit (4)passait (5)rendre

(1)A, B このタルトはおいしそうだ。
(2)A, B フレデリックはパンを薄切りにした。
(3)A 私は思いだせない。
B それには何の覚えもない。
(4)A 私たちはそのことについてじゅうぶん議論した。話題をかえましょう。
B 私たちはそのことについてじゅうぶん議論した。ほかの話題に移りませんか？
(5)A ちょっと手伝ってくれますか？
B 力をかしていただけますか？

156 4 (1)① (2)③ (3)⑤ (4)④ (5)②

(1)―彼はいとこたちを結婚式に招待したの？
―はい，でもだれも列席しなかった。
(2)―マルタンはまだ来ていないのですか？
―いや，彼が走ってきました！
(3)―誕生日プレゼントになにをあげようか？
―けっこう，私はなにも必要ない。
(4)―このバッグが好きなの？
―はい，同じものがほしい。
(5)―君は最新型を見た？
―はい，それはあそこの，店のショーウインドウにあるものです。

157 5 (1)③ (2)③ (3)① (4)② (5)②

インターネットではどのような自由が許さ

29

れるのだろうか？当局側にたつか，**利用者**側にたつかで同じではない。

　FBIは« Megaupload »というインターネットサイトを閉鎖した。このサイトでは，写真や映画を保存することができた。また，**無料**で映画やテレビ番組を見たり，音楽を聴いたりすることもできた。

　アメリカの警察にはそれが問題である。このサイトは著作権を侵害していた。**というのは**，映画や歌やあゆる芸術作品の作者は，作品が放送されるたびにお金をもらうからだ。« Megaupload »は，サイトでの放送料を支払っていなかった。**その代わりに**，サイトでは，そこを無制限に利用したい人たちに毎月使用料金を支払うよう求めていた。サイトは**多額の収入をえたが**，アーティストには金銭的損失をあたえた。アメリカの司法が« Megaupload »の創設者の罪を問うているのはその点である。

(1)① 答える人たち　② 観客たち
　　③ 利用者たち
(2)② カード払いで
　　② 高額な料金を支払うことによって
　　③ 無料で
(3)① というのは　② そういうわけで
　　③ だから
(4)① したがって　② その代わりに
　　③ たとえば
(5)① ほとんどお金を使っていなかった
　　② おおいに儲けていた
　　③ かなり損していた

参考：droits d'auteur 著作権，chaque fois que …するたびに，demander à qn de + 不定詞 …に…するように要求する，fondateur 創設者

158 **6** (1)① (2)② (3)② (4)①
　　(5)② (6)①

　MuMoはMusée Mobile（移動美術館）のことである。ほかの美術館とちがって，この美術館は巨大なトラックのなかにある。美術館からもっとも離れたところにいる子どもたちが現代美術と出会えるようにするというのがその考え方である。フランス各地を回ったあと，Musée Mobileはアフリカにやってきた。トラックはすでに8000キロメートルを走破し，60校以上の学校に立ち寄った。

　赤と白に塗られた風変わりなトラックのなかには数多くの作品が展示されている。トラックに入ると，1度も美術館へ行ったことのない若い見学者たちは，偉大な芸術家たちが制作した芸術作品のおかげで，びっくりするような経験をする。トラックのなかはシャボン玉のなかにいるようである。どこから射し

ているのかわからない虹色の光が子どもたちに反映している。

　現代美術の玄人ならこのような感覚に慣れているが，小学生はこの効果にすっかり驚いてしまう。MuMoは，アフリカの子どもたちが芸術にふれる機会をなおもつくり続けてから，ほかの大陸へ出発する。

(1) « MuMo »は« Musée Mobile »の略語である。
(2) Musée Mobileの考え方は，都会の子どもたちが芸術作品にふれることができるようにすることである。
(3) Musée Mobileはすでにアフリカ全土を走破した。
(4) このトラックのなかには，偉大な芸術家たちによって制作されたたくさんの芸術作品がある。
(5) このトラックからは虹の現れるのが見える。
(6) Musée Mobileはアフリカ以外の大陸を回る計画がある。

参考：installer 設置する，éloigné 遠い，s'arrêter 止まる，décorer 装飾する，arc-en-ciel 虹，se refléter 反射する，connaisseur 玄人，totalement 完全に，surprendre 驚かす

159 **7** (1)③ (2)① (3)② (4)③ (5)①

アリス：それじゃあ，あす，あなたは家にいないの？（初耳だわ）。
サミュエル：アリス，先週の土曜日に，あすはいないと言ったよ。
アリス：（とんでもない），帰宅は少し遅くなるけど，中華レストランへ夕食を食べに行くことはできると言ったわ。
サミュエル：違うよ，すまないがぼくは行くことができると約束はしなかった。（そのうち行こう）と言っただけだよ。君はぼくが言うことを何でも歪曲する！
アリス：あなたはいっしょに夜を過ごすと約束したわ。けして約束を守らないのね！
サミュエル：ねえ，（今のところ）ぼくは猛烈に働いている。会議は毎晩あるし，会社に1泊とか，2泊しなければならないこともある。
アリス：そうね，でもあなたは10日までには企画は終わっているとも言ったわ。
サミュエル：覚えてるよ，でもあのときは，同僚が病欠するとは知らなかったんだ。ひどいよ，（ぼくを支えるどころか），ずっと非難ばかりしているんだから。

(1)① 朗報だ
　　② いい考えだ
　　③ 初耳だ

(2) ① とんでもない
② もちろん
③ それはよかった
(3) ① あす行く
② そのうち行く
③ すでに行ったことがある
(4) ① すぐに
② ときどき
③ 目下
(5) ① 私を支えるのではなく
② 私を励ますことによって
③ 私の怠慢を非難することなしに
参考：tenir sa promesse 約束を守る，
arrêter de …するのをやめる

161 書き取り試験問題

Ce matin, j'ai vu le nouveau locataire du cinquième(5ᵉ) étage. Il est japonais. Il parle bien français. Il a appris le français à l'université et il a suivi des cours de français pendant six(6) mois dans une école de langues. Il est venu dans cette ville avec sa femme.

cinquièmeは5ᵉと書いてもかまいません。etは次の語とリエゾンしません。sixは次の語が子音のとき語末の x を発音しません。なおsixは6と書いてもかまいません。
訳：けさ，私は6階の新しい借家人と会った。彼は日本人だ。フランス語がうまい。彼は大学でフランス語を学び，6ヶ月間，語学学校でフランス語の授業を受けた。彼は奥さんといっしょにこの町へやってきた。

162 聞き取り試験問題

1 (1) (campagne) (paysages)
(2) (dimanche) (3) (3)
(4) (pied) (affaires)
(5) (excellents) (cher)

（読まれるテキスト）
Judith : Bonjour, c'est Judith à l'appareil.
Pedro : Ah ! Judith, bonjour, comment vas-tu ?
Judith : Très bien, merci. Écoute, je

t'appelle pour te demander des conseils.
Pedro : Mais bien sûr, qu'est-ce que je peux faire pour toi ?
Judith : Voilà, j'ai l'intention de prendre des vacances et d'aller dans ton pays.
Pedro : Ça, c'est une bonne idée.
Judith : Dis-moi, à quoi ressemble ta région natale ?
Pedro : C'est la campagne, avec des paysages naturels magnifiques. Mais tu vas rester combien de temps sur place ?
Judith : J'arriverai dimanche soir dans la capitale et je séjournerai sur place pendant trois jours.
Pedro : Je te conseille de visiter le centre-ville à pied. Surtout, ne perds pas ton temps dans le quartier des affaires.
Judith : Il faut payer combien pour manger dans un bon restaurant ?
Pedro : Si tu restes dans le centre-ville, tu pourras trouver d'excellents petits restaurants traditionnels pour pas très cher.
（読まれる質問）
(1) À quoi ressemble la région natale de Pedro ?
　—C'est la (campagne), avec des (paysages) naturels magnifiques.
(2) Quand est-ce que Judith arrivera sur place ?
　—Elle arrivera (dimanche) soir sur place.
(3) Combien de temps Judith va-t-elle rester sur place ?
　—Elle va rester (trois) jours.
(4) Qu'est-ce que Pedro conseille à Judith ?
　—Il lui conseille de visiter le centre-ville à (pied) et, surtout, de ne pas perdre son temps dans le quartier des (affaires).
(5) Combien faut-il payer pour aller dans un bon restaurant ?

—Dans le centre-ville, elle pourra trouver d'(excellents) petits restaurants traditionnels pour pas très (cher).

（読まれるテキスト）

ジュディット：こんにちは，ジュディットよ。

ペドロ：ジュディット，こんにちは，元気？

ジュディット：とても元気よ，ありがとう。あのね，あなたに相談があって電話したのよ。

ペドロ：いいとも，ぼくは君のためになにができるの？

ジュディット：じつは，私は休暇をとってあなたの国へ行くつもりなの。

ペドロ：それはいい考えだ。

ジュディット：教えて，あなたが生まれた地方はどんなところなの？

ペドロ：あそこは，自然の景色がすばらしい田舎だよ。でも，どのくらい向こうに滞在するつもりなの？

ジュディット：首都には日曜日の夕方着いて，そこに 3 日間滞在する予定よ。

ペドロ：中心街は歩いて見てまわることを勧めるよ。とくに，ビジネス街で時間を浪費しないようにね。

ジュディット：いいレストランで食事をするにはいくら払わなければならない？

ペドロ：中心街にいれば，それほど高くない値段で，すばらしい小さな伝統的レストランが見つかるよ。

（読まれる質問）

(1) ペドロの生まれた地方はどんなところですか？
　　—そこは，自然の（景色）がすばらしい（田舎）です。

(2) ジュディットはいつ現地に着きますか？
　　—彼女は（日曜日）の夕方に着くでしょう。

(3) ジュディットはどのくらい現地に滞在するつもりですか？
　　—彼女は（ 3 ）日間滞在するつもりです。

(4) ペドロはジュディットにどんなアドバイスをしますか？
　　—彼は彼女に，中心街を（歩いて）見てまわることと（ビジネス）街で時間を浪費しないようにアドバイスします。

(5) いいレストランへ行くにはいくら払わなければなりませんか？
　　—中心街では，彼女はそれほど（高く）ない値段で（すばらしい）小さな伝統的レストランを見つけることができるでしょう。

163　**2**　(1)②　(2)②　(3)②　(4)②　(5)①

(6)②　(7)②　(8)②　(9)①　(10)①

（読まれるテキスト）

　J'ai un petit chien. Je l'aime beaucoup et il m'aime aussi. Samedi dernier, je me promenais avec mon chien le long de la rivière. Soudain, un gros chien lui a sauté dessus. Mon chien s'est blessé à la patte. Je l'ai emmené tout de suite chez le vétérinaire. Il lui a mis un bandage. C'est la première fois que ça lui arrive. Il est très sociable et il adore aller voir les autres chiens. Alors quelquefois, ça finit mal. Heureusement, sa blessure n'est pas grave. Dans une semaine, ce sera fini et ça va déjà mieux aujourd'hui.

　Mais je m'inquiète un peu. Je n'ai pas encore envie de sortir avec lui, surtout quand il fait trop froid. Il doit rester un peu tranquille. Je préfère rester chez moi. J'ai rendez-vous mercredi prochain à 14 heures chez le vétérinaire.

（読まれるテキストの内容について述べた文）

(1) Françoise a promené son chien dimanche dernier.

(2) Françoise s'est promenée avec son chien au bord du lac.

(3) Le chien de Françoise s'est blessé à la tête.

(4) Il arrive souvent qu'un autre chien se jette sur le chien de Françoise.

(5) Le chien de Françoise ne saute pas sur les autres chiens.

(6) Le chien de Françoise s'est blessé gravement.

(7) Le chien de Françoise guérira de ses blessures dans un mois.

(8) Le chien de Françoise ne va pas bien aujourd'hui.

(9) Il vaut mieux que le chien de Françoise ne sorte pas quand il fait froid.

(10) Françoise a rendez-vous mercredi

prochain à 14 heures chez le
vétérinaire.

（読まれるテキスト）

　私は小犬を飼っています。私は彼をとても愛していて，彼も私を愛しています。先週の土曜日，私の犬と川沿いを散歩していました。突然，大きな犬が彼に飛びかかってきたんです。私の犬は脚を負傷しました。私はすぐに獣医のところへ連れて行きました。医者は彼に包帯をまいてくれました。こんなことは初めてです。私の犬はとても社交的で，ほかの犬に会いに行くのが大好きです。だから，ときには思わしくない結果に終わることがあります。幸い，重傷ではありません。1週間後には完治するでしょう。きょうはもうずっとよくなりました。

　でも，少し心配です。私はまだ彼と出かけたいとは思いません。とくに，あまりにも寒いときは。まだ少し安静にしていなければならないのです。私は家でじっとしているほう

がいいです。来週の水曜日14時に獣医に予約してあります。

（読まれるテキストの内容について述べた文）

(1)　フランソワーズは先週の日曜日犬を散歩させた。

(2)　フランソワーズは湖畔を犬と散歩した。

(3)　フランソワーズの犬は頭を負傷した。

(4)　ほかの犬がフランソワーズの犬に飛びかかることはよくある。

(5)　フランソワーズの犬は，ほかの犬に飛びかかったりしない。

(6)　フランソワーズの犬は，重傷を負った。

(7)　フランソワーズの犬は，1ヶ月後に傷が癒えるだろう。

(8)　フランソワーズの犬は，きょうは調子がよくない。

(9)　フランソワーズの犬は，寒いときは外にでないほうがいい。

(10)　フランソワーズは来週水曜日の14時に獣医に予約している。

1 次試験配点表

問題番号	筆記試験	1	2	3	4	5	6	7	小計	書き取り	小計	聞きとり	1	2	小計	合計
点		8	10	10	10	10	12	10	70		12		8	10	18	100

第2回
実用フランス語技能検定模擬試験

筆記試験問題

168　**1**　(1) ①　(2) ⑤　(3) ②　(4) ④

(1)　これはモーターボートです。

(2)　彼は30歳だ。

(3)　私は医者にあしたの予約をいれた。

(4)　山頂から美しい眺望がきく。

168　**2**　(1) plaisir　(2) question　(3) coup
　　(4) brique　(5) arrange

169　**3**　(1) a pris　(2) permettait
　　(3) a demandé　(4) sera refusé
　　(5) empêche

(1)　A　彼女は今度の休暇中に太った。
　　B　彼女は今度の休暇中に体重がふえた。

(2)　A　彼は子どもたちにうそをつくことを禁じていた。
　　B　彼は子どもたちにうそをつくことを許していなかった。

(3)　A　私はこの仕事に3時間必要だった。
　　B　私はこの仕事に3時間を要した。

(4)　A　私の息子はバカロレアに合格しないだろう。
　　B　私の息子はバカロレアに不合格だろう。

(5)　A　ピエールはときどき霧のために遅刻する。
　　B　ピエールはときどき霧のため定刻に着くことができない。

170　**4**　(1) ②　(2) ⑦　(3) ③　(4) ⑥　(5) ⑤

(1)─彼らは仲がいいですか？
　─いいえ，いつもお互いに悪口を言いあ

33

っています。
(2)―君はどう思う？
　―よくわからない。なにが問題なの？
(3)―だれが勘定を払いますか？
　―割り勘にします。
(4)―君はブリオッシュを全部食べたの？
　―いや，まだいくつか残っている。
(5)―あの歌手を知ってる？
　―はい，彼のCDを何枚ももってる。

171 ⑤ (1) ③　(2) ③　(3) ①　(4) ①　(5) ①

　パリに200台の新たな監視カメラが**設置された**。ほかにも800台のカメラを数年のうちに設置することが予定されている。これらは，パリの交通機関と商業施設にすでに設置されている1万台のカメラにさらに**加わる**。
　監視体制をひくことによって，窃盗と暴行を回避することができる。フランスでは，公共の場を監視するために60万台以上のカメラがある。しかし，だれもがこの監視システムが**有効だ**と考えているわけではない。一部には，このようなネットワークは**高くつくし**，犯人検挙を可能にすることがまったく証明されていないと考える人たちもいる。
　いずれにせよ，カメラの数がまだ不足しているのは事実である。違反**発生時に**出動するための警察官も必要である。しかし，パリのように場所によっては，カメラの台数は増えているが，警察官の人数は増えていない。
(1)① 座っている　② 作られる
　　③ 置かれる
(2)① 出席する　② 参加する
　　③ 加えられる
(3)① 有効な　② 無礼な
　　③ 役にたたない
(4)① 高くつく　② 調子がいい
　　③ 重要である
(5)① …の場合には
　　② …できる状態で　③ …について
参考：mettre en place 設置する，installation 設置，mesure 措置，prouver 証明する

172 ⑥ (1) ②　(2) ②　(3) ①　(4) ①
　　　　(5) ①　(6) ②

　今週末ジェラールは別荘へ行った。まず，列車がストライキ中だったので，15キロメートルの渋滞があった。高速道路をおりたが，道路は別荘の近くで封鎖されていた。憲兵たちが車を**止めて**，すべての身分証を検閲していた。彼らはどうやらだれかを探しているようだった。ジェラールは30分以上待った。憲兵たちは車のドアを開けて，すみずみまで調

べた。神経質になっているようだった。ずっと同僚と電話で話していて，会話の声が聞こえていた。突然，ジェラールはついてくるように言われた。彼は囚人護送車のなかに入らなければならなかった。そして1時間の尋問をうけた。1人の憲兵が話を全部書きとめていた。ほかの憲兵たちはあいかわらずすべての車を止めていたが，だれからも何の説明もなかった。突然，叫び声が，大声で話している人たちの声が聞こえた。憲兵たちはジェラールに言った。「オーケー，行ってもいいですよ」。囚人護送車からでたとき，彼は逮捕され，2人の憲兵に囲まれているもう1人の男が目に入った。信じられなかった。その男は双子の兄弟のように彼によく似ていたのだ！服装まで似ていた。まるで映画のようだった。ジェラールがあまりにも呆然とした様子だったので，1人の憲兵が笑いだした。
(1) 自動車事故のせいで，高速道路は大渋滞だった。
(2) ジェラールは高速道路をおりたので，予定通り別荘に着いた。
(3) ジェラールは30分以上，検閲の順番を待った。
(4) 憲兵たちは情報交換のためにたえず電話で話していた。
(5) ジェラールは容疑者として逮捕されそうになった。
(6) 憲兵に逮捕されたのはジェラールの双子の兄［弟］だった。
参考：fouiller 調べる，jumeau 双生児の，stupéfait 呆然自失の

174 ⑦ (1) ③　(2) ③　(3) ①　(4) ②　(5) ③

アンヌ：このコートはどうかしら？私に似合ってる？
レイモン：(悪くない)，でもさっき試着したコートのほうがおしゃれだと思う。色はすてきだし，仕立てもこれよりいい。
アンヌ：(確かに)？
レイモン：そうさ，心配しないで。ぼくがそう言ってるんだから。
アンヌ：ほんと？ (これは私のサイズに合ってる)？
レイモン：うん，保証するよ。
アンヌ：ただ，こっちのほうがはるかに高いわ。これを買うのはよしたほうがよさそうね？より機能的だし，(着心地もよさそうだけど)。そう思わない？
レイモン：(そうだね)，でもぼくの意見が聞きたいのなら，もう一方のほうが強い印象をあたえるし，君に似合ってるよ。これは決定的な論拠だよ，ちがう？
アンヌ：その通りね。

ページ
(1) ① これは長すぎる
② これはすてきではない
③ これは悪くない
(2) ① 君はまちがってる
② 君は賛成である
③ 君は自信がある
(3) ① このサイズは私に合ってる
② これはサイズがきつすぎる
③ このサイズは私に合っていない
(4) ① これはもう流行らない
② より快適でもある
③ より退屈でもある
(5) ① それにはおよばない
② 何でもない
③ その通り

参考：essayer 試着する，puisque …であ
るから，Il vaut mieux que …するほうが
いい，décisif 決め手となる

175   **書き取り試験問題**

J'achète un quotidien le matin en
partant travailler ; de temps en
temps, un journal régional pour les
nouvelles locales et les faits divers.
Mais je ne peux pas tout lire. Alors,
je choisis les articles qui m'inté-
ressent. Je n'ai pas le temps de lire
de A à Z.

「 ; 」はポワン・ヴィルギュルといいます。
不定代名詞の tout は動詞のまえにきます。
訳：私は毎朝仕事に出かけるとき日刊紙を買
う。ときどき，ローカルニュースと三面記事
を読むために地方紙を買う。しかし，全部を
読んでしまうことはできない。だから，興味
のある記事を選ぶ。隅から隅まで読んでいる
時間はない。

176   **聞き取り試験問題**

1 (1) (adore) (2) (entreprise)
(3) (mariée) (4) (livres) (publiés)
(5) (conduire)
(6) (espagnol) (allemand)

（読まれるテキスト）
Daniel : Pourquoi voulez-vous tra-
vailler dans notre maison

d'édition ?
Stéphanie : Parce que j'adore lire.
Daniel : Vous avez déjà travaillé ?
Stéphanie : Oui. J'ai travaillé pen-
dant 5 ans dans une entreprise
d'informatique et j'ai donné ma
démission à l'occasion de mon
mariage. Maintenant, je suis sans
emploi.
Daniel : Connaissez-vous notre so-
ciété ?
Stéphanie : Bien sûr, j'ai lu plusieurs
livres que vous avez publiés.
Daniel : Très bien. Avez-vous une
voiture ?
Stéphanie : Non, mais j'ai le permis
de conduire.
Daniel : Quelles langues parlez-vous ?
Stéphanie : Je parle anglais, espagnol
et un peu allemand.
（読まれる質問）
(1) Pourquoi Stéphanie veut tra-
vailler dans la maison d'édition ?
—Parce qu'elle (adore) lire.
(2) Est-ce que Stéphanie a déjà tra-
vaillé ?
—Oui, elle a travaillé pendant 5
ans dans une (entreprise)
d'informatique.
(3) Quand est-ce que Stéphanie a
donné sa démission à son em-
ployeur précédent?
—Elle l'a donnée quand elle s'est
(mariée).
(4) Pourquoi Stéphanie connaît la
maison d'édition ?
—Parce qu'elle a lu plusieurs
(livres) qui avaient été (publiés)
par cette maison d'édition.
(5) Est-ce que Stéphanie a une
voiture ?
—Non, mais elle a le permis de
(conduire).
(6) Quelles langues Stéphanie parle-
t-elle ?
—Elle parle anglais, (espagnol) et
un peu (allemand).

ページ　（読まれるテキスト）

ダニエル：なぜあなたは私どもの出版社で働きたいのですか？

ステファニー：本を読むのが大好きだからです。

ダニエル：働いた経験はありますか？

ステファニー：はい。5年間コンピューター関係の会社で働きましたが、結婚を機に退職しました。今は無職です。

ダニエル：あなたは私どもの会社についてご存じですか？

ステファニー：もちろんです。貴社から出版された本を何冊も読みました。

ダニエル：いいでしょう。車はおもちですか？

ステファニー：いいえ、でも運転免許はもっています。

ダニエル：どの言語を話せますか？

ステファニー：英語とスペイン語と、ドイツ語を少しです。

（読まれる質問）

(1) ステファニーはなぜ出版社で働きたいのですか？
　　―彼女は読書が（大好き）だからです。

(2) ステファニーは働いた経験がありますか？
　　―はい、彼女は5年間コンピューター関係の会社で働いていました。

(3) ステファニーはいつ前の雇用主に辞表をだしましたか？
　　―彼女は結婚したときそうしました。

(4) なぜステファニーはこの出版社を知っているのですか？
　　―この出版社から刊行された本を何冊も読んだことがあるからです。

(5) ステファニーは車をもっていますか？
　　―いいえ、しかし運転免許はもっています。

(6) ステファニーはどの言語を話せますか？
　　―彼女は、英語とスペイン語と、ドイツ語を少し話せます。

177 **2** (1)② (2)② (3)① (4)② (5)②
　　(6)① (7)① (8)② (9)② (10)①

（読まれるテキスト）

　Lorsque Charles était lycéen, son rêve était de partir en Angleterre pour être DJ. Son professeur d'anglais lui avait clairement fait savoir que son projet était impossible car son niveau d'anglais n'était pas satisfaisant. Il est enfin parti en Angleterre pour suivre des études

ページ universitaires en communication. Il a été DJ pendant deux ans dans une radio locale. C'est à cette époque qu'il a rencontré son épouse d'origine coréenne.

　Avec le temps, il a commencé à s'intéresser à la Corée où sa femme était née. Et l'idée d'enseigner le français à des étrangers lui semblait un métier intéressant. Son rêve était maintenant de partir en Corée pour y enseigner le français. Ils sont donc allés à Séoul, région dont sa femme est originaire. Il voulait travailler dans une université, mais avec un diplôme anglais, il avait peu de chance d'y parvenir. Alors, il a choisi de travailler d'abord pour des écoles de langues.

（読まれるテキストの内容について述べた文）

(1) Charles voulait être DJ quand il était collégien.

(2) Charles était fort en anglais quand il était lycéen.

(3) Charles est allé étudier en Angleterre pour devenir DJ.

(4) Charles a été DJ pendant trois ans dans une radio anglaise.

(5) Charles a rencontré son épouse d'origine coréenne en France.

(6) Charles s'est intéressé petit à petit au pays natal de sa femme.

(7) Charles a commencé à vouloir devenir professeur de français en Corée.

(8) Charles est allé à Séoul tout seul.

(9) Charles a eu la chance de travailler dans une université coréenne.

(10) Charles a commencé par enseigner le français dans des écoles de langues.

（読まれるテキスト）

　シャルルが高校生だったとき、夢はDJになるためにイギリスへ行くことだった。英語の先生からは、計画の実現が不可能であるとはっきり言われていた。英語のレベルが不十分だったからだ。結局彼は、大学でコミュニ

ページ ケーションの勉強をするためにイギリスへ出発した。彼は2年間，地方のラジオ局でDJをやった。彼が韓国生まれの奥さんと出会ったのはその頃である。

時がたつにつれて，彼は奥さんが生まれた韓国に興味をもちはじめた。そして，外国人にフランス語を教えるという考えが，彼にはおもしろい仕事のように思えた。彼の夢は今度は，韓国へ行ってフランス語を教えることになった。だから彼らは奥さんの出身地であるソウルへ行った。彼は大学で働きたかったが，イギリスの免状ではそのチャンスはほとんどなかった。そこで，彼はまずいくつかの語学学校で働くことにした。

（読まれるテキストの内容について述べた文）
(1) シャルルは中学生のとき，DJになりたかった。

ページ
(2) シャルルは高校生のとき，英語が得意だった。
(3) シャルルはDJになるために，イギリスへ勉強に行った。
(4) シャルルはイギリスのラジオ局で3年間DJだった。
(5) シャルルはフランスで韓国生まれの奥さんと出会った。
(6) シャルルは少しずつ，奥さんの祖国に興味をもつようになった。
(7) シャルルは韓国でフランス語教師になりたいと思い始めた。
(8) シャルルは単身でソウルへ行った。
(9) シャルルは運よく韓国の大学で働くことができた。
(10) シャルルはまずいくつかの語学学校でフランス語を教え始めた。

1 次試験配点表

問題番号	筆記試験	1	2	3	4	5	6	7	小計	書き取り	小計	聞きとり	1	2	小計	合計
点		8	10	10	10	10	12	10	70		12		8	10	18	100

完全予想　仏検準2級

― 筆記問題編 ―（二訂版）
（別冊　解答編）

2024．7．1　1刷

発 行 所　　　株式会社　駿河台出版社

〒101-0062 東京都千代田区神田駿河台 3 の 7
電話03(3291)1676　FAX03(3291)1675

製版・印刷　フォレスト

完全予想

仏検

準2級

著者 富田正二

新傾向問題完全対応

筆記問題 編

駿河台出版社

ま　え　が　き

　仏検は正式名を実用フランス語技能検定試験（Diplôme d'Aptitude Pratique au Français）と
いって，1981年に発足しました。1級，準1級から5級まで6段階だった級に，準2級が加え
られたのは2006年です。

　本書は，筆者がいくつかの大学で「仏検講座」を担当するにあたって，準備した資料をもと
にして作られました。これまでに出題された過去の問題をくわしく分析して，出題傾向をわり
だし，この結果をもとにして章や項目をたてました。こうした制作方法をとるには，準2級の
過去問題を蓄積する必要があります。これは，完全予想準2級の出版を遅らせる要因にもなり
ました。

　本冊には姉妹編の「聞き取り問題編」があります。「聞き取り問題編」には面接試験の音声
教材もついています。あわせてご利用いただければ幸いです。受験テクニックを教えるだけで
はなくて，練習問題を最後まで終えたとき，自然に仏検各級の実力がついているようにしよう
というのが，この問題集のねらいです。

　なお，過去の問題の使用を許可してくださった公益財団法人フランス語教育振興協会，フラ
ンス語の例文作成にあたって貴重な助言をいただいたレナ・ジュンタ氏にあつくお礼を申しあ
げます。また，本書の出版を快諾していただいた駿河台出版社の井田洋二氏と，編集面で寛大
にお世話いただいた同社編集部の上野名保子氏に心からの謝意を表します。

　2014年　初春

著者

も く じ

　各章は，そのまま実用フランス語技能検定試験問題の設問に対応しています。たとえば，「1．前置詞に関する問題」は仏検試験問題の第1問として出題されるわけです。各章のまえがきに，その章で学習する内容，および仏検における出題傾向のアウトラインを示しました。原則として，学習内容を見開きページになるように構成しました。左ページに学習項目の解説を，右ページに **EXERCICE** を配置しました。**EXERCICE** は解説ページに対応する練習問題ですから，まず左ページをよく読んで，まだ学習していない項目があればこれをマスターし，また知識があいまいになっている項目があればこれを復習してしてから，右ページの **EXERCICE** へ進んでください。あるいは，左ページの項目をマスターしているという自信があれば，**EXERCICE** から始めてもらってもかまいません。解けない問題があったら，解説を参照して自分の弱点を補えばよいわけです。最後のページに最近の出題形式をコピーした模擬試験問題（聞きとり問題を含む）が2部ついています。問題集が終わったら試してみてください。**EXERCICE** の解答は別冊になっています。

　姉妹編の「聞きとり問題編」には，面接試験問題がついていますので，あわせて活用してください。どうせ勉強するのなら，フランス語の実力アップをめざそうではありませんか。

　なお，仏検の解答用紙は記述問題をのぞいて，マークシート方式です。本書では紙幅の関係でマークシートを使っていませんのでご了承ください。「実用フランス語技能検定模擬試験」については仏検と同じ形式の解答用紙です。

　Bon courage !

実用フランス語技能検定試験について

　公益財団法人フランス語教育振興協会による試験実施要項にもとづいて，仏検の概要を紹介しておきます。

7つの級の内容と程度

　つぎに紹介するのは，公益財団法人フランス語教育振興協会が定めているだいたいの目安です。だれでも，どの級でも受験することができます。試験範囲や程度について，もっと具体的な情報を知りたいという受験生には，過去に出題された問題を実際に解いてみるか，担当の先生に相談することをおすすめします。なお，併願は隣り合った2つの級まで出願することができます。ただし，1級と2級の併願はできません。

5級

程度：	初歩的な日常フランス語を理解し，読み，聞き，書くことができる。
標準学習時間：	50時間以上（大学で，週1回の授業なら1年間，週2回の授業なら半年間の学習に相当）。

試験内容：

読む	初歩的な単文の構成と文意の理解，短い初歩的な対話の理解。
聞く	初歩的な文の聞き分け，挨拶等日常的な応答表現の理解，数の聞き取り。
文法知識	初歩的な日常表現の単文を構成するのに必要な文法的知識。動詞としては，直説法現在，近接未来，近接過去，命令法の範囲内。
語彙	約550語

試験形式：	1次試験のみ（100点）
筆記	問題数7問，配点60点。試験時間30分。マークシート方式。
聞き取り	問題数4問，配点40点。試験時間15分。マークシート方式，一部数字記入。
合格基準点：	60点

4級

程度：	基礎的な単文の構成と文意の理解。基礎的な対話の理解。
標準学習時間：	100時間以上（大学で，週1回の授業なら2年間，週2回の授業なら1年間の学習に相当。高校生も対象となる）。

試験内容：

読む	基礎的な単文の構成と文意の理解。基礎的な対話の理解。
聞く	基礎的な文の聞き分け，日常使われる基礎的応答表現の理解，数の聞き取り。

文法知識	基礎的な日常表現の単文を構成するのに必要な文法的知識。動詞としては，直説法（現在，近接未来，近接過去，複合過去，半過去，単純未来，代名動詞），命令法など。
語彙	約920語

試験形式：　一次試験のみ（100点）

筆記	問題数 8 問，配点66点。試験時間45分。マークシート方式。
聞き取り	問題数 4 問，配点34点。試験時間約15分。マークシート方式，一部数字記入。

合格基準点：　60点

3 級

程度：	フランス語の文構成についての基本的な学習を一通り終了し，簡単な日常表現を理解し，読み，聞き，話し，書くことができる。
標準学習時間：	200時間以上（大学で，第一外国語としての授業なら 1 年間，第二外国語として週 2 回の授業なら 2 年間の学習に相当。一部高校生も対象となる）。

試験内容：

読む	日常的に使われる表現を理解し，簡単な文による長文の内容を理解できる。
書く	日常生活で使われる簡単な表現や，基本的語句を正しく書くことができる。
聞く	簡単な会話を聞いて内容を理解できる。
文法知識	基本的文法知識全般。動詞については，直説法，命令法，定型的な条件法現在と接続法現在の範囲内。
語彙	約1,670語

試験形式：　一次試験のみ（100点）

筆記	問題数 9 問，配点70点。試験時間60分。マークシート方式，一部語記入。
聞き取り	問題数 3 問，配点30点。試験時間約15分（部分書き取り 1 問・10点を含む）。マークシート方式，一部語記入。

合格基準点：　60点

準 2 級

程度：	日常生活における平易なフランス語を，聞き，話し，読み，書くことができる。
標準学習時間：	300時間以上（大学の 3 年修了程度）。

試験内容：

読む	一般的な内容で，ある程度の長さの平易なフランス語の文章を理解できる。
書く	日常生活における平易な文や語句を正しく書ける。
聞く	日常的な平易な会話を理解できる。
話す	簡単な応答ができる。

| 文法知識 | 基本的文法事項全般についての十分な知識。 |
| 語彙 | 約2,300語 |

試験形式：

1次試験（100点）

筆記	問題数7問，配点70点。試験時間75分。マークシート方式，一部記述式（客観形式のほか，一部記述式を含む）。
書き取り	問題数1問，配点12点。試験時間（下記聞き取りと合わせて）約25分。
聞き取り	問題数2問，配点18点。語記入，記号選択。

合格基準点： 64点（2012年春季），56点（2012年秋季）

2次試験（30点）

| 個人面接試験 | 提示された文章を音読し，その文章とイラストについての簡単なフランス語の質問にフランス語で答える。フランス語での簡単な質疑応答。試験時間約5分。 |
| 評価基準 | 日常生活レベルの簡単なコミュニケーション能力とフランス語力（発音・文法・語・句）を判定する。 |

合格基準点： 18点（2012年春季），16点（2012年秋季）

2級

| 程度： | 日常生活や社会生活を営む上で必要なフランス語を理解し，一般的なフランス語を聞き，話し，読み，書くことができる。 |
| 標準学習時間： | 400時間以上（大学のフランス語専門課程4年程度で，読む力ばかりでなく，聞き，話し，ある程度書く力も要求される）。 |

試験内容：

読む	一般的な事がらについての文章を読み，その内容を理解できる。
書く	一般的な事がらについて，伝えたい内容を基本的なフランス語で書き表わすことができる。
聞く	一般的な事がらに関する文章を聞いて，その内容を理解できる。
話す	日常的生活のさまざまな話題について，基本的な会話ができる。
文法知識	前置詞や動詞の選択・活用などについて，やや高度な文法知識が要求される。
語彙	約3,000語

試験形式：

1次試験（100点）

筆記	問題数7問，配点68点。試験時間90分。マークシート方式，一部記述式。
書き取り	問題数1問，配点14点。試験時間（下記聞き取りと合わせて）約35分。
聞き取り	問題数2問，配点18点。語記入，記号選択。

合格基準点： 60点（2012年春季），61点（2012年秋季）

2次試験（30点）

　個人面接試験　日常生活に関する質問に対して，自分の伝えたいことを述べ，相手と対話を行なう。試験時間約5分。

　評価基準　コミュニケーション能力（自己紹介，日常生活レベルの伝達能力）とフランス語力（発音・文法・語・句）を判定する。

合格基準点： 18点（2012年春季），18点（2012年秋季）

準1級

程度： 日常生活や社会生活を営む上で必要なフランス語を理解し，一般的な内容はもとより，多様な分野についてのフランス語を聞き，話し，読み，書くことができる。

標準学習時間： 500時間以上（大学のフランス語専門課程卒業の学力を備え，新聞・雑誌などの解説・記事を読み，その大意を要約できるだけのフランス語運用能力と知識が要求される）。

試験内容：

　読む　一般的な内容の文章を十分に理解できるだけでなく，多様な分野の文章についてもその大意を理解できる。

　書く　一般的な事がらについてはもちろんのこと，多様な分野についても，あたえられた日本語を正確なフランス語で書き表わすことができる。

　聞く　一般的な事がらを十分に聞き取るだけでなく，多様な分野に関わる内容の文章の大意を理解できる。

　話す　身近な問題や一般的な問題について，自分の意見を正確に述べ，相手ときちんとした議論ができる。

　文法知識　文の書き換え，多義語の問題，前置詞，動詞の選択・活用などについて，かなり高度な文法知識が要求される。

　語彙　約5,000語

試験形式：

1次試験（120点）

　筆記　問題数8問，配点80点。試験時間100分。記述式，一部記号選択。

　書き取り　問題数1問，配点20点。試験時間（下記聞き取りと合わせて）約35分。

　聞き取り　問題数2問，配点20点。語記入，記号選択。

合格基準点： 71点（2011年秋季），74点（2012年秋季）

2次試験（40点）

　個人面接試験　あたえられたテーマのなかから受験者が選んだものについての発表と討論。試験時間約7分。

評価基準　コミュニケーション能力（自分の意見を要領よく表現する能力）とフランス語力（発音・文法・語・句）を判定する。

合格基準点：　21点（2011年秋季），21点（2012年秋季）

1級

程度：　「読む」「書く」「話す」という能力を高度にバランスよく身につけ，フランス語を実地に役立てる職業で即戦力となる。

標準学習時間： 600時間以上

試験内容：

読む　現代フランスにおける政治・経済・社会・文化の幅広い領域にわたり，新聞や雑誌の記事など，専門的かつ高度な内容の文章を，限られた時間の中で正確に読みとることができる。

書く　あたえられた日本語をフランス語としてふさわしい文に翻訳できる。その際，時事的な用語や固有名詞についての常識も前提となる。

聞く　ラジオやテレビのニュースの内容を正確に把握できる。広く社会生活に必要なフランス語を聞き取る高度な能力が要求される。

話す　現代社会のさまざまな問題について，自分の意思を論理的に述べ，相手と高度な議論が展開できる。

文法知識　文の書き換え，多義語の問題，前置詞，動詞の選択・活用などについて，さわめて高度な文法知識が要求される。

語彙　制限なし

試験形式：

1 次試験（150点）

筆記　問題数 9 問，配点100点。試験時間120分。記述式，一部記号選択。

書き取り　問題数 1 問，配点20点。試験時間（下記聞き取りと合わせて）約40分。

聞き取り　問題数 2 問，配点30点。語記入，記号選択。

合格基準点：　92点（2011年春季），82点（2012年春季）

2 次試験（50点）

個人面接試験　あたえられたテーマのなかから受験者が選んだものについての発表と討論。試験時間約 9 分。

評価基準　コミュニケーション能力（自分の意見を要領よく表現する能力）とフランス語力（発音・文法・語・句）を判定する。

合格基準点：　31点（2011年春季），32点（2012年春季）

注意　＊聞きとり試験には，フランス人が吹きこんだ CD を使用します。

　　　＊ 3 級・ 4 級・ 5 級には二次試験はありません。

　　　＊ 1 級・準 1 級・ 2 級・準 2 級の一次試験の合格基準点は，試験ごとに若干の変動があります。二次試

験は，一次試験の合格者だけを対象とします。なお，最終合格は一次試験と二次試験の合計点ではな
く，二次試験の結果だけで決まります。

＊二次試験では，フランス語を母国語とする人ならびに日本人からなる試験委員がフランス語で個人面
接をします。

試験日程

春季と秋季の年2回（1級は春季，準1級は秋季だけ）実施されます。なお，願書の受付締
め切り日は，一次試験の約1ヶ月半まえです。

春季《一次試験》6月　　　1級，2級，準2級，3級，4級，5級
　　　《二次試験》7月　　　1級，2級，準2級
秋季《一次試験》11月　　　準1級，2級，準2級，3級，4級，5級
　　　《二次試験》翌年1月　準1級，2級，準2級

試験地

受験地の選択は自由です。具体的な試験会場は，受付がすんでから受験生各人に連絡されま
す。二次試験があるのは1級，準1級，2級，準2級だけです。

《一次試験》

札幌，弘前，盛岡，仙台，秋田，福島，水戸（1級・準1級は実施せず），宇都宮（1級・準1級・2
級は実施せず），群馬，草加，千葉，東京，横浜，新潟（1級・準1級は実施せず），金沢，甲府，
松本，岐阜，静岡，三島，名古屋，京都，大阪，西宮，奈良，鳥取，松江（1級は実施せず），
岡山，広島，高松（1級・準1は実施せず），松山（1級・準1級は実施せず），福岡，長崎，熊本（1
級・準1級・2級は実施せず），別府（1級は実施せず），宮崎（準1・2級は実施せず），鹿児島（1級・
準1級・2級は実施せず），宜野湾（2級は実施せず），西原町（沖縄県）（準2級は実施せず），パリ（1
級・準1級・2級のみ実施）

《二次試験》＊準2級のみ実施

札幌，盛岡，仙台，群馬（1級・準1級は実施せず），東京，新潟（1級・準1級は実施せず），金沢，静岡（1
級・準1級は実施せず），名古屋，京都，大阪，松江＊，岡山＊，広島，高松（1級・準1級は実施
せず），福岡，長崎，熊本＊，宜野湾＊，西原町（沖縄県）（準2級は実施せず），パリ（1級・準1
級・2級のみ実施）

注意　試験日程および会場は，年によって変更される可能性がありますので，詳しくは仏検事務局までお問
い合わせください。

問い合わせ先／受付時間

公益財団法人　フランス語教育振興協会　仏検事務局
〒102-0073　東京都千代田区九段下1-8-1　九段101ビル
　　　　TEL 03-3230-1603　FAX 03-3239-3157
　　　　E-mail：dapf@apefdapf.org　http://www.apefdapf.org
　　　　月曜日〜金曜日（祝祭日をのぞく）10：00〜17：00

筆記問題

1

前置詞に関する問題

前置詞に関する問題は，5級から1級までかならず出題されます。3級同様，準2級でも，4つの問題文の空欄に，あたえられた6つの前置詞のなかから適切なものを選ぶ問題です。3級までの前置詞に関する知識にくわえて，動詞や形容詞との結びつきといった文の前後関係から適切な前置詞を決めたり，また慣用的な用法を覚えておくことも準2級以上では必要になります。

▸▸▸ 出題例（2012年春季 1 ）◂◂◂

1 次の (1) ～ (4) の (　　) 内に入れるのにもっとも適切なものを、下の ① ～ ⑥ のなかから1つずつ選び、解答欄のその番号にマークしてください。ただし、同じものを複数回用いることはできません。なお、① ～ ⑥ では、文頭にくるものも小文字にしてあります。(配点　8)

(1)　À cette époque, beaucoup d'enfants sont morts (　　) faim.

(2)　Grâce à toi, nous avons fini ce travail (　　) une journée.

(3)　L'école commence au mois d'avril (　　) nous.

(4)　(　　) cet orage, il vaut mieux rester à l'hôtel.

　　　　① à　　　　② avec　　　③ chez

　　　　④ de　　　　⑤ en　　　　⑥ vers

1．場所・方向を表わす前置詞（1）

① | **à** …に，で；…へ |

On se retrouve *à* la sortie du cinéma ?　　映画館の出口で落ち合うことにしましょうか？

Prenez la première route *à* gauche en sortant du village.
村を出たら最初の道を左へ行ってください。

Qu'est-ce que tu ferais *à* ma place ?　　もし私の立場だったら，君はどうする？

② | **jusqu'à** …まで |

Le train va *jusqu'à* Lyon ; c'est le terminus.　　列車はリヨンまで行きます，そこが終点です。

③ | **pour** …に向かって，…行きの |

À quelle heure y a-t-il un avion *pour* Londres ?　ロンドン行きの飛行機は何時がありますか？

④ | **vers** …の方へ |

J'ai vu ton frère qui se dirigeait *vers* la gare.　　私は駅のほうへ歩いている君の兄［弟］を見た。

⑤ | **dans** …のなかで，のなかに |

Sa femme est employée *dans* une banque.　　彼の奥さんは銀行員です。

Elle monte *dans* un taxi.　　彼女はタクシーに乗りこむ。

Ce poète est mort *dans* la misère.　　その詩人は貧困のなかで死んだ。（状況）

⑥ | **en** …で，に |

Ils dînent très souvent *en* ville.　　彼らはしょっちゅう外食する。

Ma fille est *en* classe de seconde.　　私の娘は第2学級生（高校1年生）です。

Elle a eu une bonne note *en* histoire.　　彼女は歴史で良い点をとった。（分野・領域）

注　1）à は，存在，到達の地点を示します。dans は一般に〈dans＋冠詞・所有形容詞付きの名詞〉の形で活動が
行われる限定的範囲を，en は〈en＋無冠詞名詞〉の形で一般的な場所を示します。

Il habite *dans* le centre-ville.　　彼は中心街に住んでいる。

Il habite *en* ville.　　彼は街に住んでいる。

2）都市の場合は，〈à＋無冠詞の都市名〉が原則です。ただし，都市を限定された広がりと考えるときは dans
を使います。

Il travaille *à* Paris.　　彼はパリで働いている。

Allons faire un tour *dans* Paris.　　パリ市内を一回りしに行きましょう。

⑦ | **de** …から |

Son portefeuille est tombé *de* son sac.　　彼（女）の財布はバッグから落ちた。

Il faut quatre heures pour aller *de* Paris à Lyon.　パリからリヨンまで行くには4時間かかる。

Il est originaire *de* Marseille [*d'*une ville de province].　彼はマルセーユ［地方都市］出身です。

⑧ | **depuis** …から |

On voit les montagnes *depuis* ma chambre.　　私の部屋から山々が見える。

Il y a l'autoroute *depuis* Paris jusqu'à Bordeaux.　パリからボルドーまでの高速道路がある。

注　「…から…まで」というとき，depuis…à… の組み合わせはありません。

EXERCICE 1

次の文の（　）内に入れるのにもっとも適切なものを，**à** (2)，**dans** (2)，**de** (2)，**depuis**, **en** (2)，**jusqu'au, pour, vers** のなかから１つずつ選び，解答欄に記入してください。

* **EXERCISE 9** まで，（　）内の数字は使用回数を示します。指示がないものは１回しか使えません。

(1)　Elle a eu une mauvaise note (　　　) dictée.　　　　　_____

(2)　En été, il y a beaucoup de monde (　　　) la terrasse des cafés.　_____

(3)　Il a tourné la tête (　　　) sa femme.　　　　　_____

(4)　Il est professeur (　　　) l'Université de Nice.　　_____

(5)　Le grand jardin s'étend (　　　) lac.　　　　　_____

(6)　Mon ami est mort (　　　) un accident d'avion.　　_____

(7)　Nicole marche (　　　) chez elle à l'arrêt d'autobus tous les jours.

　　　　　　　　　　　　　　　　　　　　　　　　_____

(8)　Nous aimons marcher (　　　) la forêt.　　　　_____

(9)　On a emmené le cambrioleur (　　　) prison.　　_____

(10)　On a eu du soleil (　　　) Paris jusqu'à Valence.　_____

(11)　Sors les mains (　　　) tes poches.　　　　　_____

(12)　Y a-t-il un train (　　　) Strasbourg vers seize heures ?　_____

5

2．場所の前置詞 (2)

① **par** …から，を通って；…中を；…に

Regarde *par* la fenêtre si le taxi arrive. 窓からタクシーが来るかどうか見なさい。

Il est passé *par* le jardin du Luxembourg. 彼はリュクサンブール公園を通った。

Mon cousin habite *par* ici. 私の従兄弟はこの辺りに住んでいる。

② **chez** …の家に，店で；…の国では

Tu restes *chez* toi ce soir ? 君は今晩家にいる？

Arrêtons-nous *chez* le boulanger. パン屋に寄りましょう。

   cf. Arrêtons-nous *à* la boulangerie. パン屋に寄りましょう。

Chez les Chinois, on mange avec des baguettes. 中国では，箸を使って食べる。

Mon père travaille *chez* Renault. 私の父はルノー社で働いている。

③ **sur** …の上に；…の方に

Il s'est étendu *sur* un lit de fougères. 彼はシダのベッドに寝そべった。

   cf. Les enfants dorment *dans* des lits jumeaux. 子どもたちはツインベッドで眠っている。

Il fait beau, déjeunons *sur* la terrasse. 天気がいい，テラスで昼食を食べましょう。

La cuisine donne *sur* le jardin. 台所は庭に面している。

Demain, il fera soleil *sur* toute la France. あすはフランス全国が好天でしょう。

④ **sous** …の下に

Reste *sous* le parasol, il y a trop de soleil. パラソルの下にいなさい，陽射しが強すぎる。

L'accident s'est passé *sous* mes yeux. 目のまえで事故が起こった。

Il fait froid ici ; l'air passse *sous* la porte. ここは寒い，ドアの下からすきま風がくる。

⑤ **contre** …にぴたりとつけて

Poussez le lit *contre* le mur. ベッドを壁にぴったりつけてください。

⑥ **entre** （2つのものをさす名詞）のあいだに；（3つ以上のものをさす名詞）のなかで

Quelle est la distance *entre* Paris et Rouen ? パリ・ルーアン間の距離はどれくらいですか？

J'hésite *entre* plusieurs solutions. 私はいくつもの解決策のなかでどれにするか迷っている。（選択範囲）

⑦ **parmi** （3つ以上のものをさす名詞）のなかで

Viens t'asseoir *parmi* nous. 私たちのあいだに来てすわりなさい。

   cf. Asseyez-vous *entre* moi et mon mari. 私と夫のあいだにすわってください。

⑧ **devant** …のまえに

Il y a beaucoup de monde *devant* le grand magasin. デパートのまえにはたくさんの人がいる。

⑨ **derrière** …のうしろに

Nous avons un grand arbre *derrière* la maison. 家の裏に1本の大木がある。

Je suis deuxième en anglais, *derrière* Jacques. 私は英語では，ジャックについて2番です。

EXERCICE 2

次の文の（　）内に入れるのにもっとも適切なものを，**chez, contre, derrière, devant, entre, par, parmi**(2), **sous**(2), **sur**(2)のなかから１つずつ選び，解答欄に記入してください。

(1)　Ce musicien compte (　　　) les plus grands. _____

(2)　C'est interdit de stationner (　　　) le portail. _____

(3)　Il a poussé le bureau (　　　) le mur. _____

(4)　Il est parti (　　　) la pluie. _____

(5)　Il se promène toujours avec un ordinateur portable (　　　) le bras.

_____

(6)　Il tient une cigarette (　　　) ses doigts. _____

(7)　Lequel lit le plus de livres (　　　) les élèves de ta classe ? _____

(8)　Le chien a couru très longtemps (　　　) la voiture. _____

(9)　(　　　) l'ouest du pays, le temps va rester nuageux. _____

(10)　Madame, faites comme (　　　) vous. _____

(11)　On passera (　　　) Lyon pour aller dans le Midi. _____

(12)　Un bateau à voiles avance lentement (　　　) l'eau. _____

3．時の前置詞 (1)

① | à　…に；…のときに |

On se voit *à* six heures ce soir ?　　　　　　　今晩 6 時に会いましょうか？

Je pars *au* lever du soleil et rentre *à* la tombée de la nuit.

私は夜明けに出て，日暮れに帰る。

② | vers　…頃に |

Je rentrerai *vers* deux heures de l'après-midi.　　私は午後の 2 時頃に帰ります。

③ | de　…から；…に |

Ce grand magasin est ouvert *de* 10 h à 19 h.　　このデパートは10時から19時まで開いている。

Il est parti *de* bon matin.　　　　　　　　　　彼は朝早く出発した。

④ | en　…に；…かかって |

L'accusé ne parle qu'*en* présence de son avocat.　被告人は弁護士がいるときしか話をしない。

En 1939, la France a déclaré la guerre à l'Allemagne.

1939年にフランスはドイツに宣戦布告した。

Il a appris le français *en* deux ans.　　　　　彼は 2 年でフランス語を習得した。

⑤ | dans　…のあいだに；〈dans＋定冠詞＋時間表現〉…以内に；〈dans＋時間表現〉（今から）…後に |

Je dois travailler demain *dans* la matinée.　　私はあす午前中は働かなければならない。

Répondez-moi *dans* les huit jours.　　　　　　1 週間以内に返事をください。

Je t'appellerai *dans* huit jours.　　　　　　　1 週間後に電話するよ。

　　cf. Ce travail ne peut pas être fait *en* une heure.　その仕事は 1 時間ではできない。

⑥ | pour　…の予定で；…の機会に |

Je pars en Belgique *pour* une semaine.　　　私は 1 週間の予定でベルギーへ出発する。

Pour cette fois-ci, je passe sur votre absence.　今度だけはあなたの欠席を大目に見ます。

⑦ | pendant　…のあいだに |

Il est absent de Paris *pendant* tout le mois d'août.　彼は 8 月いっぱいパリにいない。

Qui s'occupera de ton chat *pendant* ton absence ?　君がいないあいだだれが猫の面倒をみるの？

⑧ | entre　…から…までのあいだに |

Téléphonez-moi *entre* midi et deux heures.　　正午から 2 時までのあいだに電話してください。

EXERCICE 3

次の文の（　）内に入れるのにもっとも適切なものを，**à，dans**(3)，**de，en**(2)，**entre**，**pendant**(2)，**pour，vers** のなかから１つずつ選び，解答欄に記入してください。

(1) 　(　　　　) deux voyages à Londres, je pourrai vous recevoir.　　　_____

(2) 　J'ai fait cent kilomètres (　　　　) une heure.　　　_____

(3) 　Je t'ai attendu (　　　　) une heure, puis je suis parti.　　　_____

(4) 　Je viendrai (　　　　) bonne heure.　　　_____

(5) 　Je voudrais réserver une table (　　　　) demain soir.　　　_____

(6) 　J'irai le voir (　　　　) une semaine.　　　_____

(7) 　Le livre sera publié (　　　　) octobre.　　　_____

(8) 　L'orage nous a surpris (　　　　) notre promenade.　　　_____

(9) 　Mes parents partent en vacances (　　　　) la fin du mois.　　　_____

(10) 　On fera une fête (　　　　) le 15 mai, on vous précisera la date plus tard.

　　　_____

(11) 　Il faut que vous inscriviez votre enfant à la crèche (　　　　) les trois jours.

　　　_____

(12) 　(　　　　) sa jeunesse, il aimait faire des balades en voiture.　　　_____

4．時の前置詞（2）

① **depuis** …以来；…前から

Depuis quand est-elle absente en classe ? 　　　　彼女はいつから授業を休んでるの？

Je n'ai pas revu Monique *depuis* mardi. 　　　　モニックには火曜日から会っていない。

　注　depuis は，過去のある時点からの継続や状態を表わすときに用いられ，ある時点から未来へ向かう内容について
　　　は à partir de を用います。

　　　La bibliothèque rouvrira *à partir de* demain. 　　　　図書館はあすから再開します。

② **dès** （起点を強調して）…からすぐに

Il est venu me trouver *dès* son retour. 　　　　彼は帰るとすぐに私に会いに来た。

③ **jusqu' à** …まで

Il a été élevé par ses grands-parents *jusqu'à* six ans. 　　6歳まで彼は祖父母の手で育てられた。

④ **avant** …の前に，までに；…する前に

La conférence se terminera *avant* sept heures. 　　　　講演は7時までに終わるでしょう。

Consulte-moi *avant* d'agir. 　　　　行動するまえに私に相談しなさい。

　注　1）　現在以外の時点を起点とするときは〈時間表現＋avant〉を用い，現在を起点とするときは〈il y a＋時間表
　　　　　現〉を用います。なお，この avant は副詞です。

　　　　　Il m'a dit qu'il était sorti de l'hôpital une semaine *avant*. 　　彼は私に1週間前に退院したと言った。

　　　　　Il est sorti de hôpital *il y a* une semaine. 　　　　彼は（今から）1週間前に退院した。

　　　2）　avant と jusqu'à について。　avant が行為の期限を示すのに対して，jusqu'à はある時点までの行為の継
　　　　　続を表わします。

　　　　　Il est resté *jusqu'à* la fin du concert. 　　　　彼はコンサートの最後までいた。

⑤ **après** …のあとに；…したあとで

Hier soir, elle est rentrée à la maison *après* minuit. 　　昨晩，彼女は真夜中すぎに帰宅した。

Après le repas, nous irons au cinéma. 　　　　食後私たちは映画へ行きます。

Après avoir mangé, nous sommes sortis en voiture. 　　食事をしたあと，私たちはドライブにでかけた。

　注　現在以外の時点を起点とするときは〈時間表現＋après〉を用い，現在を起点とするときは〈dans＋時間表現〉
　　　を用います。なお，この après は副詞です。

　　　Il m'a dit qu'il sortirait de l'hôpital une semaine *après*. 　　彼は私に1週間後に退院すると言った。

　　　Il sortira de l'hôpital *dans* une semaine. 　　　　彼は（今から）1週間後に退院する。

EXERCICE 4

次の文の（　）内に入れるのにもっとも適切なものを，**après**(3)，**avant**(3)，**depuis**(2)，**dès**(2)，**jusqu'à**(2)のなかから1つずつ選び，解答欄に記入してください。

(1)　(　　　　) avoir souri, elle m'a pardonné.　　　　　　　　_____

(2)　Elle a hésité (　　　　) de commencer ce travail.　　　　_____

(3)　Il est resté (　　　　) la fin de la conférence.　　　　　_____

(4)　Il faut commencer ce travail (　　　　) aujourd'hui.　　_____

(5)　Il ne reviendra pas à la maison (　　　　) 10 heures.　　_____

(6)　Ma fille est malade (　　　　) ce matin.　　　　　　　　_____

(7)　Mon chien m'inquiète, il ne mange plus (　　　　) quelques jours. _____

(8)　(　　　　) nous être reposés un peu, nous avons repris le travail. _____

(9)　On va l'attendre (　　　　) quand ?　　　　　　　　　　_____

(10)　Pour ne pas être en retard, n'arrive pas (　　　　) 16 h 50.　_____

(11)　Réparez ma voiture (　　　　) samedi, j'en ai besoin dimanche.　_____

(12)　Si vous avez une affaire urgente, vous me téléphonerez (　　　　) votre arrivée.

_____

5．その他の前置詞 (1)

① **à**

(a) ［手段，媒介，準拠］…で，によって

Elle va faire ses courses *à* pied.　　　　　彼女は歩いて買いものに行く。

Ton écharpe est faite *à* la main ?　　　　君のマフラーは手製なの？

À mon avis, il vaudrait mieux ne pas se presser.　　私の意見では，急がないほうがいいだろう。

(b) 〈名詞，不定代名詞＋**à**＋ 不定詞 〉［義務，用途］…すべき，するための

Nous n'avons rien *à* manger ce soir ?　　　私たちは今晩食べるものはなにもないのですか？

(c) ［値段，数量］

Je prends le menu *à* 20 euros, s'il vous plaît.　　私は20ユーロの定食にします。

(d) ［所属，付属］…のものである

Cette jupe est *à* ma sœur.　　　　　このスカートは私の姉［妹］のものです。

Je voudrais un polo *à* manches longues.　　私は長袖のポロシャツが欲しいのですが。

② **avec**

(a) ［同伴］…と一緒に

J'ai déjeuné *avec* Pierre hier.　　　　私はきのうピエールと昼食を食べた。

(b) ［所有，付属］…を持って，のついた

Ils ont acheté une villa *avec* piscine.　　彼らはプール付きの別荘を買った。

(c) ［手段］…を使って，によって

Le couturier a coupé du tissu *avec* ses ciseaux.　　仕立屋ははさみで生地を裁断した。

(d) ［(無冠詞名詞とともに) 様態］…をもって，の様子で

Il a réussi cet exercice *avec* effort.　　彼はがんばってその練習問題を解いた。

(e) ［条件］…があれば

Tu serais plus jolie *avec* un peu de rouge à lèvres.

ちょっと口紅をぬれば君はもっときれいになるのに。

(f) ［一致，調和］…と

Je suis d'accord *avec* vous.　　　　私はあなたに賛成です。

(g) ［関係］…と

J'ai fait connaissance *avec* cette dame à Paris.　　私はその女性とパリで知り合った。

③ **sans**　［欠如］…なしに，のない；…することなしに

Il est venu à la fête *sans* sa femme.　　彼は奥さんを同伴しないでパーティーにきた。

Entrez *sans* frapper.　　　　　ノックしないでお入りください。

④ **sauf**　…を除いて，…を別として

Tout le monde est là, *sauf* ma sœur.　　私の姉［妹］を除いて，全員そろっている。

EXERCICE 5

次の文の（　）内に入れるのにもっとも適切なものを，**à**(3), **avec**(5), **sans**(2), **sauf**(2) のなかから１つずつ選び，解答欄に記入してください。

(1)　Étienne, ne mange pas (　　　) les doigts !　　　_____

(2)　Fermez votre porte (　　　) clé quand vous partez !　　　_____

(3)　Il a parlé pendant une heure (　　　) s'arrêter.　　　_____

(4)　Il marche toujours (　　　) grands pas.　　　_____

(5)　Il pleuvait (　　　) cesse sur Brest ce jour-là.　　　_____

(6)　J'ai discuté de politique toute la soirée (　　　) mon père.　　　_____

(7)　Je suis très pris (　　　) le dimanche.　　　_____

(8)　Je voudrais une chambre (　　　) salle de bains.　　　_____

(9)　Le bateau avance (　　　) lenteur.　　　_____

(10)　Nous savons tous nager, (　　　) Cécile.　　　_____

(11)　(　　　) un peu plus de chance, l'équipe de France aurait gagné. _____

(12)　Vous avez quelque chose (　　　) ajouter ?　　　_____

6．その他の前置詞 (2)

① pour

(a) ［目的，用途］…のために；…するために

Ce concert a été donné *pour* la fête de la ville.

このコンサートは町のお祭りのために開催された。

C'est un cadeau *pour* toi.

これは君へのプレゼントだよ。

Elle fait un régime *pour* maigrir.

彼女はやせるためにダイエットしている。

(b) ［原因，理由］…のために，のせいで

On l'a félicité *pour* son courage.

人は彼の勇気をほめたたえた。

cf. On meurt *de* faim, vite à table !

空腹で死にそうだ，早く食卓について！

(c) ［比較］…にしては

Elle est grande *pour* son âge.

彼女は年齢のわりに背が高い。

(d) 〈**assez, trop** ＋形容詞＋**pour**＋ 不定詞 〉［因果関係］…なので，それで…

La plage est trop loin *pour* y aller à pied.

海岸は遠すぎるので，歩いては行けない。

② contre

(a) ［対抗，対立］…に反して

Je suis *contre* l'immigration.

私は移民に反対です。

cf. Je suis *pour* l'immigration.

私は移民に賛成です。

(b) ［近接，接触］…にぴたりとつけて

Elle s'est serrée *contre* moi.

彼女は私にぴったり身をよせた。

③ sur

(a) ［主題］…に関して

C'est un magazine *sur* la mode féminine.

これは女性ファッションに関する雑誌です。

(b) ［比率］…のうち，に対して

Cinq élèves *sur* vingt vont redoubler leur classe.

20人のうち5人の生徒が留年します。

Ce magasin est ouvert vingt-quatre heures *sur* vingt-quatre.

この店は24時間営業です。

④ de

(a) 〈不定代名詞（**rien, personne, quelque chose, quelqu'un**)＋de＋形容詞〉

Il n'y a rien *d'*intéressant à la télévision.

テレビではなにもおもしろいものがない。

C'est quelqu'un *de* très honnête.

こちらはとても誠実な人です。

(b) ［数量，程度］…だけ

Mon patron m'a augmenté *de* cent euros par mois.

経営者は私の月給を100ユーロあげた。

(c) ［原因，理由］…のために

Cet alpiniste est mort *de* froid dans la neige.

その登山家は雪のなかで凍死した。

(d) 〈**de**＋ 不定詞 〉

Cela vous ennuierait *de* m'attendre ?

私を待っていてもらえませんか？

Il est rare *de* voir des cigognes en cette saison.

この季節にコウノトリを見るとはめずらしい。

EXERCICE 6

次の文の（　）内に入れるのにもっとも適切なものを，**contre** (2)，**de** (4)，**pour** (4)，**sur** (2)のなかから1つずつ選び，解答欄に記入してください。

(1) Ce n'est pas un film (　　　) les enfants.　　　　　　————

(2) C'est obligatoire (　　　) savoir conduire pour faire ce travail.　————

(3) Deux candidats (　　　) vingt ont été reçus.　　　————

(4) Donnez-moi à boire, je meurs (　　　) soif.　　　————

(5) Je n'ai aucune idée (　　　) la question.　　　————

(6) Il fait chaud (　　　) la saison.　　　————

(7) Le train est en retard (　　　) trente minutes.　　　————

(8) Ne posez rien (　　　) lourd sur la télévision.　　　————

(9) Nous avons pris le bateau (　　　) aller sur l'île.　　　————

(10) Personne ne sera assez sot (　　　) le faire.　　　————

(11) Son refus m'a mis en colère (　　　) lui.　　　————

(12) Tout le monde a voté (　　　) le projet, sauf Jean qui a voté pour.　　　————

7．その他の前置詞 (3)

① **en**

(a) ［状態，様態，服装，材料，変化］…の状態で，を着た，でできた，の状態に

Je suis *en* pleine forme ce matin. けさはとても体調がいい。

Les cerisiers sont *en* fleurs. 桜の木に花が咲いている。

Ce pull est *en* cachemire. このセーターはカシミヤ製です。

Le cuisinier a coupé la tarte *en* six. コックはタルトを6等分した。

(b) ［手段，方法］…で，によって

Nous viendrons *en* train plutôt qu'*en* avion. 私たちは飛行機より列車できます。

   cf. Ils sont arrivés *par* le train de nuit. 彼らは夜行列車で到着した。

② **par**

(a) ［手段，方法，媒介］…によって，を用いて，を通して

On peut payer *par* chèque ? 小切手で支払うことができますか？

Nous prendrons rendez-vous *par* téléphone. 私たちは電話で予約をとります。

J'ai appris la nouvelle *par* mes voisins. 私はそのニュースを隣人たちから聞いた。

(b) ［動作主］…によって

Il s'est fait renverser *par* une voiture. 彼は車にはねられた。

(c) 〈**par**＋無冠詞名詞〉［配分］…につき，当たり

Elle sort son chien trois fois *par* jour. 彼女は1日に3回犬を散歩につれだす。

③ **comme**（接続詞）

(a) ［比較，様態］…のように，と同じく

Il a les cheveux blonds, *comme* son père. 彼の髪は父親と同じくブロンドです。

(b) 〈**comme**＋無冠詞名詞〉［資格］…として

Elle travaille *comme* secrétaire chez un dentiste. 彼女は歯医者で秘書として働いている。

④ **selon** …によれば

Selon les journaux, il va faire très froid cet hiver.

新聞によると，今年の冬はとても寒くなりそうだ。

⑤ **malgré** …にもかかわらず

Il est allé faire du jogging *malgré* la pluie. 雨にもかかわらず彼はジョギングに行った。

EXERCICE 7

次の文の（　）内に入れるのにもっとも適切なものを，**comme** (2)，**en** (4)，**malgré**, **par** (4), **selon** のなかから1つずつ選び，解答欄に記入してください。

(1) Beaucoup de manifestants sont venus (　　　) le froid.　　　　_____

(2) (　　　) bonheur, il ne s'est pas fait mal en tombant.　　　　_____

(3) Il dîne au restaurant deux fois (　　　) semaine.　　　　_____

(4) Il n'a pas l'air d'être (　　　) bonne santé.　　　　_____

(5) J'ai trouvé mon emploi (　　　) une petite annonce.　　　　_____

(6) (　　　) moi, tu te trompes complètement.　　　　_____

(7) Nous nous sommes fait construire une maison (　　　) bois à la campagne.

_____

(8) On peut y aller (　　　) la ligne de métro n° 4.　　　　_____

(9) Partagez le gâteau (　　　) quatre.　　　　_____

(10) Prête-moi ton imprimante, la mienne est (　　　) panne.　　　　_____

(11) Qui est-ce que tu as pris (　　　) assistant ?　　　　_____

(12) Tu es bonne cuisinière (　　　) ta mère.　　　　_____

8．形容詞・副詞の補語を導く前置詞

① 形容詞＋**à**

agréable à qc / 不定詞 …に快い

bon(ne) à qc / 不定詞 …に適した，すべき

difficile à＋不定詞 …するのがむずかしい

facile à＋不定詞 …するのに容易な

indifférent(e) à qn / qc …に（とって）無関心な

nécessaire à [pour] qn / qc …にとって必要な

prêt(e) à [pour] qc / 不定詞 …の用意ができた

propre à qc / 不定詞 …に適した

semblable à qn / qc …に似た

utile à qn / qc / 不定詞 …に [すれば] 役にたつ

> 注 非人称構文では Il est [C'est]＋形容詞＋de＋不定詞 （…することは～です）の構文になります。

Il est agréable de visiter ce parc au printemps.　春にこの公園を訪れるのは気持ちがいい。

Ce parc est agréable à visiter au printemps.　この公園は春に訪れると気持ちがいい。

Ces vêtements usagés sont bons à jeter.　これらの古着は捨てるべきだ。

Ce mot est difficile à prononcer.　この単語は発音しにくい。

Les voitures de course sont prêtes à démarrer.　レーシングカーはスタートの準備ができている。

Les vitamines sont nécessaires à l'organisme.　ビタミンは人体にとって必要です。

② 形容詞＋**de**

absent(e) de qc …にいない，欠けている

âgé(e) de＋数詞＋ans …歳の

certain(e) de qc / 不定詞 …を確信した

content(e) de qn / qc / 不定詞 …に満足した

différent(e) de qn / qc …と異なった

fier(ère) de qn / qc / 不定詞 …が自慢である

heureux(se) de qc / 不定詞 …がうれしい

plein(e) de qn / qc …で一杯の

proche de qn / qc …に近い

sûr(e) de qc / 不定詞 …を確信した

Elle est absente de Paris en ce moment.　彼女は今パリにいない。

Tu es bien certain de n'avoir rien oublié ?　君はなにも忘れなかったという確信がある？

Je suis très content de ma situation.　私は自分の境遇にとても満足している。

Elle est fière de ses enfants.　彼女は子どもたちが自慢である。

Les prés étaient pleins de fleurs.　草原は花盛りだった。

③ 形容詞＋**en**

faible en [à] qc …が不得手な

fort(e) en [à, sur] qc …がよくできる

Jeanne est faible en gymnastique.　ジャンヌは体操が不得手です。

④ 形容詞＋**avec**

gentil(le) avec [pour] qn …に対して親切な

Mes petits-enfants sont gentils avec moi.　孫たちは私にやさしい。

⑤ 形容詞＋**pour**

bon(ne) pour qn / qc / 不定詞 …に良い，適した

nécessaire pour＋不定詞 …するために必要な

suffisant(e) pour＋不定詞 …するのに十分な

Le sport est bon *pour* la santé.　スポーツは健康によい。

Je n'ai pas l'argent nécessaire *pour* acheter cette voiture.

私はこの車を買うのに必要なお金がない。

⑥ 副詞＋**de**

près *de* qn／qc …の近くに　　　　　　loin *de* qn／qc …から遠くに

plus [autant, moins] *de*＋数量表現 …以上の ［と同じくらいの，より少ない］

Cette île est située près *de* l'équateur.　この島は赤道の近くに位置している。

Tu as commis autant *d*'erreurs que moi.　君は私と同じくらいのミスをおかした。

* qc (quelque chose) はもの，無生物を，qn (quelqu'un) は人，生物を示します。

EXERCICE 8

次の文の（　）内に入れるのにもっとも適切なものを，**à** (4)，**avec, de** (4)，**en, pour** (2) のなかから1つずつ選び，解答欄に記入してください。

(1) C'est un quartier très agréable (　　　) vivre.　————

(2) C'est une information utile (　　　) connaître avant de voyager
dans ce pays.　————

(3) Elle est enfin prête (　　　) partir.　————

(4) Elle est gentille (　　　) ses petites sœurs.　————

(5) Il est fort (　　　) mathématiques.　————

(6) Il est utile (　　　) connaître plusieurs langues aujourd'hui.　————

(7) Il n'y avait pas moins (　　　) dix mille personnes sur la place.　————

(8) Ils ont la somme suffisante (　　　) faire ce voyage.　————

(9) Les mœurs du chat sont différentes (　　　) celles du chien.　————

(10) Sa dissertation est pleine (　　　) fautes d'orthographe.　————

(11) Ta voiture est très facile (　　　) conduire.　————

(12) Une inscription préalable est nécessaire (　　　) se présenter
au concours.　————

9．動詞の補語を導く前置詞

① 動詞＋*à*

apprendre *à*＋不定詞 [(à qn) *à*＋不定詞] …を学ぶ [(人に) …を教える]

arriver *à* qc／不定詞 …に到達する，うまく…できる

échapper *à* qn／qc …から逃れる　　　　chercher *à*＋不定詞 …しようと努める

commencer *à*＋不定詞 …し始める　　　　hésiter *à*＋不定詞 …するのをためらう

faire plaisir *à* qn …を喜ばせる　　　　frapper *à* qc …をノックする

se mettre *à* qc／不定詞 …し始める　　　passer＋時間表現＋*à*＋不定詞 …して時を過ごす

obéir *à* qn／qc …に従う　　　　　　　penser *à* qn／qc／不定詞 …のことを考える

plaire *à* qn …の気に入る　　　　　　　ressembler *à* qn／qc …に似ている

réussir *à* qc／不定詞 …に成功する　　　servir *à* qn／qc／不定詞 …の役にたつ

Il apprend *à* lire et *à* écrire au C. P. — 彼は小学校の準備科で読み，書きを習っている。

Ma grand-mère m'a appris *à* lire et *à* écrire. — 祖母が私に読み，書きを教えてくれた。

Ils ont passé l'après-midi *à* faire du tennis. — 彼らはテニスをして午後を過ごした。

Pense *aux* conséquences de tes actes. — 君の行為がどんな結果を招くか考えなさい。

② 動詞＋*de*

avoir besoin [honte, peur] *de* qn／qc／不定詞 …が必要である [はずかしい，恐い]

avoir [prendre] soin *de* qn／qc／不定詞 …に心を配る

s'approcher *de* qn／qc …に近づく　　　cesser *de*＋不定詞 …するのをやめる

conseiller (à qn) *de*＋不定詞 （人に）…を勧める

décider *de*＋不定詞 …を決める　　　　dire (à qn) *de*＋不定詞 （人に）…を命じる

douter *de* qn／qc／不定詞 …を疑う　　essayer *de*＋不定詞 …しようと試みる

finir *de*＋不定詞 …し終える，するのをやめる　　oublier *de*＋不定詞 …するのを忘れる

s'occuper *de* qn／qc／不定詞 …にかかわる，の世話をする

penser qc *de* qn／qc／不定詞 …について…と思う

permettre (à qn／qc) *de*＋不定詞 …に…を許す　　profiter *de* qn／qc …を利用する

remercier qn *de*＋不定詞 人に…を感謝する　　se servir *de* qn／qc …を使う

se souvenir *de* qn／qc／不定詞 …を覚えている

jouer *de*＋楽器 …を演奏する

As-tu besoin *de* me voir avant mercredi ? — 水曜日までに私に会う必要があるの？

Elle s'est approchée *de* lui sans crainte. — 彼女は恐れることなく彼に近づいた。

Ce genre de musique a cessé *de* m'intéresser. — このジャンルの音楽は私の興味をひかなくなった。

Il n'a pas le temps de s'occuper *de* ses affaires. — 彼には自分のことにかまっている時間がない。

Mon père m'a permis *d*'utiliser sa voiture. — 父は私に彼の車の使用を許してくれた。

③ 動詞＋**sur**

appuyer *sur* qc …を押す   compter *sur* qn／qc …を当てにする

donner *sur* qc …に面している

    Mon bureau donne *sur* la mer.   私のオフィスは海に面している。

④ 動詞＋**avec**

avoir rendez-vous *avec* qn…と会う約束がある se marier *avec* qn …と結婚する

    Elle s'est mariée *avec* un homme d'affaires.   彼女はある実業家と結婚した。

⑤ 動詞＋**par**

commencer *par* qn／qc／ 不定詞 …から始める

finir *par*＋ 不定詞 最後には…する

    Commence *par* te taire, tu parleras après.   まずだまりなさい，あとで話して。

EXERCICE 9

次の文の （ ） 内に入れるのにもっとも適切なものを，**à**(3), **avec**, **de**(5), **par**, **sur**(2)の なかから1つずつ選び，解答欄に記入してください。

(1) Ce meuble ne sert pas (   ) grand-chose.   _____

(2) Continue à chercher, tu finiras bien (   ) le trouver, ce dictionnaire.

    _____

(3) Il hésitait (   ) dire la vérité.   _____

(4) Il se sert (   ) sa voiture pour aller à son travail.   _____

(5) J'ai décidé (   ) tenter ma chance.   _____

(6) J'ai rendez-vous (   ) Rose vendredi à six heures.   _____

(7) Je compte (   ) vous pour régler cette affaire.   _____

(8) Les enfants ont profité (   ) ce que je n'étais pas là pour faire des bêtises.

    _____

(9) N'oubliez pas (   ) passer chez moi demain.   _____

(10) Pour mettre en marche, il faut appuyer (   ) ce bouton.   _____

(11) Prenez soin (   ) votre santé.   _____

(12) Ta robe ressemble (   ) la mienne.   _____

まとめの問題

　次の各設問において，（1）〜（4）の（　　）内に入れるのにもっとも適切なものを，下の①〜⑥のなかから1つずつ選び，その番号を解答欄に書いてください。ただし，同じものを複数回用いることはできません。なお，①〜⑥では，文頭にくるものも小文字にしてあります。（配点　8）

1 (1) 　（　　　　）ce brouillard, on ne peut pas aller se promener en voiture.

　　(2) 　Jacques, c'est un ami (　　　　) moi.

　　(3) 　Mon grand-père va à la piscine deux fois par semaine (　　　　) son âge.

　　(4) 　Qui s'occupe (　　　　) tes enfants quand tu sors ?

　　　　① 　à　　　　② 　avec　　　　③ 　depuis
　　　　④ 　de　　　　⑤ 　malgré　　　⑥ 　sans

(1)	(2)	(3)	(4)

2 (1) 　Avec TGV, on fait le voyage Paris-Montpellier (　　　　) un peu plus de trois heures.

　　(2) 　Je n'ai pas de nouvelles d'eux (　　　　) leur retour des États-Unis.

　　(3) 　（　　　　）la météo, il va faire beau ce week-end.

　　(4) 　Le prix d'entrée est de dix euros (　　　　) personne.

　　　　① 　à　　　　② 　de　　　　③ 　depuis
　　　　④ 　en　　　　⑤ 　par　　　　⑥ 　selon

(1)	(2)	(3)	(4)

3 (1) 　Dans l'après-midi, il va pleuvoir (　　　　) le sud de l'Angleterre.

　　(2) 　Il a été puni (　　　　) avoir oublié sa grammaire.

　　(3) 　Il est parti (　　　　) rien dire.

　　(4) 　（　　　　）nous, l'hiver commence au début du mois de novembre.

　　　　① 　avant　　　② 　avec　　　③ 　chez
　　　　④ 　pour　　　⑤ 　sans　　　⑥ 　sur

(1)	(2)	(3)	(4)

1　前置詞に関する問題

4 (1) C'est un remède très efficace (　　) le mal de gorge.

(2) Il est difficile de choisir (　　) tous ces livres celui qui plaira le plus à notre ami.

(3) Ils veulent transformer cette pièce (　　) studio.

(4) (　　) mon enfance, j'habitais à Lyon

① contre　　② dans　　③ depuis
④ en　　　　⑤ par　　　⑥ parmi

(1)	(2)	(3)	(4)

5 (1) À cette composition, il a obtenu 18 points (　　) 20.

(2) Au concours de photo, il s'est classé troisième (　　) Alain et Corinne.

(3) Il se fait détester (　　) ses voisins.

(4) (　　) mon avis, il vaudrait mieux renoncer à partir en vacances.

① à　　　　② derrière　　③ en
④ par　　　⑤ pendant　　⑥ sur

(1)	(2)	(3)	(4)

6 (1) Aujourd'hui, les températures vont rester basses (　　) la saison.

(2) C'est le printemps, les arbres sont (　　) fleurs.

(3) Les fenêtres de mon appartement donnent (　　) le parc Monceau.

(4) Nous voudrions une chambre (　　) un lit.

① à　　　　② dans　　③ en
④ pour　　　⑤ sans　　⑥ sur

(1)	(2)	(3)	(4)

2

定型表現

　　日本語文に対応するフランス語文のなかの空欄に入る語を記入する記述式問題です。日常的に使用される会話表現が出題されます。日常会話での決まり文句や慣用表現をふだんから正確に書けるようにしておきましょう。アクサンを忘れたり，まちがえたりしても，誤答になります。解答のフランス語文から，空欄に入る語の性・数を見きわめることも時として必要になります。また，空欄が文頭にあるときは，解答を大文字で書き始めることも忘れないようにしましょう。記入する語の最初の文字は，解答するうえで手がかりになるはずです。出題される表現の数は限られていますから，本書の定型表現をよく覚えておきましょう。

出題例（2012年春季 2 ）

2　　次のフランス語の文 (1) ～ (5) が、それぞれあたえられた日本語の文が表す意味になるように、（　　）内に入れるのにもっとも適切な語（各 1 語）を、**示されている最初の文字とともに**、解答欄に書いてください。（配点　10）

(1)　À votre (s　　)!
　　　乾杯。

(2)　Je me sens (m　　).
　　　気分が悪いんです。

(3)　Je t'(i　　).
　　　おごるよ。

(4)　Pouvez-vous parler plus (f　　)?
　　　もっと大きな声で話してくれませんか。

(5)　(S　　)-vous.
　　　どうぞご自由にお取りください。

1．あいさつ

Comment allez-vous ?	お元気ですか？
—Je vais très bien.	—元気です。
Ça va bien ?	元気？
—Comme ci comme ça.	—まあまあだね。
—Pas mal.	—まあまあだね。
Soyez les bienvenus.	ようこそいらっしゃいました。
Bienvenu(e) à Paris.	パリへようこそ。
Enchanté(e) !	はじめまして。
Je suis content(e) de vous connaître.	お近づきになれてうれしく思います。
Je suis heureux(se) de vous voir.	お会いできてうれしく思います。
Permettez-moi de me présenter.	自己紹介させていただきます。
Asseyez [Assoyez]-vous !	おかけください！
Mettez-vous à l'aise !	どうぞお楽に！
Faites comme chez vous.	どうぞ楽にしてください。
Félicitations pour votre succès.	ご成功おめでとうございます。

À tout de suite.	それじゃあ，あとでね。	À tout à l'heure.	また後ほど。
À plus tard.	またあとで。	À ce soir.	では，今晩また。
À la prochaine (fois).	また今度。	À bientôt.	じゃ，また近いうちに。
À un de ces jours !	いずれ，また近いうちに。	À plus.	またあとで。
À demain.	またあした。	À la semaine prochaine.	また来週。
À lundi.	また月曜日に。	Au revoir.	さようなら。
Il faut que je m'en aille.		もう行かなくては。	
Je vous laisse.		（お先に）失礼します。	
Il est temps que je rentre.		そろそろ失礼します。	
Mes amitiés à votre mari.		ご主人によろしくお伝えください。	
Passe le bonjour à Jean.		ジャンによろしく。	

◆ **bon** の熟語

Bonne année !	新年おめでとう！	Bonne journée !	よい一日を！
Bon après-midi !	楽しい午後を！	Bonne soirée !	楽しい晩を！
Bon retour !	気をつけて帰ってね！	Bonne nuit !	おやすみなさい！
Bon courage !	がんばってね！	Bon appétit !	さあ，めしあがれ！
Bon voyage !	楽しい旅行を！	Bonnes vacances !	楽しい休暇を！
Bonne chance !	幸運を祈ります！	Bon anniversaire !	誕生日おめでとう！
Bonne fête !	楽しい祝日を！	Bonne idée !	名案だ！

EXERCICE 1

次のフランス語の文（1）～（12）が，それぞれあたえられた日本語の文が表す意味になるように，（　）内に入れるのにもっとも適切な語（各1語）を，**示されている最初の文字**とともに，解答欄に書いてください。

(1)　À (**b**　　　　).

じゃあ，また近いうちに。

――――――

(2)　(**A**　　　　)-toi !

（椅子に）かけてよ！

――――――

(3)　Bon (**r**　　　　) !

気をつけて帰ってね！

――――――

(4)　Passez le (**b**　　　　) à vos parents.

ご両親によろしく。

――――――

(5)　(**E**　　　　) de faire votre connaissance.

はじめまして。

――――――

(6)　Il est (**t**　　　　) que vous preniez une décision.

そろそろ決断しなければならな時です。

――――――

(7)　Joyeux (**a**　　　　) !

誕生日おめでとう！

――――――

(8)　Mes (**a**　　　　) chez vous.

おうちのかたへよろしく。

――――――

(9)　Mets-toi à l'(**a**　　　　) !

どうぞ楽にして！

――――――

(10)　Nous vous souhaitons un joyeux Noël et une bonne (**a**　　　　).

クリスマスそして新年おめでとうございます。

――――――

(11)　Permettez-moi de vous (**p**　　　　) ma femme.

私の妻を紹介させていただきます。

――――――

(12)　Toutes nos (**f**　　　　) pour votre mariage !

ご結婚おめでとうございます！

――――――

2．お礼を言う，謝る，判断する

① お礼を言う

Je vous remercie de votre aide.	手伝ってくれてありがとう。
—Il n'y a pas de quoi.	—どういたしまして。
Merci beaucoup pour le livre.	本をありがとう。
—Je vous en prie.	—どういたしまして。
Merci pour tout.	なにからなにまでありがとう。
—Pas de quoi.	—どういたしまして。
Je ne sais pas comment vous remercier.	なんとお礼を言ったらよいのか。
—De rien.	—どういたしまして。
J'ai pensé que cela vous ferait plaisir.	これはあなたに喜んでもらえると思いました。
—C'est très gentil à vous !	—たいへんありがとうございます。

② 謝る

Je vous demande pardon.	申しわけありません。
—Ce n'est rien.	—なんでもありません。
Excusez mon retard.	遅れてごめんなさい。
—Ce n'est pas bien grave.	—たいしたことないよ。
Ce n'est pas ma faute.	ぼくのせいじゃないよ。
—C'est à cause de toi.	—君のせいだよ。
C'est toi qui as fait ça.	あんなことをしたのは君だよ。
—Je n'y suis pour rien.	—ぼくはそれにはまったく無関係です。
Excusez-moi de vous déranger !	おじゃましてごめんなさい！
—Ça ne fait rien.	—かまわないよ。

③ 判断する

Je suis d'accord avec toi.	私は君に賛成です。
Je n'ai rien contre.	なにも異存はない。
Tu as raison [tort].	君の言うとおりだ［まちがっている］。
Tu aurais mieux fait de te taire.	君は黙っているほうがよかったでしょう。
Il y a intérêt à ce que tu me dises la vérité.	私にほんとうのことを言うほうが得策だ。

C'est sûr.	それは確実です。	C'est évident.	それは明白です。
C'est bien possible.	たぶんね。	Sans aucun doute.	確かに。
Sans doute.	たぶんね。	Peut-être.	おそらくね。
Ça dépend.	それは場合によるよ。	Ça m'étonne.	まさか。
Ce n'est pas vrai.	まさか．うそでしょう。	C'est hors de question.	論外だよ。

◆ tout の熟語

après tout	結局	de toute façon	とにかく	en tout cas	いずれにせよ
tout à coup	突然	tout à fait	完全に	tout de suite	すぐに
tout le temps	たえず				

EXERCICE 2

次のフランス語の文（1）～（12）が，それぞれあたえられた日本語の文が表す意味になるように，（　）内に入れるのにもっとも適切な語（各1語）を，**示されている最初の文字ととも**に，解答欄に書いてください。

(1)　Ce n'est pas (**p**　　　　) !
　　　まさか，冗談でしょう！　　　　　　　　　　　　　　　　　　　　　＿＿＿＿＿

(2)　Ce n'est pas ta (**f**　　　　).
　　　君のせいじゃないよ。　　　　　　　　　　　　　　　　　　　　　　＿＿＿＿＿

(3)　C'est (**g**　　　　) de votre part d'être venu.
　　　来てくれてありがとうございます。　　　　　　　　　　　　　　　　＿＿＿＿＿

(4)　Daniel ne sait pas s'il viendra demain, cela (**d**　　　　) du temps.
　　　ダニエルには彼があす来るかどうかわからない，お天気次第でしょう。　＿＿＿＿＿

(5)　De toute (**f**　　　　), tu dois passer ton examen en octobre.
　　　いずれにせよ，君は10月に試験を受けなければならない。　　　　　＿＿＿＿＿

(6)　Je n'y suis pour (**r**　　　　).
　　　ぼくはそれにはまったく無関係です。　　　　　　　　　　　　　　　＿＿＿＿＿

(7)　Je suis tout à (**f**　　　　) d'accord avec vous.
　　　私はあなたとまったく同感です。　　　　　　　　　　　　　　　　　＿＿＿＿＿

(8)　Je vous demande (**p**　　　　).
　　　申しわけありません。　　　　　　　　　　　　　　　　　　　　　　＿＿＿＿＿

(9)　Le ciel est devenu noir tout à (**c**　　　　).
　　　空が急に暗くなった。　　　　　　　　　　　　　　　　　　　　　　＿＿＿＿＿

(10)　Pas de (**q**　　　　).
　　　どういたしまして。　　　　　　　　　　　　　　　　　　　　　　　＿＿＿＿＿

(11)　Sans aucun (**d**　　　　).
　　　確かに。　　　　　　　　　　　　　　　　　　　　　　　　　　　　＿＿＿＿＿

(12)　Tu as eu (**t**　　　　) de partir sans elle.
　　　君は彼女をおいて行ってはいけなかった。　　　　　　　　　　　　　＿＿＿＿＿

2 定型表現

29

3．依頼する，意見を言う，許可する

① 依頼する

Pourriez-vous me rendre un service ? 手を貸してくださいませんか？

—Bien sûr. —もちろん。

Pourriez-vous m'aider ? —助けてくださいませんか？

—Je regrette, mais je suis pressé(e). —すみません，急いでいるので。

Je peux t'aider ? —手伝いましょうか？

—Ce n'est pas la peine, merci. それにはおよびません，ありがとう。

Je te donne un coup de main ? —手を貸しましょうか？

—Merci, c'est très gentil, mais ça va aller. —ありがとう，ご親切に，でもけっこうです。

Je t'accompagne jusqu'à la gare ? 駅まで送ろうか？

—Non, ce n'est pas nécessaire. —いや，その必要はないよ。

② 意見を言う

Il est important que vous alliez la voir. 肝心なのはあなたが彼女に会いに行くことだ。

J'ai besoin de votre réponse immédiatement. すぐにあなたの返事が必要です。

Tu es obligé(e) de partir, Jean t'attend. 君は行かなければならない，ジャンが待っている。

Je vous conseille d'accepter cette proposition. この提案を受け入れることをお勧めします。

—Je n'ai pas le choix. —私に選択の余地はない。

—Je ne peux pas faire autrement. —ほかにどうしようもない。

À mon avis, François est le plus intelligent. ぼくの考えでは，フランソワが一番頭がいい。

Ça arrive à tout le monde. だれにでもあることだよ。

Ça va passer. Ce n'est pas grave. すぐにおさまるよ，たいしたことじゃない。

Tu vas voir, ça va marcher. 今にわかるさ，そのうちうまくいくから。

Ça revient au même. 結局同じことさ。

③ 許可する，禁止する

Je peux entrer ? 入ってもいいですか？

—Mais je vous en prie. —どうぞ。

Est-ce que je pourrais vous voir demain ? あすお会いできますでしょうか？

—Je suis désolé(e) mais ce n'est pas possible. —すみませんが，むりです。

Ce serait possible de se voir plus tard ? 後ほどお会いできますでしょうか？

—Bien sûr que oui. —もちろんいいですよ。

Ça ne te dérange pas si mon mari vient avec moi ? 夫がいっしょに来ても迷惑じゃない？

—Pas de problème. —いいですとも。

Vous permettez que je fume ? たばこを吸ってもいいですか？

—Ce n'est pas possible. —それはできません。

Tu n'as pas le droit de me traiter comme ça. 君には私をこのように扱う権利はない。

Je t'interdis de me dire ça. 私にそんなことを言うのは許さない。

EXERCICE 3

次のフランス語の文（1）〜（12）が，それぞれあたえられた日本語の文が表す意味になるように，（　）内に入れるのにもっとも適切な語（各1語）を，**示されている最初の文字とともに**，解答欄に書いてください。

(1) À mon (**a**　　　), il repartira en juin.
　　思うに，彼は6月にまた出発するだろう。　　　　　　　　　　　_____

(2) Bien (**s**　　　) que oui.
　　もちろんいいですよ。　　　　　　　　　　　　　　　　　　_____

(3) C'est (**n**　　　) que vous assistiez à cette réunion.
　　あなたはこの会議に出席しなければなりません。　　　　　_____

(4) Elle n'a pas le (**d**　　　) de sortir le soir.
　　彼女は夜間外出を許されていない。　　　　　　　　　　　_____

(5) Il est (**i**　　　) que vous finissiez ce travail avant midi.
　　肝心なのはあなたがこの仕事を正午までに終えることだ。　_____

(6) J'ai (**b**　　　) qu'on me conseille.
　　私はだれかのアドバイスが必要なんです。　　　　　　　　_____

(7) Je (**r**　　　), mais je suis occupée.
　　すみませんが，忙しいので。　　　　　　　　　　　　　_____

(8) Je ne vous (**p**　　　) pas de me parler sur ce ton.
　　あなたが私にそんな言いかたをするのは許さない。　　　_____

(9) Pas moyen de faire (**a**　　　).
　　ほかに打つ手はない。　　　　　　　　　　　　　　　　_____

(10) Tu passes par le village ou par la route de la forêt, ça (**r**　　　)
au même.
　　村をぬけようが，森の道を通ろうが，結局同じことだよ。　_____

(11) Tu peux me rendre un (**s**　　　)？
　　私に手を貸してくれませんか？　　　　　　　　　　　　_____

(12) Vous pouvez fumer, cela ne me (**d**　　　) pas.
　　たばこを吸ってもいいですよ，私はかまいません。　　　_____

2 定型表現

31

4．誘う，約束する

① 誘う

Si on allait prendre un verre ?	1杯やりに行かない？
—Pourquoi pas ?	—いいね。
—C'est dommage, je ne peux pas.	—残念だけど，行けない。
Ça te dirait d'aller au cinéma ?	映画を見に行かない？
—Bonne idée !	—いい考えだね！
Tu veux dîner en ville ou à la maison ?	夕食は外で食べたい？それとも家で？
—Ça m'est égal.	—どちらでもかまわない。
Si tu es libre ce soir, on peut dîner ensemble ?	今晩暇なら，夕食をいっしょにどう？
—Mais oui, justement je n'ai rien à faire.	—もちろん，ちょうどなにもやることがないんだ。
Tu fais quelque chose ce week-end ?	今週末はなにか予定があるの？
—Rien de spécial.	—とくになにも。
J'espère que vous serez des nôtres.	いらしてくださいますよね。
—Volontiers.	—喜んで。
On va en boîte ce soir ?	今晩ディスコへ行く？
—Pas question ! J'ai un examen demain.	—論外だよ！あす試験なのに。

② 約束する

Quand est-ce qu'on se voit ?	いつ会う？
—Samedi prochain, ça te convient ?	—次の土曜日，都合はどう？
Ça me ferait plaisir de vous voir.	あなたに会えたらうれしいのですが。
—Je vous promets de faire mon possible.	—できるだけのことはすると約束します。
Ça marche pour samedi ?	土曜日でいいですか？
—On peut remettre ça à un autre jour ?	—ほかの日に延期できる？
—Samedi, ça ne m'arrange pas.	—土曜日は都合が悪い。
—Je préfère un autre jour.	—ほかの日のほうがいい。
Rendez-vous devant le musée à neuf heures.	美術館のまえで9時に会いましょう。
—Tu plaisantes ! C'est trop tôt.	—冗談でしょう！早すぎるよ。
Tu ne veux pas venir au concert avec moi ?	ぼくといっしょにコンサートへ来ない？
—Je ne sais pas, je vais réfléchir.	—わからない，考えてみるよ。
Jacques vient ou non ?	ジャックは来るのそれとも来ないの？
—Peu importe.	—どうでもいいよ。
Ne manque pas de me rapporter mes CD.	私のCDをかならず返してよ。
—C'est promis.	—約束する。
Vous viendrez m'aider, c'est sûr ?	私を手伝いに来てくださるって，確か？
—C'est entendu, vous pouvez compter sur moi.	—もちろん，あてにしていいです。
Tu peux arriver au rendez-vous à cinq heures ?	5時に約束の場所に来ることができるの？
—Ne t'inquiète pas, je serai à l'heure sans faute.	—心配しないで，かならず時間は守るよ。

EXERCICE 4

次のフランス語の文（1）～（12）が，それぞれあたえられた日本語の文が表す意味になるように，（　）内に入れるのにもっとも適切な語（各1語）を，**示されている最初の文字とともに**，解答欄に書いてください。

(1) Avec (**p**　　　).
   喜んで。
   　　　　　　　　　　　　　　　　　　　　　　　　　_____

(2) Bien (**e**　　　).
   もちろんです。
   　　　　　　　　　　　　　　　　　　　　　　　　　_____

(3) Ça m'est (**é**　　　).
   どちらでもかまわない。
   　　　　　　　　　　　　　　　　　　　　　　　　　_____

(4) Ça ne (**m**　　　) pas pour demain soir.
   明晩は都合が悪い。
   　　　　　　　　　　　　　　　　　　　　　　　　　_____

(5) Je n'en ai (**a**　　　) idée.
   全然そんな気にならない。
   　　　　　　　　　　　　　　　　　　　　　　　　　_____

(6) Je te promets d'être là à deux heures sans (**f**　　　).
   かならず2時に行くと約束するよ。
   　　　　　　　　　　　　　　　　　　　　　　　　　_____

(7) Je t'offre une bicyclette pour ton anniversaire, c'est (**p**　　　).
   君の誕生日には自転車をプレゼントするよ，約束するよ。
   　　　　　　　　　　　　　　　　　　　　　　　　　_____

(8) Notre rendez-vous est pour sept heures, ça te (**c**　　　) ?
   私たちの約束は7時ということで，都合はどう？
   　　　　　　　　　　　　　　　　　　　　　　　　　_____

(9) (**D**　　　) qu'il fasse si mauvais dehors.
   残念ながら，外はとても天気が悪い。
   　　　　　　　　　　　　　　　　　　　　　　　　　_____

(10) Si on (**a**　　　) prendre un café ?
   コーヒーを飲みに行かない？
   　　　　　　　　　　　　　　　　　　　　　　　　　_____

(11) Si tu pars, ne (**m**　　　) pas de me prévenir.
   出発するなら，かならず私に前もって知らせてね。
   　　　　　　　　　　　　　　　　　　　　　　　　　_____

(12) Voulez-vous être des (**n**　　　) demain ?
   あす出席していただけますか？
   　　　　　　　　　　　　　　　　　　　　　　　　　_____

5．好みを言う，評価する

Ce spectacle ne me plaît pas tellement [du tout].　あの芝居はあまり［まったく］私の気に入らない。

Est-ce que vous croyez que cette cravate lui plaira ?

このネクタイは彼に喜ばれると思いますか？

—Certainement, madame.　　　　　　　　　　　　—もちろんですとも。

On peut rentrer à pied, si tu préfères.　　　　　そちらのほうがよければ，歩いて帰ってもいい。

—Non, j'aime autant prendre un taxi.　　　　　—いや，タクシーに乗るほうがいい。

Vous vous intéressez à l'histoire de ce peuple ?　この民族の歴史に興味があるのですか？

—Oui, ça m'intéresse.　　　　　　　　　　　　—はい，それに興味があります。

Il est fou de jazz.　　　　　　　　　　　　　　彼はジャズに夢中だ。

J'ai horreur de me lever tôt.　　　　　　　　　私は早起きが大嫌いだ。

Ça vous dit de venir en Tunisie avec moi ?　　私といっしょにチュニジアへ行くというのはどう？

—Ça ne me dit rien.　　　　　　　　　　　　　—全然その気になれない。

② 評価する

Qu'est-ce que tu penses de ce chapeau ?　　　　この帽子をどう思う？

—C'est pas mal. Mais je préfère celui-là.　　　—悪くない。でも私はあちらのほうがいい。

Tu as trouvé ce film comment ?　　　　　　　　君はこの映画をどう思った？

—Je l'ai trouvé nul [ennuyeux].　　　　　　　— 私はそれをまったくひどい［つまらない］と思った。

Visitez l'aquarium, il en vaut la peine.　　　　水族館を見に行きなさい，それだけの価値はある。

C'est mon écrivain préféré.　　　　　　　　　これは私の好きな作家です。

Elle est plutôt séduisante.　　　　　　　　　　彼女はまあまあ魅力的なほうだ。

Il a bon [mauvais] goût.　　　　　　　　　　　彼は趣味がいい［悪い］。

Elle est bien [mal] habillée.　　　　　　　　　彼女はドレスアップ［だらしない服装を］している。

Cette jupe lui va bien [mal].　　　　　　　　　このスカートは彼女に似合ってる[似合わない]。

Il a de l'esprit [du génie].　　　　　　　　　　彼には才気［才能］がある。

Ce rapport est mal fait.　　　　　　　　　　　この報告書のできばえはひどい。

Ce plat ne ressemble à rien.　　　　　　　　　この料理はまるでなっていない。

C'est un roman sans (aucun) intérêt.　　　　　これはつまらない小説です。

◆ ものごととの関わり

J'en ai rien à faire.　　　　　　　　　　　　　私は何の関係もない。

Ça ne te concerne pas. (concerner qn / qch…と関係がある)　これは君には関係ない。

Ça ne vous regarde pas. (regarder qn…と関係がある)　これはあなたには関係ない。

Mêle-toi de ce qui te regarde. (se mêler de qch…に介入する)　お節介はよせ。

Occupe-toi de tes affaires ! (s'occuper de ses affaires 自分のことに専心する)

よけいな口出しをするな！

Ta décision a quelque chose à voir avec ma retraite ? (avoir qch à voir avec [dans]　…と関係がある)

君の決心は私の退職となにか関係があるの？

EXERCICE 5

次のフランス語の文（1）〜（12）が，それぞれあたえられた日本語の文が表す意味になるように，（　）内に入れるのにもっとも適切な語（各1語）を，**示されている最初の文字とともに**，解答欄に書いてください。

(1) Ça m'(**i**　　　).
　　それに興味があります。　　　　　　　　　　　　　　　　　　　_____

(2) Ça n'a rien à (**v**　　　).
　　それは何の関係もないことだ。　　　　　　　　　　　　　　　　_____

(3) Ça ne me (**d**　　　) rien.
　　それには全然興味がない。　　　　　　　　　　　　　　　　　　_____

(4) Ce roman vaut vraiment la (**p**　　　) d'être lu.
　　この小説はほんとうに一読する価値がある。　　　　　　　　　　_____

(5) (**C**　　　) !
　　もちろんですとも！　　　　　　　　　　　　　　　　　　　　　_____

(6) C'est mon (**a**　　　), et non la vôtre.
　　これは私の問題です，あなたには関係ありません。　　　　　　　_____

(7) C'est un garçon sans (**i**　　　), mais qui sait bien chanter.
　　おもしろみのない男の子なんだけど，歌がとてもうまい。　　　_____

(8) Cette chanson populaire me (**p**　　　) beaucoup.
　　この民謡はとても気に入っている。　　　　　　　　　　　　　　_____

(9) Elle est (**n**　　　) en anglais.
　　彼女は英語が全然できない。　　　　　　　　　　　　　　　　　_____

(10) Elle est (**p**　　　) gentille, non ?
　　彼女はまあまあ親切なほうだよ，ね？　　　　　　　　　　　　　_____

(11) Ton dessin est (**m**　　　) fait.
　　君の絵のできはひどい。　　　　　　　　　　　　　　　　　　　_____

(12) Toutes ces histoires ne me (**r**　　　) pas.
　　その話はどれも私とは関係ない。　　　　　　　　　　　　　　　_____

6．気持ちを言う，確認する

① 気持ちを言う

Il a été reçu à son examen, tant mieux !
彼は試験に合格した，よかった！

Simon n'est pas venu, tant pis !
シモンは来なかった，仕方ない！

Ton histoire m'ennuie, ça ne m'intéresse pas du tout.
君の話にはうんざりする，まったく興味がないから。

Il est de bonne [mauvaise] humeur.
彼は上機嫌 [不機嫌] である。

Ça me fait de la peine de voir ma mère épuisée.
疲れ切った母親を見るのはつらい。

Quel dommage que tu ne puisses pas venir à la soirée !
君が夜会に来られないのは残念だ！

J'en ai marre de tout.
なにもかもうんざりだ。

Elle a laissé tomber la danse.
彼女はダンスを断念した。

J'en ai assez de cet appartement trop petit.
こんな狭すぎるアパルトマンはもうたくさんだ。

Je commence à en avoir assez !
私はうんざりし始めている。

Ça suffit !
いいかげんやめろよ！

Ce n'est pas possible qu'ils soient partis sans moi.
彼らが私ぬきで行ってしまったなんてありえないよ。

C'est beaucoup dire.
それは言い過ぎだ。

Il ne faut rien exagérer.
何についても度をこしてはいけない。

② 確認する

Vous voyez ?
おわかりですか？

―Oui, c'est clair.
―はい，それは明快です。

C'est entendu ?
いいですか？

Vous me suivez ?
おわかりになりましたか？

Qu'est-ce que ça veut dire ?
それはどういう意味ですか？

Tu peux préciser ?
もっと正確に言うことができる？

Ça s'écrit comment ?
それはどう書くのですか？

Comment ça se prononce ?
それはどう発音するのですか？

Pardon ? Excuse-moi, je n'ai pas entendu.
えっ，なに？ごめんなさい，聞こえなかった。

Comment ?　何ですって？

C'est-à-dire ?　言いかえれば？

Et après ?　それから？

Par exemple ?　たとえば？

Et puis ?　それから？

Et alors ?　だからなに？

◆ 話題

Je voudrais ajouter un mot.
ひとこと付け加えたいのですが。

Passons à autre chose.
話題を変えよう。

On dit qu'il va changer d'emploi.
彼は近く転職するらしい。

Tu as entendu parler de ce film ?
その映画のことを聞いたことがある？

J'ai entendu dire qu'il va prendre sa retraite.
彼はまもなく退職するという話を耳にした。

J'ai aperçu Roger hier, entre parenthèses, il ne m'a pas reconnu !
きのうロジェを見かけた，ついでに言うと，彼には私がわからなかったけどね！

EXERCICE 6

次のフランス語の文（1）～（12）が，それぞれあたえられた日本語の文が表す意味になるように，（　）内に入れるのにもっとも適切な語（各1語）を，**示されている最初の文字**とともに，解答欄に書いてください。

(1) Ça fait une heure que je t'attends. Tu (e   )！
　　　1時間も待ってるんだよ。あんまりだよ！　　　　　　　　　　　＿＿＿＿＿

(2) Ça me fait de la (p   ) d'aller te voir à l'hôpital.
　　　病院へ君を見舞いに行くのはつらい。　　　　　　　　　　　　　＿＿＿＿＿

(3) Il a hésité, c'est-à-(d   ) qu'il n'a pas su quoi répondre.
　　　彼は迷った，言いかえれば，どう答えたらいいのかわからなかったのだ。＿＿＿＿＿

(4) J'ai vu Antoine hier, entre (p   ), il va quitter sa femme.
　　　きのうアントワーヌに会った，余談ながら，彼は奥さんと別れるよ。＿＿＿＿＿

(5) J'en ai (a   ).
　　　もうたくさんだよ。　　　　　　　　　　　　　　　　　　　　　＿＿＿＿＿

(6) Je n'ai rien à (a   ).
　　　つけ足すことはなにもありません。　　　　　　　　　　　　　　＿＿＿＿＿

(7) Le détective a laissé (t   ) les recherches.
　　　探偵は捜査をあきらめた。　　　　　　　　　　　　　　　　　　＿＿＿＿＿

(8) Par (e   )？
　　　たとえば？　　　　　　　　　　　　　　　　　　　　　　　　　＿＿＿＿＿

(9) (P   )？ Excuse-moi, je n'ai pas entendu.
　　　何とおっしゃいましたか？　ごめんなさい，聞こえなかった。　　＿＿＿＿＿

(10) Qu'est-ce que ça (v   ) dire？
　　　それはどういう意味ですか？　　　　　　　　　　　　　　　　　＿＿＿＿＿

(11) Tant (m   )！
　　　よかった！　　　　　　　　　　　　　　　　　　　　　　　　　＿＿＿＿＿

(12) Vous (v   )？
　　　おわかりですか？　　　　　　　　　　　　　　　　　　　　　　＿＿＿＿＿

7．体調，人物描写

① 体調

Ça va bien [mieux].	元気だよ［いつもより具合がいい］。
Je me sens bien [mieux, mal].	私は気分がいい［さっきよりいい，悪い］。
Tu as mal quelque part ?	どこか具合が悪いの？
—J'ai mal au dos [aux dents, au cœur].	—背中が痛い［歯が痛い，吐き気がする］
Qu'est-ce qui ne va pas ?	どうしましたか？
—Je tousse sans arrêt depuis quelques jours.	—数日まえから咳がとまらないのです。
Qu'est-ce qui t'arrive ?	どうしたの？
—Je pense que j'ai un début de grippe.	—インフルエンザの初期症状だと思う。
J'ai pris froid.	私は風邪をひいた。
J'ai attrapé un rhume.	私は風邪をひいた。
Tu as bonne [mauvaise] mine.	君は顔色がいい［悪い］。
Robert est toujours en (pleine) forme.	ロベールはいつも元気（いっぱい）だ。
Tu as de la fièvre, reste au lit.	君は熱がある，寝てなさい。
Il est en congé maladie.	彼は病気休暇をとっている。
Elle s'est mise au régime.	彼女はダイエットを始めた。

② 人物描写

Quelle est sa taille ? = Il mesure combien ?	彼の身長はどれくらいですか？
—Il est de taille moyenne [de petite taille].	—中くらいの背丈です［小柄です］。
—Il mesure 1,80 m.	—1メートル80センチです。
Il pèse combien ?	彼の体重はどれくらいですか？
—Il pèse 60 kilos.	—60キロです。
Elle est comment ?	彼女はどんな人ですか？
—Elle parle beaucoup [peu].	—よくしゃべります［無口です］。
—Elle a l'air aimable [méchant(e)].	—愛想がよさそうです［意地悪そうです］。
—Elle m'a fait bonne [mauvaise] impression.	—私にはいい［悪い］印象をあたえた。
Il a dépassé la quarantaine.	彼は40歳を越している。
Il ne paraît pas son âge.	彼はそんな歳には見えない。
Quel âge lui donnes-tu ?	彼は何歳だと思う？
—Il a déjà un certain âge.	—彼はもう相当の歳だ。
Il est de nationalité américaine.	彼はアメリカ国籍だ。
Il est capable de marcher pendant des heures.	彼は何時間でも歩くことができる。
Il est doué pour les langues [en maths].	彼は語学［数学］の才能に恵まれている。
Il est fort [nul] en physique.	彼は物理学がよくできる［からきしできない］。

◆ ちょっと待って

Un moment [Un instant, Une seconde], s'il vous plaît.	ちょっとお待ちください。
Attends-moi deux minutes.	ちょっと待ってて。

EXERCICE 7

次のフランス語の文（1）～（12）が，それぞれあたえられた日本語の文が表す意味になるように，（　）内に入れるのにもっとも適切な語（各1語）を，**示されている最初の文字ととも**に，解答欄に書いてください。

(1) Ça ira (**m**　　　) demain.
　　あすはもっとよくなるだろう。　　　　　　　　　　　　＿＿＿＿＿

(2) Elle a l'(**a**　　　) timide.
　　彼女は臆病そうだ。　　　　　　　　　　　　　　　　　＿＿＿＿＿

(3) Elle est (**f**　　　) en dessin.
　　彼女は絵が得意だ。　　　　　　　　　　　　　　　　　＿＿＿＿＿

(4) Elle n'est pas en (**f**　　　).
　　彼女は元気がない。　　　　　　　　　　　　　　　　　＿＿＿＿＿

(5) Il a mauvaise (**m**　　　).
　　彼は顔色が悪い。　　　　　　　　　　　　　　　　　　＿＿＿＿＿

(6) Il approche de la (**c**　　　).
　　彼はそろそろ50歳だ。　　　　　　　　　　　　　　　　＿＿＿＿＿

(7) Il est (**c**　　　) de courir le cent mètres en dix secondes.
　　彼は100メートルを10秒で走ることができる。　　　　　＿＿＿＿＿

(8) J'ai mal au (**c**　　　) en voiture.
　　車に乗ると酔うんです。　　　　　　　　　　　　　　　＿＿＿＿＿

(9) Madame Blier est (**c**　　　) ?
　　ブリエ夫人はどんな人ですか？　　　　　　　　　　　　＿＿＿＿＿

(10) Qu'est-ce qui vous (**a**　　　) ?
　　どうしましたか？　　　　　　　　　　　　　　　　　　＿＿＿＿＿

(11) Une (**s**　　　), s'il vous plaît.
　　ちょっとお待ちください。　　　　　　　　　　　　　　＿＿＿＿＿

(12) Va au (**l**　　　), Antoine.
　　寝なさい，アントワーヌ。　　　　　　　　　　　　　　＿＿＿＿＿

8．買いもの

Je vais faire des courses [des achats].　　　　　　　私は買いものに行く。

Il a acheté une veste et un pantalon en solde.　　　彼は上着とズボンをバーゲンで買った。

Je peux vous aider ?　　　　　　　　　　　　　　　（店員が）何かお探しですか？

—Je voudrais essayer la robe qui est en vitrine.　—ショーウインドーのドレスを試着したいのですが。

Qu'est-ce que vous désirez ?　　　　　　　　　　　何にいたしましょうか？

—J'aimerais voir l'appareil photo à droite.　　　—右側のカメラを見たいのですが。

Vous désirez ?　　　　　　　　　　　　　　　　　何にいたしましょうか？

—Il me faudrait une boîte de petits-pois.　　　　—グリンピースを１缶必要なんですが。

Vous désirez autre chose ?　　　　　　　　　　　ほかに欲しいものがありますか？

—Je voudrais un paquet de farine, s'il vous plaît.　—小麦粉を１袋欲しいのですが。

Et avec ça ?　　　　　　　　　　　　　　　　　　で，ほかには？

—C'est [Ce sera] tout, merci.　　　　　　　　　—これだけです，ありがとう。

Le rayon pour hommes, s'il vous plaît ?　　　　　紳士物用品売り場は？

—Au troisième.　　　　　　　　　　　　　　　　—４階です。

Je suis désolé(e), nous n'en avons pas.　　　　　すみませんが，それはありません。

—Vous ne savez pas qui en vend dans le quartier ?

　　　　　　　　　　　　　　　　　　　　　　—この辺でそれを売っている店を知りませんか？

—Vous pouvez m'en commander ?　　　　　　　—それを註文してくれませんか？

À quoi ça sert ?　　　　　　　　　　　　　　　これは何に使うのですか？

—Ça sert à enlever les mauvaises herbes.　　　—雑草を除去するのに使われます。

C'est pour faire quoi ?　　　　　　　　　　　　これはなにをするためのものですか？

—On s'en sert pour ouvrir les huîtres.　　　　—牡蠣を開けるために使います。

Quelle taille faites-vous ?　　　　　　　　　　服のサイズはいくつですか？

Quelle est votre pointure ?　　　　　　　　　　靴のサイズはいくつですか？

Je prends celui-là.　　　　　　　　　　　　　あちらのにします。

Le plein, s'il vous plaît.　　　　　　　　　　満タンでお願いします。

Je vais réfléchir.　　　　　　　　　　　　　（即決をためらって）考えてみます。

Il est en tenue de sport.　　　　　　　　　　彼はスポーツウェアを着ている。

Ça te va bien.　　　　　　　　　　　　　　　それは君によく似合う。

Ça ne se fait plus.　　　　　　　　　　　　　それはもう時代遅れです。

C'est à la mode.　　　　　　　　　　　　　　それは流行している。

◆ 食品の分量の言いかた

une bouteille d'eau	1瓶の水	une [demi-] douzaine d'œufs	1［半］ダースの卵
un morceau de pain	1切れのパン	un pot de confiture	1瓶のジャム
une tasse de café	1杯のコーヒー	un verre de vin	1杯のワイン
une brique de lait	1パックの牛乳	une tranche de jambon	1切れのハム

EXERCICE 8

次のフランス語の文（1）〜（12）が，それぞれあたえられた日本語の文が表す意味になるように，（ ）内に入れるのにもっとも適切な語（各1語）を，**示されている最初の文字とともに**，解答欄に書いてください。

(1) Allez dans la cabine et (**e**   ) ce pantalon.
試着室へ行って，このズボンを試着してみてください。 _____

(2) Ce foulard me plaît, je le (**p**   ).
このスカーフはいいわ，これをいただきます。 _____

(3) Cette chemise n'est pas à ma (**t**   ).
このシャツはサイズが合いません。 _____

(4) Et (**a**   ) ça ?
で，ほかには？ _____

(5) Ils sont en (**t**   ) de travail dans l'usine.
彼らは工場では作業着を着ている。 _____

(6) Je pars faire des (**c**   ).
私は買いものに行く。 _____

(7) Je peux vous (**a**   ) ?
（店員が）何かお探しですか？ _____

(8) Je voudrais une autre (**t**   ) de rôti, s'il vous plaît.
ロースト肉をもう1枚欲しいのですが。 _____

(9) Le (**r**   ) bagages est au deuxième.
鞄売り場は3階です。 _____

(10) Les (**s**   ) vont commencer dans deux jours.
2日後にバーゲンセールが始まる。 _____

(11) Très bien, ce sera (**t**   ) ?
わかりました，これだけですか？ _____

(12) Tu trouves que ce chapeau me (**v**   ) ?
この帽子は私に似合うと思う？ _____

9．支払う，注文する

Je vous dois combien ?	おいくらですか？
Ça fait combien ?	いくらになりますか？
Quel est le prix de cette robe ?	このワンピースの値段はいくらですか？
C'est trop cher.	これは高すぎる。
Ces gants-ci sont bon marché.	この手袋は安い。
Ceux-ci sont meilleur marché [moins chers].	こちらのほうが安い。
Il y a une réduction pour les étudiants ?	学生割引はありますか？
Est-ce que vous acceptez les chèques ?	小切手を受けつけますか？
Je peux payer par carte de crédit ?	クレジットカードで支払うことができますか？
Je peux payer en plusieurs mensualités ?	何ヶ月かの月賦で支払うことができますか？
Gardez la monnaie.	おつりはとっておいてください。
Vous avez oublié de me rendre la monnaie.	あなたはおつりを返すのを忘れた。
C'est moi qui t'invite ce soir.	今夜はぼくがおごるよ。

② 注文する

Je voudrais commander un poulet fermier.	地鶏を注文したいのですが。
—Pour quand en avez-vous besoin ?	—それはいつ必要なのですか？
Je viens pour la commande d'hier. C'est prêt ?	昨日の注文品をとりにきました。できてますか？
—C'est à quel nom ?	—どなたの名前で注文しましたか？
Ça va comme ça ? = Cela vous convient ?	これでいいですか？
—Je le prends quand même.	やはりこれをいただきます。

③ 商品の不具合

Ce pull est de mauvaise qualité.	このセーターは品質が悪い。
Ça ne marche [fonctionne] pas.	これは調子が悪い。
Je n'arrive pas à le faire démarrer.	これはうまく始動させることができない。
La garantie n'est plus valable.	もう保証期限が切れています。
Magasin ouvert de 10 h à 21 h.	開店時間10時から21時まで。
Fermé le lundi.	月曜日休業。
À consommer avant le 5 mai 2016.	賞味期限2016年5月5日まで。
Les disques ne sont ni repris ni échangés.	レコードは返品も交換もできません。
La maison ne fait pas crédit.	掛け売りお断り。
Vente à emporter.	テイクアウト販売。
Date limite de vente.	販売期限。

◆ 支払い方法

des facilités de paiement	分割払い	une remise de 5%	5％引き
un crédit gratuit de trois mois	3ヶ月の後払い	un bon de commande	注文書
un reçu	領収書	une facture	請求書

EXERCICE 9

次のフランス語の文（1）～（12）が，それぞれあたえられた日本語の文が表す意味になるように，（　）内に入れるのにもっとも適切な語（各1語）を，**示されている最初の文字とともに**，解答欄に書いてください。

(1) Ce n'est pas tout à fait le même, mais c'est d'aussi bonne (**q**　　　).
これはまったく同じものではありませんが，同じように高品質です。
　　　　　　　　　　　　　　　　　　　　　　　　　　＿＿＿＿＿

(2) Cet appareil n'est plus sous (**g**　　　).
この器具はもう保証期限が切れています。
　　　　　　　　　　　　　　　　　　　　　　　　　　＿＿＿＿＿

(3) J'ai acheté des chaussures bon (**m**　　　).
私は安い靴を買った。
　　　　　　　　　　　　　　　　　　　　　　　　　　＿＿＿＿＿

(4) Je vous établis une (**f**　　　) ?
請求書をお作りしますか？
　　　　　　　　　　　　　　　　　　　　　　　　　　＿＿＿＿＿

(5) La maison n'accepte pas les (**c**　　　).
当店では小切手を受けつけません。
　　　　　　　　　　　　　　　　　　　　　　　　　　＿＿＿＿＿

(6) « (**F**　　　) le mercredi »
「水曜日休業」
　　　　　　　　　　　　　　　　　　　　　　　　　　＿＿＿＿＿

(7) Les articles en solde ne sont ni (**r**　　　) ni échangés.
バーゲン品は返品も交換もできません。
　　　　　　　　　　　　　　　　　　　　　　　　　　＿＿＿＿＿

(8) « Sandwiches à (**e**　　　) »
「テイクアウトのサンドイッチ」
　　　　　　　　　　　　　　　　　　　　　　　　　　＿＿＿＿＿

(9) Votre passeport est encore (**v**　　　) un an.
あなたのパスポートはもう1年有効です。
　　　　　　　　　　　　　　　　　　　　　　　　　　＿＿＿＿＿

(10) Vous m'avez montré autre chose lors de la (**c**　　　).
あなたは注文のとき，ちがう品を見せた。
　　　　　　　　　　　　　　　　　　　　　　　　　　＿＿＿＿＿

(11) Vous n'avez pas moins (**c**　　　) ?
もっと安いのはありませんか？
　　　　　　　　　　　　　　　　　　　　　　　　　　＿＿＿＿＿

(12) Vous vous êtes trompé dans la (**m**　　　).
あなたはおつりをまちがえました。
　　　　　　　　　　　　　　　　　　　　　　　　　　＿＿＿＿＿

10. 旅行

① 駅で

Je voudrais un billet pour Milan, s'il vous plaît.　　ミラノまでの切符を１枚お願いします。

—Vous partez quand [à quelle date] ?　　　—ご出発はいつ [何日] ですか？

—Un aller simple ou un aller-retour ?　　　—片道切符ですか，それとも往復切符？

—En première ou en deuxième classe ?　　　—１等にしますか，それとも２等？

Cette place est libre ?　　　この席はあいていますか？

Vous n'avez pas composté votre billet, vous devez payer une amende de 50 euros.

あなたは切符をコンポステしなかった，50ユーロの罰金を支払わなければなりません。

② 空港で

En classe économique [affaires] ou en première classe ?

エコノミー [ビジネス] クラスですか，それともファーストクラス？

C'est un vol direct ?　　　これは直行便ですか？

Quelle est la durée du vol Paris-Milan ?　　　パリ・ミラノ間の所要時間はどれくらいですか？

Vous ne pouvez emporter qu'un petit bagage en cabine.

客室へは小荷物を１個しかもちこめません。

Attachez vos ceintures.　　　ベルトを締めてください。

Redressez votre siège.　　　座席を元におもどしください。

Vous êtes priés d'éteindre vos téléphones portables.　　携帯電話のスイッチをお切りください。

Vous avez quelque chose à déclarer ?　　　なにか申告するものはありますか？

Il faut arriver à l'aéroport deux heures à l'avance.　　出発の２時間前に空港に着かなければならない。

Laissez vos ceintures attachées jusqu'à l'arrêt complet de l'appareil.

機が完全に停止するまでベルトは締めたままでいてください。

③ ホテルで

Je voudrais une chambre pour une personne avec salle de bains [douche].

１名用の浴室 [シャワー] 付きの部屋をお願いしたいのですが。

—Combien de temps comptez-vous rester ?　　　—どれくらいの期間滞在の予定ですか？

—Désirez-vous un lit double ou des lits jumeaux ?

—ダブルベッドがいいですか，それともツインベッド？

—Vous prenez la pension complète [la demi-pension] ?

—３食 [２食] 付きにしますか？

—Nous sommes désolés, tout est complet.　　　—すみません，満室です。

—Je regrette, nous n'avons plus de chambres disponibles.

—あいにく，もう空室がございません。

Est-ce que le petit déjeuner est compris ?　　　朝食は付いていますか？

Le petit déjeuner est servi à quelle heure ?　　　朝食は何時に用意されますか？

Est-il possible d'avoir accès à Internet ici ?　　　ここからインターネットへアクセスできますか？

Serait-il possible d'envoyer un mél ?　　　メールを送ることができますか？

Pouvez-vous me préparer la note, s'il vous plaît ?　　勘定を用意してくれませんか？

④ 美術館で

Une entrée, s'il vous plaît.　　　　　入場券を1枚お願いします。

Entrée libre.　　　　　入場無料。

Dans ce musée, il y a un tarif réduit pour les étudiants.　この美術館では，学生割引がある。

Quels sont les horaires et les jours d'ouverture ?　開館時間と曜日はどうなっていますか？

EXERCICE 10

次のフランス語の文（1）～（12）が，それぞれあたえられた日本語の文が表す意味になるように，（　）内に入れるのにもっとも適切な語（各1語）を，**示されている最初の文字とともに**，解答欄に書いてください。

(1)　Ils voyagent toujours en classe (**a**　　　).
　　　彼らはいつもビジネスクラスで旅行する。　　　　　　　　　　　_____

(2)　Je voudrais une chambre avec (**d**　　　).
　　　シャワー付きの部屋を1部屋お願いしたいのですが。　　　　_____

(3)　La (**n**　　　), s'il vous plaît.
　　　（ホテルで）勘定をお願いします。　　　　　　　　　　　　_____

(4)　L'hôtel est (**c**　　　).
　　　ホテルは満室です。　　　　　　　　　　　　　　　　　　_____

(5)　Mon dentiste donne des rendez-vous une semaine à l'(**a**　　　).
　　　私の歯医者は1週間まえに予約日を決める。　　　　　　　_____

(6)　Où est (**s**　　　) le petit déjeuner ?
　　　朝食はどこに用意されるのですか？　　　　　　　　　　　_____

(7)　Une (**e**　　　), s'il vous plaît.
　　　入場券を1枚お願いします。　　　　　　　　　　　　　　_____

(8)　Une (**p**　　　), s'il vous plaît.
　　　座席券を1枚お願いします。　　　　　　　　　　　　　　_____

(9)　Un (**a**　　　)-retour, s'il vous plaît.
　　　往復切符を1枚お願いします。　　　　　　　　　　　　　_____

(10)　Vérifie l'heure de départ du train sur le tableau (**h**　　　).
　　　時刻表で列車の出発時間を確認してよ。　　　　　　　　　_____

(11)　Vous avez droit à deux (**b**　　　) maximum.
　　　（機内へは）2個まで荷物をもちこむことができます。　　_____

(12)　Vous avez quelque chose à (**d**　　　) ?
　　　（税関で）なにか申告するものはありますか？　　　　　　_____

11. 食事する

Nous pouvons passer à table !	（用意ができました）食卓へ移ってもいいですよ。
Où est-ce que je me mets ?	どの席につきましょうか？
—Mets-toi à côté de moi, s'il te plaît.	—私の隣にどうぞ。
C'est libre ?	ここはあいていますか？
—Je vous en prie.	どうぞ。
Il y a quelqu'un ?	だれかいるのですか？
—Oui, c'est pris.	—はい，ここはふさがっています。
Ça a l'air bon !	おいしそうだね。
Ça sent bon.	いいにおいがする。
À votre santé !	乾杯！
Qu'est-ce que je vous sers ?	なにをお出ししましょうか？
—Je voudrais une orange pressée.	—オレンジの生ジュースが欲しいのですが。
—Je prendrai un café.	—コーヒーにします。
Vous voulez encore du fromage ?	まだチーズが欲しいですか？
—Je veux bien, merci.	—いただきます，ありがとう。
Tu n'en veux vraiment plus ?	ほんとうにもう欲しくないのですか？
—Non vraiment, sans façon.	—はい，ほんとうにもう結構です。
Avez-vous une réservation ?	予約はしてありますか？
Salle fumeurs ou non-fumeurs ?	喫煙室にしますか，それとも禁煙室にしますか？
Pour combien de personnes ?	何名用の席にしますか？
—Vous avez une table pour cinq personnes ?	—5名用の席はありますか？
Vous êtes combien ?	何名さまですか？
—Nous sommes quatre.	—4名です。
Vous avez choisi ?	お決まりですか？
Je peux prendre la commande ?	ご注文をお聞きしてもいいですか？
Qu'est-ce que vous prenez comme dessert ?	デザートは何にしますか？
Je peux avoir la carte ?	メニューをお願いできますか？
Quel est le plat du jour ?	本日のおすすめ料理は何ですか？
Je prendrai le menu à 30 euros.	30ユーロの定食にします。
Pouvez-vous apporter l'addition ?	勘定書をもってきてくれますか？

◆ 銀行で

le distributeur automatique	自動支払機	le bureau de change	両替所
le taux de change	為替レート	le compte	口座
le compte courant	当座預金	le carnet de chèques	小切手帳
Je voudrais solder mon compte.		口座を精算したいのですが。	
—Adressez-vous au guichet 6.		—6番窓口で聞いてください。	
—Veuillez signer ici.		—ここにサインしていただけますか？	

EXERCICE 11

次のフランス語の文（1）〜（12）が，それぞれあたえられた日本語の文が表す意味になるように，（　）内に入れるのにもっとも適切な語（各1語）を，**示されている最初の文字とともに**，解答欄に書いてください。

(1) À (**t**　　　) !
   食卓についてください。
   　　　　　　　　_____

(2) Ce restaurant est interdit aux (**f**　　　).
   このレストランには喫煙者は入れません。
   　　　　　　　　_____

(3) Cette place est (**p**　　　).
   この席はふさがっています。
   　　　　　　　　_____

(4) (**S**　　　) ici, en bas.
   下のここにサインしてください。
   　　　　　　　　_____

(5) Je cherche (**q**　　　) de bien pour m'aider dans mon travail.
   私は仕事を手伝ってくれる信頼できる人を探している。
   　　　　　　　　_____

(6) Je pourrais avoir la (**c**　　　) des vins ?
   ワインリストお願いします。
   　　　　　　　　_____

(7) Je vais (**p**　　　) un demi.
   ビールにします。
   　　　　　　　　_____

(8) Je voudrais changer un (**c**　　　) de voyage.
   トラベラーズチェックを両替したいのですが。
   　　　　　　　　_____

(9) Je voudrais (**r**　　　) une table.
   席を予約したいのですが？
   　　　　　　　　_____

(10) Non merci, sans (**f**　　　).
   いいえ結構です，ほんとうに。
   　　　　　　　　_____

(11) Que ces fleurs sentent (**b**　　　) !
   この花はなんていい香りなんでしょう！
   　　　　　　　　_____

(12) (**S**　　　)-vous !
   自由におとりください！
   　　　　　　　　_____

47

12. 電話する

Je suis bien chez le docteur Vincent ?	ヴァンサン医院ですか？
—Oui, je vous écoute.	—はいそうです，お話をうかがいます。
—C'est un faux numéro.	—番号ちがいです。
—Je vous entends très mal.	—声がよく聞こえません。
—Pouvez-vous parler plus fort ?	—もっと大きい声で話してくださいますか？
Quel numéro demandez-vous ?	—何番におかけですか？
—Excusez-moi, je me suis trompé(e) de numéro.	—すみません，番号をまちがえました。
—Je suis désolé(e), j'ai fait une erreur.	—すみません，番号をまちがえました。
Je voudrais parler à madame Raymond.	レイモンさんと話したいのですが。
—Qui est à l'appareil ?	—どなたですか？
—C'est de la part de qui ?	—どなたですか？
—Ne quittez pas. Je vous la passe.	—そのままお待ちください。いま彼女と代わります。
Elle est en communication. Vous patientez ?	彼女は電話中です，お待ちになりますか？
—Je rappellerai plus tard.	—またあとで電話をかけ直します。
Merci d'avoir appelé [de votre appel].	電話してくれてありがとう。
Ça ne répond pas.	応答がない。
Ça sonne occupé.	話し中だ（信号音が聞こえる）。
C'est son répondeur.	これは彼（女）の留守電です。
Laissez-moi un message après le signal sonore.	信号音のあとでメッセージを残してください。

◆ 郵便

Vous devez remplir ce formule.	あなたはこの用紙に記入しなければならない。
Je voudrais expédier un paquet [un colis] en Espagne.	スペインへ小包を出したいのですが。
Je voudrais envoyer une lettre recommandée.	書留郵便を出したいのですが。
Vous avez du courrier pour moi ?	私宛の郵便物はありますか？

◆ パソコン

une souris	マウス	un clavier	キーボード
une imprimante	プリンター	un scanner	スキャナー
un fichier attaché [joint]	添付ファイル	un bourrage	紙詰まり
se planter	フリーズする	télécharger	ダウンロードする
sauvegarder	保存する	installer un logiciel	ソフトをインストールする
graver un CD-ROM	CD-ROM に書き込む	supprimer des données	データを消去する
éteindre l'ordinateur	パソコンを切る	ouvrir un fichier	ファイルを開く

allumer [mettre en route] l'ordinateur	パソコンを始動させる
envoyer un document à la corbeille	ファイルをごみ箱に入れる
cliquer sur une icône dans la barre d'outils	ツールバーのなかのアイコンをクリックする
se connecter sur Internet	インターネットに接続する

EXERCICE 12

次のフランス語の文（1）〜（12）が，それぞれあたえられた日本語の文が表す意味になるように，（　）内に入れるのにもっとも適切な語（各1語）を，**示されている最初の文字とともに**，解答欄に書いてください。

(1)　Allô, j'(é　　　　).
　　　もしもし，何ですか？　　　　　　　　　　　　　　　　　　　＿＿＿＿＿

(2)　Il y a eu deux (a　　　　) pour toi.
　　　君に2件電話があったよ。　　　　　　　　　　　　　　　　　　＿＿＿＿＿

(3)　Il a mis en route l'(i　　　　).
　　　彼はプリンターを始動させた。　　　　　　　　　　　　　　　　＿＿＿＿＿

(4)　J'ai fait un (f　　　　) numéro.
　　　電話番号をまちがいました。　　　　　　　　　　　　　　　　　＿＿＿＿＿

(5)　Je ne sais pas installer un (l　　　　).
　　　私はソフトをインストールする仕方がわからない。　　　　　　　＿＿＿＿＿

(6)　Je peux (l　　　　) un message ?
　　　伝言を残してもいいですか？　　　　　　　　　　　　　　　　　＿＿＿＿＿

(7)　J'(e　　　　) mal.
　　　よく聞こえません。　　　　　　　　　　　　　　　　　　　　　＿＿＿＿＿

(8)　La ligne est (o　　　　).
　　　話し中です。　　　　　　　　　　　　　　　　　　　　　　　　＿＿＿＿＿

(9)　Ne parlez pas trop (f　　　　).
　　　あまり大声で話さないでください。　　　　　　　　　　　　　　＿＿＿＿＿

(10)　Préférez-vous attendre quelques instants ou (r　　　　) ?
　　　しばらく待ちますか，それとも電話をかけなおすほうがいいですか？　＿＿＿＿＿

(11)　Vous (p　　　　) ?
　　　お待ちになりますか？　　　　　　　　　　　　　　　　　　　　＿＿＿＿＿

(12)　Vous vous (t　　　　) de numéro.
　　　あなたは電話番号をおまちがえです。　　　　　　　　　　　　　＿＿＿＿＿

13. 道案内

Donnez-moi l'adresse de ce restaurant.　　　　　そのレストランの住所を教えてください。

Vous pouvez me donner ses coordonnées ?　　　　彼の連絡先を教えてくれますか？

—Il habite 27 rue de Seine dans le VIe (arrondissement).

　　　　　　　　　　　　　　　　　　　　　—6区のセーヌ通り27番地に住んでいる。

C'est au troisième étage, deuxième porte à gauche.　—それは4階の2番目左側のドアです。

Où est-ce ?　　　　　　　　　　　　　　　　　　それはどこにありますか？

—C'est tout près [à côté].　　　　　　　　　　　—すぐそばです。

—C'est situé à 2 km de Paris.　　　　　　　　　—パリから2キロメートルのところにある。

C'est loin ?　　　　　　　　　　　　　　　　　そこは遠いですか？

—Non, ça se trouve près d'ici.　　　　　　　　　—いいえ，この近くにあります。

Pouvez-vous me dire où se trouve le supermarché ?

　　　　　　　　　　　　　　　　　スーパーがどこにあるか教えてくれますか？

—Suivez cette rue et, au prochain feu, tournez à gauche.

　　　　　　　　　　　この通りに沿って行き，次の信号を左へ曲がってください。

Est-ce que vous savez où est le centre commercial ?

　　　　　　　　　　　　　ショッピングセンターがどこにあるかご存じですか？

—Vous allez tout droit et, au premier carrefour, vous tournez à droite.

　　　　　　　　　　まっすぐ行ってください，そして最初の交差点を右に曲がってください。

—Vous prenez la première à gauche.　　　　　　—最初の通りを左へ行ってください。

Est-ce qu'il y a une librairie près d'ici ?　　　　この近くに本屋はありますか？

—Vous allez trouver sur votre droite au bout de cette rue.

　　　　　　　　　　　　　　　　　　—この通りの突き当たり，右側にあります。

—À ma connaissance, il n'y en a pas.　　　　　—私の知るかぎり，ありません。

Quel est l'arrêt de bus le plus proche ?　　　　最寄りのバス停はどこですか？

—Suivez-moi, je vais vous y accompagner.　　　—ついてきてください，案内しましょう。

—Je ne sais pas, je ne suis pas du quartier.　　—わかりません，この辺の者ではないので。

◆　不動産

un trois-pièces cuisine　　3Kのアパルトマン　　　une annonce　　広告

un studio　　　　　　　ワンルームマンション　　un ascenseur　　エレベーター

Vous voulez un forfait mensuel ou annuel ?　　1月契約にしますか，それとも1年契約ですか？

Il se situe où exactement ?　　　　　　　　　正確にはどこにあるのですか？

Il fait combien de mètres carrés ?　　　　　　その広さは何平方メートルですか？

Quel est le montant du loyer ?　　　　　　　家賃はいくらですか？

Les charges sont comprises ?　　　　　　　　管理費込みですか？

◆ 警察

le commissariat de police	警察署	le permis de conduire	運転免許証
la carte grise	自動車登録証	la pièce d'identité	身分証明書

Je voudrais déclarer le vol de mes papiers. 　　身分証明書の盗難を申告したいのですが。

Votre carte de séjour est périmée. 　　あなたの滞在許可証は有効期限が切れている。

Votre passeport n'est pas en règle. 　　あなたのパスポートは正規のものではない。

EXERCICE 13

次のフランス語の文（1）〜（12）が，それぞれあたえられた日本語の文が表す意味になるように，（　）内に入れるのにもっとも適切な語（各1語）を，**示されている最初の文字とともに**，解答欄に書いてください。

(1) C'est un (c　　　　) dangereux parce qu'il n'y a pas de feux.
　　そこは危険な交差点です，信号がないから。　　　　　　　　＿＿＿＿＿

(2) Demain, je passe mon (p　　　　) de conduire.
　　あす私は運転免許の試験を受ける。　　　　　　　　＿＿＿＿＿

(3) Donnez-moi vos (c　　　　), s'il vous plaît.
　　あなたの連絡先を教えてください。　　　　　　　　＿＿＿＿＿

(4) Je descends au prochain (a　　　　) d'autobus.
　　私は次のバス停で降ります。　　　　　　　　＿＿＿＿＿

(5) Je ne connais pas bien ce (q　　　　).
　　私はこのあたりのことをよく知らない。　　　　　　　　＿＿＿＿＿

(6) Je viens pour l'(a　　　　) parue dans le journal.
　　新聞の広告を見てきました。　　　　　　　　＿＿＿＿＿

(7) Il habite en banlieue, pas (l　　　　) de Paris.
　　彼はパリから遠くない，郊外に住んでいる。　　　　　　　　＿＿＿＿＿

(8) L'(a　　　　) est en panne.
　　エレベーターが故障している。　　　　　　　　＿＿＿＿＿

(9) (S　　　　)-moi, s'il vous plaît.
　　こちらへどうぞ。　　　　　　　　＿＿＿＿＿

(10) Tu habites à quel (é　　　　) ?
　　君は何階に住んでるの？　　　　　　　　＿＿＿＿＿

(11) Voilà la salle de bains et, à (c　　　　), les toilettes.
　　ここがバスルームで，となりが洗面所です。　　　　　　　　＿＿＿＿＿

(12) Vos (p　　　　), s'il vous plaît !
　　身分証明書を見せてください！　　　　　　　　＿＿＿＿＿

2 定型表現

51

14. 日常生活（1）

Au feu ! 火事だ！	Au secours ! 助けて！
Silence ! 静かに！	Du calme ! 静かに！

Quoi de neuf ?　　　　　　　　　　　　　なにか変わったことはある？

Qu'est-ce qu'il y a [qui se passe] ?　　　　　どうしたのですか？

Où aller ?　　　　　　　　　　　　　　　どこへ行けばいいのだろう？

Que [Comment] faire ?　　　　　　　　　　どうしたらいいのだろう？

Après toi !　　　　　　　　　　　　　　　お先にどうぞ！

Alors, tu es prêt(*e*) ?　　　　　　　　　　ところで用意はできた？

—Ça y est, j'arrive.　　　　　　　　　　　—できてます，すぐ行きます。

—Prenez votre temps, nous ne sommes pas en retard.

　　　　　　　　　　　　　　どうぞごゆっくり，私たちは遅れていない。

Ça tombe bien !　　　　　　　　　　　　ちょうどよかった！

Il est arrivé en avance [en retard, à l'heure].　彼は予定時間より早く［遅れて，定刻に］到着した。

Elle est arrivée la première [la dernière].　　彼女は最初に［最後に］到着した。

Je ferai de mon mieux.　　　　　　　　　できるだけのことはするつもりです。

Je t'ai apporté de quoi te nourrir un peu.　　君の滋養になるものをもってきたよ。

Vous auriez pu faire un effort pour finir à l'heure.

　　　　　　　　　時間通りに終えるためにひとがんばりできたでしょうに。

Range tes affaires, s'il te plaît.　　　　　　お願いだから，持ちものを整理しなさい。

J'y vais à ta place.　　　　　　　　　　　代わりにぼくが行くよ。

Comme d'habitude.　　　　　　　　　　　いつものように。

Je vous dérange ?　　　　　　　　　　　おじゃまでしょうか？

Laissez-moi tranquille !　　　　　　　　　ほうっておいてよ！

Je vous remercie de votre attention.　　　　ご静聴ありがとうございます。

Vous êtes disponible à partir de quand ?　　あなたはいつから体があくのですか？

Tout va bien.　　　　　　　　　　　　　万事順調です。

Qu'est-ce qu'il devient ?　　　　　　　　　彼はどうしてるの？

Entre nous.　　　　　　　　　　　　　　ここだけの話だけど。

Tu as passé un bon week-end ?　　　　　　楽しい週末を過ごした？

J'ai passé la journée en réunion.　　　　　　1日中会議だったよ。

On passe Noël en famille.　　　　　　　　私たちは家族そろってクリスマスを過ごす。

Il fait du tennis deux fois par mois.　　　　彼は月に2回テニスをする。

On est quel jour ?　　　　　　　　　　　何曜日ですか？

—On est mardi.　　　　　　　　　　　　—火曜日です。

On est le combien ?　　　　　　　　　　　何日ですか？

—On est le 5 mars.　　　　　　　　　　　—3月5日です。

Quelle est la date d'aujourd'hui ?　　　　　きょうの日付は何ですか？

—On est le 1ᵉʳ février.　　　　　　　　　　—2月1日です。

EXERCICE 14

次のフランス語の文（1）～（12）が，それぞれあたえられた日本語の文が表す意味になるように，（　）内に入れるのにもっとも適切な語（各1語）を，**示されている最初の文字とともに**，解答欄に書いてください。

(1) Comment (**d**　　) ?
どう言えばいいんだろう？
_____

(2) Encore un (**e**　　　) !
もうひとがんばり！
_____

(3) Fais la vaisselle à ma (**p**　　　).
私の代わりに食後の後かたづけをしてよ。
_____

(4) Il fait de son (**m**　　　) pour lui plaire.
彼は彼女に気に入ってもらえるようにできるだけのことをしている。
_____

(5) Il n'est jamais à l'(**h**　　　).
彼はけっして定刻にきません。
_____

(6) J'(**a**　　　) tout de suite.
すぐ行きます。
_____

(7) Prends ton (**t**　　　).
急がなくていいよ。
_____

(8) Que (**d**　　　) votre projet ?
あなたの計画はどうなっているのですか？
_____

(9) Tu as de (**q**　　　) écrire ?
書くものをもってる？
_____

(10) Votre (**a**　　　), s'il vous plaît.
（駅のアナウンスで）お知らせします。
_____

(11) (**A**　　　) vous.
お先にどうぞ。
_____

(12) Vous venez ici pour la première (**f**　　　) ?
ここへ来るのは初めてですか？
_____

定型表現

53

15. 日常生活（2）

① 仕事

Quel diplôme avez-vous ?	あなたはどんな資格をもっているのですか？
En quoi consiste votre travail ?	あなたの仕事はどのようなものなのですか？
Quels sont les horaires de travail ?	仕事の予定表はどうなっていますか？
Parlez-moi de votre expérience professionnelle.	あなたの職歴を話してください。
Comment vont les affaires ?	商売はどんな具合ですか？
—Ça ne va pas du tout.	—まったくの不調です。

② 学校

La rentrée des classes a lieu en septembre.	新学期は9月です。
Je voudrais m'inscrire à un cours de français.	フランス語の授業に登録したいのですが。
Je voudrais suivre un cours de conversation.	会話の授業に出席したいのですが。
On a affiché l'horaire des cours.	授業の時間割が掲示された。
Quelle méthode [Quel manuel] utilisez-vous ?	君たちはどんな教科書を使っているのですか？
À l'école, il y a un petit examen tous les trimestres.	学校では，学期ごとに小試験がある。
Je suis premier en mathématiques à l'école.	私は学校の数学でトップです。
Vous devez passer un test pour connaître votre niveau.	
	あなたは自分のレベルを知るためにテストを受けるべきです。

③ テレビ

Qu'est-ce qu'il y a [qu'on passe] à la télé, ce soir ?	今晩テレビではなにがあるの？
Je peux changer de chaîne ?	チャンネルを変えてもいいですか？
Passe-moi la télécommande !	リモコンをとって！
Tu peux baisser le volume ?	ボリュームを下げてくれる？
Arrête de zapper, tu m'énerves !	ザッピングするのをやめてくれる，いらいらする！

④ 天気

La météo dit qu'il y aura du vent fort demain.	天気予報によるとあすは強い風が吹くとのことです。
La météo prévoit qu'il fera vingt degrés.	天気予報によると気温は20℃になると予想しています。

◆ 物の形状

Quelle est sa longueur [largeur, hauteur] ?	その長さ［幅，高さ］はどれくらいですか？
Quelles sont ses dimentions ?	その寸法はどれくらいですか？
—Ça fait deux mètres sur trois.	—2メートルかける3メートルです。
Quelle est sa forme ?	それはどういう形ですか？
—C'est carré [rond].	—四角い［丸い］。
C'est en quoi ?	それはどういう材質ですか？
—C'est en bois [coton, laine, plastique].	—木［綿，ウール，プラスティック］製です。
C'est de quelle couleur ?	それはどんな色ですか？
—C'est vert foncé [bleu clair].	—深緑［明るい青］です。

EXERCICE 15

次のフランス語の文（1）～（12）が，それぞれあたえられた日本語の文が表す意味になるように，（　）内に入れるのにもっとも適切な語（各1語）を，**示されている最初の文字とともに**，解答欄に書いてください。

(1) Ces chaussettes sont en pure (l   ).
この靴下は純毛です。 ＿＿＿＿＿

(2) C'est en septembre qu'on (i   ) les enfants à l'école.
子どもたちを学校に登録するのは9月です。 ＿＿＿＿＿

(3) Claudia (s   ) des cours pour être secrétaire.
クローディアは秘書になるための授業に出席している。 ＿＿＿＿＿

(4) En quoi (c   ) votre proposition ?
あなたの提案はどのようなものですか？ ＿＿＿＿＿

(5) Je voudrais savoir à quelle heure (p   ) le film.
その映画が何時に放映されるか知りたいのですが。 ＿＿＿＿＿

(6) Le premier (t   ) de l'année scolaire a commencé hier.
学年の第1学期はきのう始まった。 ＿＿＿＿＿

(7) Ma fille est (d   ) en géographie.
私の娘は地理で最下位だ。 ＿＿＿＿＿

(8) Malgré mes (d   ), je ne trouve pas de travail.
いろいろな資格をもっているのに，私は仕事がみつからない。 ＿＿＿＿＿

(9) Mon studio fait trente mètres (c   ).
私のワンルームマンションは30平方メートルの広さです。 ＿＿＿＿＿

(10) Que dit la (m   ) ?
天気予報ではなんて言ってるの？ ＿＿＿＿＿

(11) Quel est votre (n   ) en anglais ?
あなたの英語のレベルはどれくらいですか？ ＿＿＿＿＿

(12) Quelle est la (l   ) de ce pont ?
あの橋の長さはどれくらいですか？ ＿＿＿＿＿

まとめの問題

次の各設問において，フランス語の文（1）～（5）が，それぞれあたえられた日本語の文が表す意味になるように，（　　）内に入れるのにもっとも適切な語（各1語）を，**示されている最初の文字とともに**，解答欄に書いてください。（配点　10）

1 (1) Ce n'est pas la (p　　　　), merci.
　　　　それにはおよびません，ありがとう。

　　(2) C'est (d　　　　).
　　　　残念です。

　　(3) En tout (c　　　　), je suis contre cette idée.
　　　　とにかく，私はその考えに反対です。

　　(4) Faites comme (c　　　　) vous.
　　　　どうぞ楽にしてください。

　　(5) Je n'ai pas le (c　　　　).
　　　　私に選択の余地はない。

(1)	(2)	(3)	(4)	(5)

2 (1) À quoi ça (s　　　　) ?
　　　　これは何に使うのですか？

　　(2) Ça (s　　　　) !
　　　　いいかげんやめろよ！

　　(3) Entrée (l　　　　).
　　　　入場無料。

　　(4) Je vous (d　　　　) combien ?
　　　　おいくらですか？

　　(5) Tu as l'air en (p　　　　) forme.
　　　　君は元気いっぱいに見える。

(1)	(2)	(3)	(4)	(5)

3 (1) Asseyez-vous à ma (**g**   ).

私の左側におかけください。

(2) Au (**f**   ) !

火事だ！

(3) Auriez-vous une (**t**   ) pour deux ?

（レストランで）2名用の席はありますか？

(4) C'est de la (**p**   ) de qui ?

どなたですか？

(5) Je (**v**   ) laisse.

お先に失礼します。

(1)	(2)	(3)	(4)	(5)

4 (1) (**P**   ) à autre chose.

話題を変えよう。

(2) Ça y (**e**   ) !

これでよし！

(3) Elle est rentrée chez elle tout de (**s**   ) après l'école.

彼女は放課後すぐに家へ帰った。

(4) Il est très (**f**   ) en anglais.

彼は英語がとてもよくできる。

(5) (**P**   ) pas ?

いいですよ。

(1)	(2)	(3)	(4)	(5)

5 (1) Quel âge lui (**d**   )-tu ?

彼は何歳だと思う？

(2) Je vous (**d**   ) ?

おじゃまでしょうか？

(3) Le menu est à vingt euros, service (**c**   ).

コース料理はサービス料込みで20ユーロです。

(4) Qu'est-ce que vous (**d**   ) ?

何にいたしましょうか？

(5) Vous êtes (**c**   ) ?

何名さまですか？

(1)	(2)	(3)	(4)	(5)

6 (1) À un de ces (**j**   ) !

いずれ，また近いうちに！

(2) Ça (**t**   ) bien !

ちょうどよかった！

(3) Ça m'(**é**   ).

まさか。

(4) L'(**a**   ) , s'il vous plaît.

お勘定をお願いします。

(5) On va (**v**   ).

ちょっと様子をみてみよう。

(1)	(2)	(3)	(4)	(5)

3

動詞に関する問題

　3級までも動詞に関する問題は出題されていました。それは文意を読みとっ
て，適切な叙法・時制で動詞を活用させる問題でした。準2級からは傾向が変わ
ります。重点が動詞の活用から動詞の運用へ移行すると考えてください。具体的
にいうと，ある動詞と同じ意味を表わす動詞あるいは言いまわしに関する知識が
問われます。なお，2級でも同じ形式の問題が出題されます。

出題例(2012年春季③)

3　次の (1) 〜 (5) について、**A**、**B** がほぼ同じ意味になるように、(　　　) 内に
入れるのにもっとも適切なものを、下の語群から 1 つずつ選び、必要な形に
して解答欄に書いてください。ただし、同じものを複数回用いることはできま
せん。(配点　10)

(1)　**A**　Il a beaucoup plu cet été.

　　　B　Nous (　　　) beaucoup de pluie cet été.

(2)　**A**　Il faut plus de trois mois pour ce travail.

　　　B　Ce travail (　　　) plus de trois mois.

(3)　**A**　Ils ont pris le train à Nice.

　　　B　Ils (　　　) dans le train à Nice.

(4)　**A**　Il y aura de moins en moins d'élèves dans cette région.

　　　B　Le nombre des élèves (　　　) dans cette région.

(5)　**A**　Ma sœur donnait des cours d'anglais au lycée.

　　　B　Ma sœur (　　　) l'anglais au lycée.

　　　arrêter　　　　avoir　　　　demander　　　diminuer

　　　enseigner　　entendre　　　monter

1. 生死

vivre 　自 生きる (= exister)，暮らす，生活する (= habiter)

Ma grand-mère *a vécu* quatre-vingt-dix ans. 私の祖母は90歳まで生きた。

Ils *vivent* à Lyon depuis dix ans. 彼らは10年まえからリヨンで暮らしている。

exister 　自 存在する (= il y a)，生きる (= vivre)

Il *existe* deux routes pour aller dans ce village. その村へ行くには2つのルートがある。

Nous n'*existerons* pas dans cent ans. 私たちは100年後には生きていないだろう。

mourir 　自 死ぬ (= décéder)

Mon père *est mort* dans un accident d'avion. 私の父は飛行機事故で死んだ。

　mourir de +無冠詞名詞 …で死にそうだ

On *meurt de* froid dans cette pièce. この部屋は寒くて死にそうだ。

tuer 　他 殺す (= faire mourir)

Le chasseur *a tué* deux lièvres. 狩人は2羽の野ウサギを殺した。

sauver 　他 助ける，救う (= faire échapper à un danger)

Ce médecin m'*a sauvé* la vie. その医者は私の命を救ってくれた。

soigner 　他 …の世話をする (= s'occuper de)，治療する (= essayer de guérir)

Je *soigne* mes plantes. 私は植物の世話をしている。

Le médecin *soigne* ses malades. 医者は患者を治療する。

◆ **être** 自 …です，…にいる，…にある (= se trouver)

Sophie *est* très élégante. ソフィーはとてもおしゃれだ。

Il *est* à Nice maintenant. 彼は今ニースにいる。

　être à qn [所有，所属] …のものである (= appartenir à)

Ce stylo *est à* moi. この万年筆は私のです。

　être à + 不定詞 …すべき […するためのもの] である (= falloir)

La maison *est à* vendre. その家は売り家です。

　être de [出身，起源] …の出身である (= venir de)

Il *est du* Midi. 彼は南仏出身です。

　être capable de + 不定詞 (…すること) ができる (= pouvoir)

Tu *es capable d'*aller jusqu'à l'île en nageant ? 君は泳いで島まで行ける？

　devenir 自 …になる

Il *deviendra* docteur plus tard. 彼は将来医者になるだろう。

Qu'*est devenu* mon parapluie ? 私の傘はどこへいったのかしら？

◆ 自然現象

pleuvoir 非人称 雨が降る

Hier, il *a plu* toute la journée. きのうは1日中雨が降った。

neiger 非人称 雪が降る

Il *neigera* demain sur tout le nord de la France.

あすはフランス北部全域で雪が降るだろう。

EXERCICE 1

次の（1）〜（12）について，**A**，**B** がほぼ同じ意味になるように，（　）内に入れるのに
もっとも適切なものを，下の語群から1つずつ選び，必要な形にして解答欄に書いてください。
ただし，下の語の（　）内の数字は使用回数を示します。数字の指示がない語を複数回用いる
ことはできません。

(1) **A** Ces gants appartiennent à ma mère.

    B Ces gants (　　　　) à ma mère. ＿＿＿＿＿

(2) **A** Elle a été victime d'un accident de la circulation.

    B Elle (　　　　) dans un accident de la circulation. ＿＿＿＿＿

(3) **A** Il a mis un nageur hors de danger.

    B Il (　　　　) un nageur qui se noyait. ＿＿＿＿＿

(4) **A** Il faut refaire ce dessin.

    B Ce dessin (　　　　) à refaire. ＿＿＿＿＿

(5) **A** J'ai très faim et très soif.

    B Je (　　　　) de faim et de soif. ＿＿＿＿＿

(6) **A** La neige tombe depuis ce matin.

    B Il (　　　　) depuis ce matin. ＿＿＿＿＿

(7) **A** La pluie tombe depuis trois jours.

    B Il (　　　　) depuis trois jours. ＿＿＿＿＿

(8) **A** Mon appartement se trouvait dans ce quartier.

    B Mon appartement (　　　　) dans ce quartier. ＿＿＿＿＿

(9) **A** Mon père a consacré sa vie au travail.

    B Mon père n'(　　　　) que pour son travail. ＿＿＿＿＿

(10) **A** Où sont mes lunettes ?

    B Que (　　　　) mes lunettes ? ＿＿＿＿＿

(11) **A** Qui s'occupe de tes chats pendant ton absence ?

    B Qui (　　　　) tes chats pendant ton absence ? ＿＿＿＿＿

(12) **A** Vous êtes né à Marseille ?

    B Vous (　　　　) de Marseille ? ＿＿＿＿＿

devenir	**être** (4)	**mourir**	**neiger**	**pleuvoir**
sauver	**soigner**	**tuer**	**vivre**	

２．日常生活

habiter	他 自 …に住む (= demeurer, vivre) J'*habite* (à) Paris. 私はパリに住んでいる。
habiller	他 …に服を着せる (= mettre des vêtements à)
	Maman *habille* mon petit frère. 母さんは弟に服を着せてやる。
s'habiller	代動 服を着る Il *s'habille* toujours en noir. 彼はいつも黒い服を着る。
dormir	自 眠る (←→ veiller) J'*ai* mal *dormi* cette nuit. 私は昨晩よく眠れなかった。
coucher	他 寝かせる (←→ lever)
	Elle est allée *coucher* son enfant. 彼女は子どもを寝かせに行った。
se coucher	代動 寝る (= se mettre au lit)
	Je *me couche* tous les soirs à minuit. 私は毎晩０時に寝る。
lever	他 …を上げる，持ち上げる (←→ baisser)，起こす
	Lève les vitres de la voiture. 車のウインドウを上げなさい。
se lever	代動 起きる Il *s'est levé* de bonne heure ce matin. 彼はけさ早く起きた。
relever	他 (倒れたをものを) 起こす Il fait froid, relève ton col ! 寒い，襟を立てなさい！
laver	他 洗う
	Ton pantalon est sale, il faut le *laver*. 君のズボンは汚れている，洗わなければならない。
se laver	代動 身体を洗う (=se brosser) Il *se lave* les dents matin et soir. 彼は朝夕歯を磨く。
réveiller	他 目覚めさせる，起こす (←→ endormir)
	Vous me *réveillerez* à six heures. 私を６時に起こしてください。
se réveiller	代動 目を覚ます Je *me suis réveillé(e)* au milieu de la nuit. 私は真夜中に目が覚めた。
manger	他 食べる Qu'est-ce que tu *as mangé* à midi ? 君はお昼になにを食べた？
déjeuner	自 昼食［朝食］をとる
	Ils *déjeunent* à la cantine de leur école. 彼らは学校の食堂で昼食を食べる。
dîner	自 夕食をとる Les Fort m'ont invité(*e*) à *dîner*. フォール家の人たちは私を夕食に招いた。
travailler	自 働く，勉強する
	Mon père *travaille* en usine. 私の父は工場で働いている。
	Cet élève *travaille* bien en classe. この生徒は教室でよく勉強する。
amuser	他 楽しませる (= divertir)
	Tes histoires m'*amusent* toujours. 君の話はいつも私を楽しませてくれる。
s'amuser	代動 楽しむ
	Les enfants *s'amusent* dans leur chambre. 子どもたちは部屋で遊んでいる。
jouer	自他 (~à) …して遊ぶ，(~de) 楽器を演奏する
	Ils *jouent* au tennis après les cours. 彼らは放課後テニスをする。
	Mon mari *joue* bien de la guitare. 私の夫はギターがうまい。
voyager	自 旅行する
	On *a voyagé* en avion jusqu'à Madrid. 私たちはマドリッドまで飛行機で行った。
promener	他 散歩させる Il *promène* son chien tous les matins. 彼は毎朝犬を散歩させる。
se promener	代動 散歩する (= faire un tour) Si on allait *se promener* ? 散歩に行かない？

EXERCICE 2

次の（1）～（12）について，**A**，**B** がほぼ同じ意味になるように，（　　）内に入れるのにもっとも適切なものを，下の語群から 1 つずつ選び，必要な形にして解答欄に書いてください。ただし，同じものを複数回用いることはできません。

(1)　**A**　Ce livre m'a diverti.

　　B　Ce livre m'(　　　　)　　　　　　　　　　　　　　 _____

(2)　**A**　Cette nuit, je ne suis resté que quatre heures dans le sommeil.

　　B　Cette nuit, je n'(　　) que quatre heures.　　　 _____

(3)　**A**　Dans son enfance, il vivait à la campagne.

　　B　Dans son enfance, il (　　　　) à la campagne.　 _____

(4)　**A**　Elle a mis des vêtements neufs à son fils.

　　B　Elle (　　　　) de neuf son fils.　　　　　　　 _____

(5)　**A**　Il est déjà allé au lit pour dormir.

　　B　Il est déjà allé (　　　　).　　　　　　　　　 _____

(6)　**A**　Il est parti faire un tour en ville.

　　B　Il est parti (　　　　) en ville.　　　　　　　 _____

(7)　**A**　Il me faut nettoyer la voiture pour demain.

　　B　Il me faut (　　　　) la voiture pour demain.　 _____

(8)　**A**　Jeanne fait de la musique avec le piano.

　　B　Jeanne (　　　　) du piano.　　　　　　　　　 _____

(9)　**A**　L'orage m'a tiré du sommeil.

　　B　Je (　　　　) à cause de l'orage.　　　　　　 _____

(10)　**A**　Pascal, brosse-toi les dents avant de te coucher.

　　B　Pascal, (　　　　) les dents avant de te coucher.　 _____

(11)　**A**　Toute la famille mange à 7 heures le soir.

　　B　Toute la famille (　　　　) à 7 heures.　　　 _____

(12)　**A**　Va étudier, tu as des devoirs pour demain.

　　B　Va (　　), tu as des devoirs pour demain.　　 _____

amuser	dîner	dormir	habiller	habiter	jouer
laver	se coucher	se laver	se promener	se réveiller	travailler

3．移動

passer	圁 通過する (= traverser)，立ち寄る
	Passez sur ce pont pour aller sur l'autre rive. 対岸へ行くにはこの橋を渡ってください。
	Je *passerai* chez vous demain. あすあなたの家に寄ります。
	他 通り過ぎる，（時）を過ごす
	Nous *avons passé* la frontière à Strasbourg. 私たちはストラスブールで国境を越えた。
	Ils *ont passé* leurs vacances à Nice. 彼らはニースでヴァカンスを過ごした。
passer par	…を経由する
	Vous *passerez par* Paris au retour. 帰りにパリに立ち寄ってください。
passer pour ＋属詞	…とみなされる (= être considéré comme)
	Il *passe pour* le plus riche du village. 彼は村一番の金持ちと思われている。
traverser	他 横断する (= franchir)
	Faites attention pour *traverser* la rue. 通りを横断するには注意してください。
suivre	他 後について行く (= aller derrière, comprendre)，…に沿って進む (= continuer)
	La voiture *suit* le camion. 乗用車がトラックのうしろを走っている。
	Vous me *suivez* ? おわかりですか？
	Suivez cette rue jusqu'au prochain feu. この道を次の信号まで行ってください。
visiter	他（場所）を訪れる (=parcourir en observant)
	L'été dernier, j'*ai visité* le musée d'Orsay. 去年の夏．私はオルセー美術館を訪れた。
aller	圁 行く，（健康が）…である (= se porter)，（機械が）動く，（物事が）運ぶ (= marcher)
	Je *vais* très bien. 私は元気です． Les affaires *vont* bien. 仕事はうまくいっている。
aller à qn	（人に）似合う Cette robe ne me *va* pas. このワンピースは私には似合わない。
venir	圁 来る D'où *vient* mon erreur ? 私はなぜこんなミスをしたのだろう？
revenir	圁 戻って来る (= rentrer, retourner)
	Après un mois d'absence, il *est revenu* chez lui. 1ヶ月家をあけたあと．彼は自宅へ帰った。
retourner	圁 引き返す Lundi, ils *sont retournés* travailler. 月曜日には彼らは仕事に戻った。
partir	圁 出発する Je vais *partir* demain pour Paris. 私はあすパリへ出発する。
arriver	圁 到着する À quelle heure est-ce qu'on *arrive* à Beaune. ボーヌには何時に着きますか？
arriver à ＋不定詞	うまく…できる (= réussir à)
	Il *est arrivé à* faire ce travail. 彼はこの仕事をやってのけた。
sortir	圁 外に出る Mon dernier livre *sortira* le mois prochain. 私の最新作は来月出版される。
entrer	圁 入る Le train va *entrer* en gare ! 列車がまもなく駅へ入る！
rentrer	圁 帰る (= revenir) Je *suis rentré(e)* tard hier soir. 私は昨晩遅く帰宅した。
monter	圁 上がる，乗る Il *est monté* dans un taxi. 彼はタクシーに乗った。
descendre	圁 降りる *Descendez* par l'escalier. 階段を使って降りてください。
	Tu *descends* à la prochaine station ? 君は次の駅で降りるの？
tomber	圁 落ちる，転ぶ La pluie *tombait* quand il est sorti. 彼が外へでたとき雨が降っていた。
rester	圁 とどまる (= demeurer) Il *est resté* huit jours en Italie. 彼は1週間イタリアに滞在した。

EXERCICE 3

次の（1）～（12）について，**A**，**B** がほぼ同じ意味になるように，（　　）内に入れるのにもっとも適切なものを，下の語群から1つずつ選び，必要な形にして解答欄に書いてください。ただし，下の語の（　　）内の数字は使用回数を示します。数字の指示がない語を複数回用いることはできません。

(1) **A** Ce livre vient d'être mis en vente.

　　B Ce livre vient de (　　　　). ＿＿＿＿

(2) **A** Continuez jusqu'à la place.

　　B (　　　　) cette route jusqu'à la place. ＿＿＿＿

(3) **A** Elle a passé la journée au lit.

　　B Elle (　　　　) au lit toute la journée. ＿＿＿＿

(4) **A** Il était considéré comme un menteur.

　　B Il (　　　　) pour un menteur. ＿＿＿＿

(5) **A** Il ne réussira pas à convaincre sa femme.

　　B Il n' (　　　　) pas à convaincre sa femme. ＿＿＿＿

(6) **A** Ils ont pris le train à la gare du Nord.

　　B Ils (　　　　) dans le train à la gare du Nord. ＿＿＿＿

(7) **A** J'aimerais bien aller encore à Paris.

　　B Je (　　　　) bien à Paris. ＿＿＿＿

(8) **A** J'étais au bord du lac ce week-end.

　　B J' (　　　　) ce week-end au bord du lac. ＿＿＿＿

(9) **A** Ne nous attardons pas sur les détails.

　　B (　　　　) sur les détails. ＿＿＿＿

(10) **A** Pour aller à la banque, il faut passer sur ce pont.

　　B Pour aller à la banque, il faut (　　　　) ce pont. ＿＿＿＿

(11) **A** Pourquoi oublie-t-il toujours ses rendez-vous ?

　　B D'où (　　　　) qu'il oublie toujours ses rendez-vous ? ＿＿＿＿

(12) **A** Qu'est-ce que tu as, Martin ?

　　B Qu'est-ce qui ne (　　　　) pas, Martin ? ＿＿＿＿

aller	arriver	monter	passer (3)	rester
retourner	sortir	suivre	traverser	venir

4. 離合・増減

① 離 合

joindre 　他 接合する，（人と）会う

Il *a joint* un chèque à sa lettre. 彼は封書に小切手を同封した。

Je n'ai pas réussi à *joindre* Roger. 私はロジェに会うことができなかった。

attacher 　他 結びつける　Il *a attaché* son chien à un arbre. 彼は犬を木につないだ。

se marier 　代動 (avec と)結婚する (= épouser) Il *s'est marié* avec une actrice. 彼は女優と結婚した。

partager 　他 分割する (= diviser)，共有する

Partage le gâteau en trois. ケーキを3等分しなさい。

Il *partage* un appartement avec son frère. 彼はアパルトマンに兄[弟]と同居している。

séparer 　他 分ける (= éloigner)，別れさせる

Il *a séparé* Jean et Thomas qui se battaient. 彼は喧嘩しているジャンとトマをひき離した。

se séparer 　代動 (de と)別れる　Elle *s'est séparée* de son mari. 彼女は夫と別れた。

quitter 　他 （人と）別れる，（場所を）離れる

Ça fait deux ans qu'elle *a quitté* son mari. 彼女が夫と別れて2年になる。

Il *a quitté* l'Italie pour s'installer en France. 彼はフランスに移住するためにイタリアを離れた。

abandonner 　他 放棄する，あきらめる (= renoncer à)

Les jeunes *abandonnent* peu à peu le village. 若者たちは少しずつ村を離れて行く。

toucher 　他 触れる，（給料などを）受けとる (= recevoir)

Ne me *touche* pas ! 私に触らないで！

J'ai *touché* un chèque de mille euros. 私は千ユーロの小切手を受けとった。

enlever 　他 とり除く，脱ぐ (⟷ mettre)

Enlève ces livres de mon bureau. 私の机からこれらの本をどけなさい。

Voulez-vous *enlever* votre manteau ? コートを脱いでいただけませんか？

couper 　他 切る　　Ne *coupe* pas trop de pain ! パンを切りすぎるな！

② 増 減

manquer 　自 不足している　Les fruits *manquent* sur les marchés. 市場では果物が不足している。

manquer de+無冠詞名詞 …が不足している　Cette sauce *manque de* sel. このソースは塩が足りない。

ne pas manquer de+不定詞 かならず…する

Si tu pars, *ne manque pas de* m'avertir. 出発するときはかならず私に知らせなさい。

remplir 　他 (de で) いっぱいにする (⟷ vider)

Elle *remplit* une casserole d'eau chaude. 彼女は鍋にお湯を満たす。

perdre 　他 失う　　Il *a perdu* beaucoup d'argent dans cette affaire. 彼はこの取引で大金を失った。

augmenter 　自 増加する，値上がりする (⟷ baisser)

Le nombre des chômeurs *augmente* avec la crise. 失業者の数が恐慌で増えている。

Les prix *ont augmenté* de 10% depuis l'année dernière. 物価は去年から10%高騰した。

diminuer 　他 減らす　Il *a diminué* sa consommation de cigarettes. 彼はたばこの本数を減らした。

　　　　　　 自 減る　　Le nombre des touristes *a diminué* dans ce pays. この国では観光客の数が減った。

EXERCICE 4

次の（1）〜（12）について，**A**，**B** がほぼ同じ意味になるように，（　　）内に入れるのにもっとも適切なものを，下の語群から1つずつ選び，必要な形にして解答欄に書いてください。ただし，同じものを複数回用いることはできません。

(1) **A** C'est en réunissant leurs efforts qu'ils ont réussi.

    B C'est en (　　　　) leurs efforts qu'ils ont réussi.　　＿＿＿＿＿

(2) **A** Elle a laissé tomber le tennis.

    B Elle (　　　　) le tennis.　　＿＿＿＿＿

(3) **A** Elle a partagé une pomme en quatre.

    B Elle (　　　　) une pomme en quatre.　　＿＿＿＿＿

(4) **A** Elle ne pense qu'à partir en voyage.

    B L'idée de partir en voyage ne la (　　　　) jamais.　　＿＿＿＿＿

(5) **A** Il est payé le 30 du mois.

    B Il (　　　　) son salaire le 30 du mois.　　＿＿＿＿＿

(6) **A** Il habitait dans le même appartement qu'un ami.

    B Il (　　　　) un appartement avec un ami.　　＿＿＿＿＿

(7) **A** Il va épouser Anita cet automne.

    B Il va (　　　　) avec Anita cet automne.　　＿＿＿＿＿

(8) **A** Il y aura de moins en moins d'habitants dans ce village.

    B Le nombre d'habitants (　　　　) dans ce village.　　＿＿＿＿＿

(9) **A** Je ne suis pas arrivé à temps pour prendre mon train.

    B J'(　　　) mon train.　　＿＿＿＿＿

(10) **A** Les accidents sont de plus en plus nombreux dans cette ville.

    B Le nombre d'accidents (　　　　) dans cette ville.　　＿＿＿＿＿

(11) **A** Mon père est mort l'année dernière.

    B J'(　　　　) mon père l'année dernière.　　＿＿＿＿＿

(12) **A** Ne mettez pas les cahiers sur la table.

    B (　　　　) les cahiers qui sont sur la table.　　＿＿＿＿＿

| abandonner | augmenter | couper | diminuer | enlever | joindre |
| manquer | partager | perdre | quitter | se marier | toucher |

5．設置・調整

① 設 置

mettre	他 置く (= poser)，（服などを）着る，（時間，金を）要する
	Tu ferais mieux de *mettre* ta voiture au parking. 車は駐車場に入れるほうがいいよ。
	Mets des gants, sinon tu auras froid aux mains. 手袋をしなさい，でないと手が冷たい。
	J'*ai mis* trois heures pour venir à cause de la neige. 雪のせいで来るのに3時間かかった。
poser	他 置く (= mettre)，設置する (= installer)
	Pose ce vase sur la table. この花瓶をテーブルのうえに置きなさい。
	On *a posé* de nouveaux rideaux dans la chambre. 私たちは部屋のカーテンを新調した。
installer	他 設置する (= mettre en place, poser)
	Il *a installé* un radiateur électrique dans sa chambre. 彼は電気ストーブを部屋に置いた。
s'installer	代動 落ち着く，居を定める
	Il *s'installe* toujours à la terrasse d'un café. 彼はいつもカフェテラスに席をとる。
	Après leur mariage, ils iront *s'installer* en province. 結婚したら彼らは地方に住むだろう。
remplacer	他 とり替える (= changer)
	Je vais *remplacer* les rideaux de ma chambre. 私は部屋のカーテンを替える。
changer	他 変える　　Je voudrais *changer* ma voiture. 私は車を替えたいのだが。

② 調 整

ranger	他 整理する，片づける
	Range ces verres dans le placard de la cuisine. このグラスを台所の戸棚にしまいなさい。
arranger	他 整える，修理する (= réparer)
	Elle *a arrangé* des fleurs dans un vase. 彼女は花瓶に花をさした。
	Il *arrange* sa bicyclette. 彼は自転車を修理している。
réparer	他 修理する (= arranger)
	J'ai fait *réparer* mon ordinateur. 私はパソコンを修理してもらった。
remettre	他 （元の場所に）戻す，手渡す，延期する (= reporter, renvoyer)
	Remets mon dictionnaire à sa place. 私の辞書を元の場所に戻しておいて。
	Pouvez-vous *remettre* ces papiers à M. Blier ? この書類をブリエ氏に渡してくれますか?
	Le rendez-vous *a été remis* à un autre jour. 約束は他日に延期された。
essayer	他 試す　　Tu *as essayé* cette robe ? このワンピースを試着した?
essayer de + 不定詞 …しようと試みる (= tâcher de)
	J'*essaie* [*essaye*] d'arriver à l'heure. 私は定刻に着くようにします。
préparer	他 準備する　　Il faut que tu *prépares* ton examen. 君は試験の準備をしなければならない。

EXERCICE 5

次の（1）〜（12）について，**A**，**B** がほぼ同じ意味になるように，（　）内に入れるのにもっとも適切なものを，下の語群から1つずつ選び，必要な形にして解答欄に書いてください。ただし，下の語の（　）内の数字は使用回数を示します。数字の指示がない語を複数回用いることはできません。

(1) **A** Elle a mis les meubles ailleurs.

    B Elle (　　　) les meubles de place.   _____

(2) **A** Elle a remplacé son portable par un autre.

    B Elle (　　　) son portable.   _____

(3) **A** Fais des efforts pour ne pas arriver en retard !

    B (　　　) de ne pas arriver en retard !   _____

(4) **A** Faites comme chez vous.

    B (　　　) confortablement.   _____

(5) **A** Je changerai de voiture le mois prochain.

    B Je (　　　) ma voiture le mois prochain.   _____

(6) **A** J'étudiais beaucoup pour mes examens quand j'étais lycéen.

    B Je (　　　) beaucoup mes examens quand j'étais lycéen.   _____

(7) **A** Il faudrait mettre tous ces papiers en ordre.

    B Il faudrait (　　　) tous ces papiers.   _____

(8) **A** Il faut arranger la porte qui ferme mal.

    B Il faut (　　　) la porte qui ferme mal.   _____

(9) **A** Il leur a fallu une heure pour y aller.

    B Ils (　　　) une heure pour y aller.   _____

(10) **A** Ils ont mis de la moquette dans leur chambre.

    B Ils (　　　) de la moquette dans leur chambre.   _____

(11) **A** Ils sont allés habiter en Provence.

    B Ils sont allés (　　　) en Provence.   _____

(12) **A** La réunion a été reportée à la semaine prochaine.

    B La réunion (　　　) à la semaine prochaine.   _____

changer (2)	**essayer**	**mettre**	**poser**	**préparer**
ranger	**remettre**	**remplacer**	**réparer**	**s'installer** (2)

6．開始・断続

① 終　始

commencer　　他 始める (⟷ finir)

　　　　　　　Il faut que tu *commences* ton travail. 君は仕事を始めなければならない。

　　　　　　　自 始まる　Le film va *commencer*. 映画はまもなく始まる。

　commencer à＋不定詞　…し始める (= se mettre à)

　　　　　　　J'ai *commencé à* lire son livre hier. 私はきのう彼(女)の本を読み始めた。

　commencer par qch　…から始める (= faire d'abord qch)

　　　　　　　Nous *commencerons* le dîner *par* du pâté. 私たちはパテから夕食を始めましょう。

finir　　　　　他 終える (⟷ commencer)

　　　　　　　Finis tes devoirs avant d'aller jouer. 遊びに行くまえに宿題をやってしまいなさい。

　　　　　　　自 終わる　Le concert *finit* à dix heures. コンサートは10時に終わる。

allumer　　　他 (火を) つける (⟷ éteindre)．スイッチを入れる

　　　　　　　On a *allumé* le feu avec du papier. 私たちは紙で火をつけた。

　　　　　　　Allume la lumière dans le bureau. 事務所の照明をつけなさい。

éteindre　　　他 (火や明かりを) 消す (⟷ allumer)．スイッチを切る (= arrêter)

　　　　　　　Les pompiers *ont éteint* l'incendie. 消防士たちは火災を消火した。

　　　　　　　Éteins la lumière, s'il te plaît. 明かりを消して。

ouvrir　　　他 開ける (⟷ fermer)

　　　　　　　On frappe, va *ouvrir* la porte. だれかノックしている．ドアを開けに行きなさい。

　　　　　　　自 開く　　Ce magasin *ouvre* le dimanche. この店は日曜日も開いている。

fermer　　　他 閉める (⟷ ouvrir)

　　　　　　　J'ai oublié de *fermer* la porte à clef. 私はドアに鍵をかけるのを忘れた。

　　　　　　　自 閉まる　　Les banques *ferment* le samedi. 銀行は土曜日は閉まる。

boucher　　　他 栓をする (= fermer)．妨げる

　　　　　　　Bouche la bouteille ! 瓶に栓をしなさい！

　　　　　　　Cette rue *est bouchée* à cause d'un accident. この道は事故で通れない。

② 断　続

arrêter　　　他 止める (⟷ continuer)

　　　　　　　Il *a arrêté* sa voiture devant le cinéma. 彼は映画館のまえで車を止めた。

　arrêter de＋不定詞　…するのをやめる (= cesser de)

　　　　　　　Il n'*arrête* pas *de* travailler depuis ce matin. 彼はけさからずっと勉強している。

continuer　　　他　続ける (⟷ arrêter)

　　　　　　　Jusqu'à quel âge vas-tu *continuer* tes études ? 君は何歳まで勉強を続けるの？

　　　　　　　Continuez cette rue jusqu'au parc. 公園までずっとこの道を行ってください。

　continuer à [de]＋不定詞　…し続ける

　　　　　　　La neige *continue de* tomber depuis hier soir. 昨晩から雪が降り続いている。

EXERCICE 6

次の（1）～（12）について，**A**，**B** がほぼ同じ意味になるように，（　　）内に入れるのにもっとも適切なものを，下の語群から1つずつ選び，必要な形にして解答欄に書いてください。ただし，下の語の（　　）内の数字は使用回数を示します。数字の指示がない語を複数回用いることはできません。

(1)　**A**　Ce musée ne reçoit pas les visiteurs le mardi.
　　　B　Ce musée (　　　) le mardi.　　　　　　　　　＿＿＿＿＿

(2)　**A**　Ce supermarché ne ferme pas le dimanche.
　　　B　Ce supermarché (　　　) le dimanche.　　　＿＿＿＿＿

(3)　**A**　Cet immeuble nous empêche de voir au loin.
　　　B　Cet immeuble nous (　　　) la vue.　　　　　＿＿＿＿＿

(4)　**A**　Elle pleure tout le temps.
　　　B　Elle n'(　　　) pas de pleurer.　　　　　　　＿＿＿＿＿

(5)　**A**　Il a arrêté la télévision.
　　　B　Il (　　　) la télévision.　　　　　　　　　　＿＿＿＿＿

(6)　**A**　Il se met à neiger.
　　　B　Il (　　　) à neiger.　　　　　　　　　　　　＿＿＿＿＿

(7)　**A**　Il y avait de la lumière dans la chambrc.
　　　B　La chambre (　　　).　　　　　　　　　　　　＿＿＿＿＿

(8)　**A**　Je n'abandonnerai pas mes études.
　　　B　Je (　　　) mes études.　　　　　　　　　　　＿＿＿＿＿

(9)　**A**　On peut entrer dans la bibliothèque à neuf heures.
　　　B　La bibliothèque (　　　) ses portes à neuf heures.　　　＿＿＿＿＿

(10)　**A**　Range d'abord tes affaires !
　　　B　(　　　) par ranger tes affaires !　　　　　　＿＿＿＿＿

(11)　**A**　Suivez cette rue jusqu'au prochain carrefour.
　　　B　(　　　) cette rue jusqu'au prochain carrefour.　　　＿＿＿＿＿

(12)　**A**　Tu as mangé tout ce qui restait ?
　　　B　Tu (　　　) le plat ?　　　　　　　　　　　　＿＿＿＿＿

allumer　　arrêter　　boucher　　commencer (2)　continuer (2)
éteindre　　fermer　　finir　　ouvrir (2)

7．動作

agir 　自 行動する (= faire qch) Réfléchissez avant d'*agir*. 行動するまえによく考えてください。

　il s'agit de qch …が問題である (= il est question de), …する必要がある (= il faut+不定詞)

　　De quoi *s'agit-il* dans ce livre ? この本はなにについて書いてあるのですか？

　　Maintenant, *il s'agit de* se dépêcher. さあ，急がなければならない。

rouler 　自 転がる，(車などが) 走る

　　Ma voiture *roule* à cent kilomètres à l'heure. 私の車は時速100キロで走っている。

sauter 　自 飛ぶ　Le chat s'est enfui en *sautant* par la fenêtre. 猫は窓を飛び越えて逃げた。

　　他 飛ばす (= omettre)

　　Il *a sauté* un mot dans la phrase. 彼は文中の単語を一個読み落とした。

lancer 　他 投げる (= jeter), 売り出す

　　Ne *lance* pas de pierres sur les oiseaux. 鳥に石を投げるな。

　　On *lance* de nouveaux produits sur le marché. 新製品が市場にでる。

jeter 　他 投げる (= lancer), 捨てる (= abandonner)

　　Il *jette* la balle et le chien la lui rapporte. 彼がボールを投げると犬がそれを拾ってくる。

　　Il *a jeté* un tas de vieux livres. 彼はたくさんの古本を捨てた。

s'asseoir 　代動 座る　　Ne restez pas debout, *asseyez-vous*. 立っていないで，お座りください。

marcher 　自 歩く，(機械などが) 動く (= fonctionner)

　　Nous *avons marché* tout l'après-midi. 私たちは午後いっぱい歩いた。

　　La télévision ne *marche* plus. テレビがもう映らない。

tourner 　自 回る，曲がる

　　La Terre *tourne* autour du Soleil. 地球は太陽の周りを回っている。

　　Vous *tournerez* à droite au carrefour. 交差点を右に曲がってください。

　　他 回転させる

　　Tournez la poignée vers la gauche pour ouvrir. 開けるには取っ手を左へ回してください。

pousser 　他 押す (⟷ tirer) *Poussez* la porte pour entrer. 入るときはドアを押してください。

　pousser qn **à**+不定詞 …するよう仕向ける

　　Je ne sais pas ce qui m'*a poussé(e)* à dire ça. なぜあんなことを言ったのかわからない。

tirer 　他 引く (⟷ pousser) *Tire* les rideaux, il fait nuit. カーテンを引きなさい，日が暮れた。

retirer 　他 取りだす，取りあげる

　　Il *a retiré* de l'argent à la banque. 彼は銀行でお金をおろした。

　　On m'*a retiré* mon permis de conduire. 私は運転免許証を取りあげられた。

presser 　他 圧縮する　Elle *presse* des oranges. 彼女はオレンジを搾る。

　presser qn **de**+不定詞 …するようせきたてる

　　Il me *presse de* terminer ce travail. 彼はこの仕事を早くすますようにとせかす。

saisir 　他 つかむ，把握する (= comprendre) Il m'*a saisi(e)* par le bras. 彼は私の腕をつかんだ。

　　Je n'*ai* pas bien *saisi* ton explication. 私は君の説明がよくわからなかった。

serrer 　他 握りしめる，締めつける　Il m'*a serré* la main. 彼は私の手を握りしめた。

　　Ce pantalon me *serre* les fesses ! このズボンはお尻がきつい！

EXERCICE 7

次の（1）〜（12）について，**A**，**B** がほぼ同じ意味になるように，（　）内に入れるのにもっとも適切なものを，下の語群から1つずつ選び，必要な形にして解答欄に書いてください。ただし，同じものを複数回用いることはできません。

(1) **A** Ce n'est pas là notre sujet.
    B Il ne (　　　) pas de ça.　　　　　　　　　　　_____

(2) **A** Ces chaussures sont si étroites que j'ai mal aux pieds.
    B Ces chaussures me (　　　) les pieds.　　　　　_____

(3) **A** C'est ce roman qui a rendu cet écrivain célèbre.
    B C'est ce roman qui (　　　) cet écrivain.　　　_____

(4) **A** Elle me dit de venir la voir au plus tôt.
    B Elle me (　　　) de venir la voir.　　　　　　_____

(5) **A** Ferme la porte en partant.
    B (　　) la porte derrière toi en partant.　　　_____

(6) **A** Il y a une page que Pierre n'a pas lue.
    B Pierre (　　　) une page en lisant.　　　　　_____

(7) **A** Isabelle m'a regardé.
    B Isabelle (　　　) les yeux vers moi.　　　　　_____

(8) **A** J'ai mis tous les vieux journaux à la poubelle.
    B J'(　　) tous les vieux journaux.　　　　　　_____

(9) **A** Je n'arrive pas à comprendre votre explication.
    B Je (　　　) mal votre explication.　　　　　　_____

(10) **A** Nous nous sommes promenés parce qu'il faisait beau.
     B Le beau temps nous (　　　) à nous promener.　_____

(11) **A** Les métros étaient en grève hier.
     B Les métros ne (　　　) pas hier.　　　　　　_____

(12) **A** Prends cette chaise.
     B (　　) sur cette chaise.　　　　　　　　　　_____

jeter	lancer	marcher	pousser	presser	s'agir
saisir	s'asseoir	sauter	serrer	tirer	tourner

8．見聞・提示

① 見 聞

voir	他 見える，見る，（人に）会う (= rendre visite à qn)
	Les chats *voient* très bien la nuit. 猫は夜でもよく見える。
	Je suis allé(*e*) *voir* les Vence. 私はヴァンス家の人たちに会いに行った。
	Va *voir* si Cécile est prête. セシルの準備ができたか見に行きなさい。
regarder	他 見る，眺める
	Hier soir, il *a regardé* la télévision très tard. 昨晩彼はとても遅くまでテレビを見ていた。
	Il *regarde* le paysage par la fenêtre du train. 彼は車窓から風景を眺めている。
écouter	他 聞く，（人の言うことを）聞き入れる
	Tu *as écouté* les nouvelles à midi ? お昼のニュースを聞いた？
	Écoute un peu ta mère ! 少しはお母さんの言うことを聞きなさい！
entendre	他 聞こえる J'*entends* du bruit dans le couloir. 廊下から物音が聞こえる。
rencontrer	他 出会う Je l'*ai rencontré* à l'arrêt d'autobus. バス停で彼に会った。
revoir	他 再会する (= voir de nouveau)
	J'aimerais beaucoup vous *revoir*. またあなたとお会いしたいのですが。
inviter	他 招待する
	J'*ai invité* mes amis pour mon mariage. 私は友人たちを結婚式に招待した。

② 提 示

montrer	他 見せる (= faire voir)
	Tu veux que je te *montre* ma nouvelle jupe ? 私の新しいスカートを見せて欲しい？
présenter	他 紹介する，見せる (= montrer)
	Sophie, je te *présente* ma mère. ソフィー，私の母を紹介します。
	Il *a présenté* son billet à l'entrée. 彼は入り口でチケットを見せた。
se présenter	代動 出頭する (= y venir)，立候補する
	Présentez-vous au commissariat de police. 警察署に出頭してください。
	Il *s'est présenté* aux élections. 彼は選挙に立候補した。
paraître	自 現れる，…のように見える (= sembler, avoir l'air)
	Son dernier roman vient de *paraître*. 彼(女)の新作小説は出版されたばかりです。
	Il *paraissait* content de sa nouvelle voiture. 彼は新しい車に満足しているようだった。
Il paraît que+直説法	…らしい (= on dit que)
	*Il paraît qu'*elle est déjà partie. 彼女はすでに出発したらしい。
disparaître	自 見えなくなる Il *a disparu* sans laisser d'adresse. 彼は住所も告げないで姿を消した。
cacher	他 隠す Il ne pouvait pas *cacher* sa colère. 彼は怒りを隠せなかった。
couvrir	他 覆う Elle *a couvert* ses livres de classe. 彼女は教科書にカバーをつけた。
découvrir	他 発見する (= trouver)
	J'*ai découvert* mes vieilles photos dans le tiroir. 私は引出しで私の古い写真を見つけた。
chercher	他 探す Ils *cherchent* du travail. 彼らは仕事を探している。

3 動詞に関する問題

EXERCICE 8

次の（1）〜（12）について，**A**，**B**がほぼ同じ意味になるように，（　　）内に入れるのにもっとも適切なものを，下の語群から1つずつ選び，必要な形にして解答欄に書いてください。ただし，同じものを複数回用いることはできません。

(1) **A** Elle nous a fait voir ses photos de vacances.

  B Elle nous (　　　　) ses photos de vacances. _____

(2) **A** Il a trouvé un billet de 100 euros dans la rue.

  B Il (　　　　) un billet de 100 euros dans la rue. _____

(3) **A** Il se portera candidat aux élections législatives.

  B Il (　　　　) aux élections législatives. _____

(4) **A** Il n'arrive pas à trouver ses lunettes.

  B Il (　　　　) partout ses lunettes. _____

(5) **A** Ils exprimaient leur mécontentement.

  B Ils ne (　　　　) pas leur mécontentement. _____

(6) **A** Il y a beaucoup de livres sur la table.

  B La table (　　　　) de livres. _____

(7) **A** Je ne trouve plus mon portable.

  B Mon portable (　　　　). _____

(8) **A** Nous avons montré nos papiers aux douaniers.

  B Nous (　　　　) nos papiers aux douaniers. _____

(9) **A** On dit qu'il va quitter sa femme.

  B Il (　　　　) qu'il va quitter sa femme. _____

(10) **A** Pourquoi tu ne suis pas à nos conseils ? _____

  B Pourquoi tu ne nous (　　　　) pas ?

(11) **A** Quand est-ce que tu as fait connaissance avec Juliette ?

  B Quand est-ce que tu (　　　　) Juliette ? _____

(12) **A** Tu pourrais me rendre visite de temps en temps.

  B Tu pourrais venir me (　　　　) de temps en temps. _____

cacher chercher couvrir découvrir disparaître écouter
montrer paraître présenter rencontrer se présenter voir

9. コミュニケーション

parler	圓 話す	Il m'*a parlé* de ses projets. 彼は私に彼の計画について話してくれた。
	他 話す	Tu *parles* allemand ? 君はドイツ語を話せる？
dire	他 言う，訴える	
		Ça ne me *dit* rien d'aller me promener. 私は散歩に行く気にはなれない。
vouloir dire	意味する (= signifier)	
		Qu'est-ce que ça *veut dire* ? それはどういう意味ですか？
représenter	他 表現する	
		Ce tableau *représente* un paysage de mer. この絵は海の風景を表現している。
raconter	他 語る	
		Mon grand-père me *racontait* des histoires. 祖父は私にいろんな話をしてくれたものだった。
mentir	圓 うそをつく	Tu *mens* tout le temps. 君はしょっちゅううそをつく。
prier	他 （人に）…するように頼む (= demander avec insistance)	
		Je te *prie* de te taire. 頼むから，だまっていてくれ。
appeler	他 呼ぶ，電話をかける (= appeler qn au téléphone)	
		Mon fils est malade, il faut *appeler* le médecin. 息子は病気だ，医者を呼ばなければ。
		Henri *a appelé* deux fois en ton absence. 君の不在中にアンリから2回電話があった。
se taire	代動 黙る	Tu aurais mieux fait de *te taire*. 君はなにも言わないほうがよかったのに。
répéter	他 繰り返す	
		Ma mère *répète* toujours la même chose. 母はいつも同じことばかり言う。
téléphoner	圓 電話する (= appeler)	
		Téléphonez-moi ce soir. 今晩電話してください。
crier	圓 叫ぶ (= parler très fort)	
		Inutile de *crier* dans le téléphone. 電話で大声をだしても無駄だよ。
discuter	圓 討議する (= parler avec qn)	
		Ils *ont discuté* de la situation économique. 彼らは経済情勢について討議した。
répondre	圓 答える	
		Répondez-moi par oui ou par non. 「はい」か「いいえ」で答えてください。
expliquer	他 説明する (= faire comprendre, donner la raison)	
		Expliquez-moi vos projets. あなたの計画を私に説明してください。
saluer	他 あいさつする (= dire bonjour ou bonsoir)	
		Nicolas m'*a salué(e)* quand je l'ai rencontré. ニコラは私が会ったときあいさつした。
rire	圓 笑う	J'*ai* beaucoup *ri* de ses plaisanteries. 私は彼（女）の冗談に大笑いした。
lire	他 読む	
		J'*ai lu* dans le journal qu'il était mort. 私は新聞で彼が死んだことを読んだ。
écrire	他 書く	Il *a écrit* son nom sur son cahier. 彼はノートに名前を書いた。

EXERCICE 9

次の（1）〜（12）について，**A**，**B** がほぼ同じ意味になるように，（　　）内に入れるのにもっとも適切なものを，下の語群から1つずつ選び，必要な形にして解答欄に書いてください。ただし，同じものを複数回用いることはできません。

(1) **A** Chut ! Ne bavardez pas !

    B Chut ! (　　　　) ! _____

(2) **A** Donne-moi la raison pour laquelle tu pleures.

    B (　　　　)-moi pourquoi tu pleures. _____

(3) **A** Entre nous, je n'aime pas beaucoup Marie.

    B Ne (　　　　) pas que je n'aime pas beaucoup Marie. _____

(4) **A** François a dit bonjour à monsieur Blanc.

    B François (　　　　) monsieur Blanc. _____

(5) **A** Ils se donnaient leur avis sur la situation politique.

    B Ils (　　　　) de la situation politique. _____

(6) **A** Je n'ai pas envie de me promener en voiture.

    B La promenade en voiture ne me (　　　　) rien. _____

(7) **A** La colombe est le symbole de la paix.

    B La colombe (　　　　) la paix. _____

(8) **A** La police est certaine que le témoin n'a pas dit la vérité.

    B La police est certaine que le témoin (　　　　). _____

(9) **A** Madame Girard, on vous demande au téléphone.

    B Madame Girard, on vous (　　　　) au téléphone. _____

(10) **A** Ne parle pas si fort, je t'entends très bien.

    B Ne (　　　　) pas, je t'entends très bien. _____

(11) **A** Quel est le sens de ce mot ?

    B Que (　　　　) dire ce mot ? _____

(12) **A** Tu enverras une lettre à tes parents.

    B Tu (　　　　) à tes parents. _____

appeler	crier	dire	discuter	écrire	expliquer
mentir	répéter	représenter	saluer	se taire	vouloir

10. 授受，所有

① 授 受

donner 他 与える

Il m'a *donné* un CD pour mon anniversaire. 彼は誕生日に CD をくれた。

Donnez-moi vos coordonnées, s'il vous plaît. あなたの連絡先を教えてください。

offrir 他 贈る (= donner)

Elle m'a *offert* une cravate. 彼女はネクタイをプレゼントしてくれた。

prêter 他 貸す (⟷ emprunter)

J'ai *prêté* mon dictionnaire à François. 私は辞書をフランソワに貸した。

louer 他 賃借りする

Demain, nous *louerons* une voiture. あす私たちはレンタカーを借りる。

他 賃貸しする

Elle *loue* un studio à une Japonaise. 彼女は日本人にワンルームマンションを貸している。

rendre 他 返す *Rends*-moi l'argent que je t'ai prêté. 貸したお金を返してね。

rendre +直接目的語+属詞 …を …にする

Ce repas m'a *rendu(e)* malade. あの食事のせいで私は病気になった。

rendre service à qn 人に役立つ (= aider)

Pouvez-vous me *rendre ce service* ? 私に手を貸してくださいませんか？

recevoir 他 受けとる J'ai *reçu* une lettre de Rose. 私はローズからの手紙を受けとった。

obtenir 他 獲得する (= réussir à avoir)

J'ai *obtenu* mon permis de conduire l'année dernière. 私は去年運転免許を取得した。

prendre 他 とる，(乗りものに) 乗る，食べる (= manger)，飲む (= boire)，(風呂などに) 入る

Prends ton parapluie, il pleut. 傘をもって行きなさい，雨が降っている。

Le bébé a *pris* du poids. 赤ん坊は体重が増えた。

Il *prend* l'autobus pour aller à l'école. 彼は通学にバスを使っている。

Je *prendrai* un peu de vin. 私はワインを少しいただきます。

Tous les matins, je *prends* une douche. 毎朝私はシャワーを浴びる。

reprendre 他 ふたたびとる Alain a *repris* de la viande. アランは肉をお代わりした。

laisser 他 残す

Tu as dû *laisser* tes gants dans la voiture. 君は手袋を車に忘れたのに違いない。

laisser +直接目的語+属詞 …を …のままにしておく

Laissez la porte ouverte en partant. 出るときドアは開けたままにしておいてください。

garder 他 守る，保つ (⟷ perdre) Denis *garde* sa petite sœur. ドゥニが妹の面倒をみてくれる。

Gardez votre calme. 冷静さを保ってください。

② 所 有

avoir 他 もつ On a *eu* une semaine de pluie. 1週間も雨が降った。

posséder 他 所有している Il *possède* une maison de campagne. 彼は別荘を所有している。

tenir 他 もつ Elle *tient* son chapeau à la main. 彼女は帽子を手にもっている。

s'occuper 代動 (de に) 携わる (= garder, prendre soin de)

Elle *s'occupe de* sa grand-mère. 彼女は祖母の面倒をみている。

voler 他 盗む (= piquer) On m'a *volé* mon portefeuille. 私は財布を盗まれた。

EXERCICE 10

次の（1）～（12）について，**A**，**B** がほぼ同じ意味になるように，（　　）内に入れるのにもっとも適切なものを，下の語群から1つずつ選び，必要な形にして解答欄に書いてください。ただし，下の語の（　　）内の数字は使用回数を示します。数字の指示がない語を複数回用いることはできません。

(1) **A** Cette villa appartenait à un écrivain.

    B C'est un écrivain qui (　　　　) cette villa. ＿＿＿＿＿

(2) **A** Elle a grossi de dix kilos en un an.

    B Elle (　　　) dix kilos en un an. ＿＿＿＿＿

(3) **A** Est-ce que je peux t'emprunter ton CD ?

    B Est-ce que tu peux me (　　　) ton CD ? ＿＿＿＿＿

(4) **A** Il a beaucoup neigé sur les Vosges hier.

    B On (　　　) beaucoup de neige sur les Vosges hier. ＿＿＿＿＿

(5) **A** Il ne faut pas parler pendant le cours.

    B Vous devez (　　　) le silence pendant le cours. ＿＿＿＿＿

(6) **A** Ils sont devenus plus aimables grâce à leur succès.

    B Leur succès les (　　　) plus aimables. ＿＿＿＿＿

(7) **A** Indiquez-moi où vous habitez.

    B (　　　)-moi votre adresse. ＿＿＿＿＿

(8) **A** Je boirai bien un autre café.

    B Je (　　　) bien du café. ＿＿＿＿＿

(9) **A** Le facteur lui a remis une lettre de sa fille ce matin.

    B Il (　　　) une lettre de sa fille ce matin. ＿＿＿＿＿

(10) **A** Mon mari garde nos enfants quand je sors.

    B Mon mari (　　　) de nos enfants quand je sors. ＿＿＿＿＿

(11) **A** Ne dérange pas ton père !

    B (　　　) ton père tranquille ! ＿＿＿＿＿

(12) **A** Vous mangez de la viande ou du poisson ?

    B Vous (　　　) de la viande ou du poisson ? ＿＿＿＿＿

avoir	donner	garder	laisser	posséder	prendre (2)
prêter	recevoir	rendre	reprendre	s'occuper	

11. 製造・運搬

① 製造

faire	他 作る (= fabriquer), …をする, (長さ, 重さなどが) …ある
	Deux et trois *font* cinq. 2足す3は5です。
	Elle *fait* le ménage et la cuisine. 彼女は掃除と料理を担当する。
	Cette rue *fait* 100 mètres de long. この通りは長さ100メートルある。
Il fait ...	(天候が) …である
	Il va *faire* froid cette nuit. 今夜は寒くなりそうだ。
produire	他 生産する (= donner, causer)
	Le Canada *produit* beaucoup de blé. カナダは大量の小麦を産出する。
	Cet accident *a produit* sur lui une vive impression. この事故は彼に強烈な印象を与えた。
fabriquer	他 製造する (= faire, produire)
	On *fabrique* des montres dans cette usine. この工場では腕時計を製造している。
casser	他 壊す (= briser) André *a* encore *cassé* un verre. アンドレはまたグラスを割った。
brûler	他 焼く　　Le jardinier *brûle* les feuilles mortes. 庭師は枯れ葉を燃やしている。
déchirer	他 破る　　Le chat *a déchiré* les pages de ce livre. 猫がこの本のページを破いた。

② 運搬

charger	他 (荷物などを) 積む
	Aide-moi à *charger* le camion. トラックに荷物を積むのを手伝って。
charger qn **de** + 不定詞	人に…する責任を負わせる
	Je l'*ai chargé* de te remettre cette lettre. 私は彼にその手紙を君に渡すよう頼んだ。
décharger	他 荷物を降ろす (←→ charger)
	Viens m'aider à *décharger* la voiture. 車から荷物を降ろすのを手伝いに来てよ。
décharger qn **de** + 不定詞	人に…する責任を免除する
	Il *a été déchargé de* ce travail trop dur pour lui. 彼はきつすぎる仕事から外してもらった。
apporter	他 (à qn 人にものを) 持って来る [行く] (= porter, ←→ emporter)
	Peux-tu m'*apporter* mes lunettes ? 眼鏡を持ってきてくれる？
porter	他 持つ, 運ぶ (= apporter, emporter)
	Il *porte* sa fille sur ses épaules. 彼は娘を肩車している。
	Il *porte* de l'argent à la banque. 彼は銀行へお金を預けに行く。
se porter	代動 体の調子が…である
	Il *s'est porté* mal jusqu'en juillet. 彼は7月まで具合が悪かった。
amener	他 (à, dans, chez qn…に人を) 連れて来る [行く] (= conduire)
	Elle *a amené* une amie à la maison. 彼女は友だちを家へ連れて来た。
conduire	他 連れて行く (= accompagner), 運転する
	Je *conduis* mon père à l'aéroport. 私は父親を空港へ送って行く。
	Il *conduisait* trop vite. 彼は車のスピードを出しすぎていた。

EXERCICE 11

次の（1）～（12）について，**A**，**B** がほぼ同じ意味になるように，（　）内に入れるのにもっとも適切なものを，下の語群から1つずつ選び，必要な形にして解答欄に書いてください。ただし，下の語の（　）内の数字は使用回数を示します。数字の指示がない語を複数回用いることはできません。

(1)　**A**　Cet arbre donnera de beaux fruits.

　　　B　Cet arbre (　　　) de beaux fruits.　　　　　　　　_____

(2)　**A**　Désolée, vous vous trompez de numéro.

　　　B　Désolée, vous (　　　) un mauvais numéro.　　_____

(3)　**A**　Elle a brisé un verre en faisant la vaisselle.

　　　B　Elle (　　　) un verre en faisant la vaisselle.　_____

(4)　**A**　Elle a dit à son mari d'acheter des tomates.

　　　B　Elle (　　　) son mari d'acheter des tomates.　_____

(5)　**A**　Elle est en bonne santé.

　　　B　Elle (　　　) bien.　　　　　　　　　　　　　_____

(6)　**A**　Il est venu à la maison avec son frère.

　　　B　Il est venu à la maison et il (　　　) son frère.　_____

(7)　**A**　Il étudie l'espagnol à l'université.

　　　B　Il (　　　) de l'espagnol à l'université.　　　　_____

(8)　**A**　La chaleur était étouffante cet été.

　　　B　Il (　　　) terriblement chaud cet été.　　　　_____

(9)　**A**　La forêt est en flammes.

　　　B　La forêt (　　　).　　　　　　　　　　　　　_____

(10)　**A**　La lettre est datée du 10 août.

　　　B　La lettre (　　　) la date du 10 août.　　　　_____

(11)　**A**　Le matin, elle accompagne sa fille à l'école en voiture.

　　　B　Le matin, elle (　　　) sa fille à l'école.　　　_____

(12)　**A**　Peux-tu servir les clients ?

　　　B　Peux-tu (　　　) la commande aux clients ?　_____

amener	apporter	brûler	charger	conduire
casser	faire (3)	porter	produire	se porter

12. 思考・認識・記憶

① 思 考

penser	間他 (à について) 考える　À quoi *penses*-tu ? 君はなにを考えてるの?
	他 考える　　　　　　　　　Que *penses*-tu de Daniel ? ダニエルをどう思う?
comprendre	他 理解する　Je n'*ai* pas *compris* tes explications. 私には君の説明が理解できなかった。
imaginer	他 想像する
	Imaginez ce qui va arriver. なにが起ころうとしているか想像してください。
imaginer	+直接目的語+属詞　…を …だと想像する (= trouver)
	Je l'*imaginais* plus vieille. 私は彼女がもっと年寄りだと思っていた。

② 認 識

connaître	他 知っている (= être au courant de)
	Je *connais* monsieur Lepêtre. 私はルペートル氏と知り合いです。
reconnaître	他 それとわかる (= se souvenir de)
	Je l'*ai reconnu* tout de suite à sa voix. 私は声で彼だとすぐにわかった。
apercevoir	他 見える (= voir)
	J'*ai aperçu* Jean dans la foule. 人込みのなかでジャンを見かけた。
s'apercevoir	代動 気づく
	Il *s'est aperçu* qu'il avait perdu ses clefs. 彼は鍵をなくしたのに気づいた。
remarquer	他 気づく　Tu as *remarqué* ma nouvelle voiture ? 私の新しい車に気がついた?
savoir	他 知る (←→ ignorer)
	Tu *savais* que Jean s'était marié ? ジャンが結婚したことを知ってた?
savoir+ 不定詞	…することができる(能力) (= être capable de)
	Tu *sais* jouer du piano ? 君はピアノを弾けるの?
croire	他 信じる，思う　Je *crois* ce qu'il dit. 私は彼が言うことを信じる。
	Je *croyais* que tu arriverais par le train. 私は君が列車で来ると思っていた。
sentir	他 感じる　Je *sens* le froid, fermez la fenêtre. 私は寒い，窓を閉めてください。

③ 記 憶

oublier	他 忘れる (←→ se souvenir de) J'*ai oublié* ton adresse. 私は君の住所を忘れた。
rappeler	他 呼び戻す，もう1度電話する
	Mon travail me *rappelle* à Marseille. 仕事があるのでマルセーユへ戻ります。
	Rappelle-moi demain. あすもう1度電話してね。
se rappeler	代動 思いだす (= se souvenir de, ←→ oublier)
	Je ne *me rappelle* plus votre nom. あなたの名前を思いだせません。
retrouver	他 ふたたび見いだす，思いだす
	Il *a retrouvé* son stylo sous sa chaise. 彼は椅子の下で万年筆を見つけた。
	Je n'arrive pas à *retrouver* son nom. 私は彼(女)の名前を思いだせない。
se retrouver	代動 再会する　Ils *se sont retrouvés* chez Paul. 彼らはポールの家で再会した。
se souvenir	代動 (de を) 覚えている，思いだす (←→ oublier)
	Tu *te souviens* de ta grand-mère ? おばあさんのことは覚えてる?

3
動詞に関する問題

82

EXERCICE 12

次の（1）～（12）について，**A**，**B** がほぼ同じ意味になるように，（　　）内に入れるのにもっとも適切なものを，下の語群から 1 つずつ選び，必要な形にして解答欄に書いてください。ただし，同じものを複数回用いることはできません。

(1) **A** Ce voyage restera toujours dans ma mémoire.

    B Je (　　　　) toujours de ce voyage.   ————

(2) **A** Comment trouvez-vous cette robe ?

    B Que (　　　　)-vous de cette robe ?   ————

(3) **A** Il était capable de faire du ski à l'âge de trois ans.

    B Il (　　　　) faire du ski à l'âge de trois ans.   ————

(4) **A** Il s'est rendu compte de son erreur.

    B Il (　　　　) de son erreur.   ————

(5) **A** J'ai déjà oublié le nom de cet hôtel.

    B Je ne (　　　　) plus le nom de cet hôtel.   ————

(6) **A** J'ai très mal au ventre.

    B Je (　　　　) une grande douleur au ventre.   ————

(7) **A** Je ne me souviens pas de l'adresse de ce restaurant.

    B J'(　　　　) l'adresse de ce restaurant.   ————

(8) **A** Le sens de ce texte m'échappe.

    B Je ne (　　　　) pas ce texte.   ————

(9) **A** Mon attention a été attirée par la nouvelle coiffure de Rose.

    B J'(　　　　) la nouvelle coiffure de Rose.   ————

(10) **A** Tu es déjà allé à Dijon ?

    B Tu (　　　　) Dijon ?   ————

(11) **A** Tu penses qu'elle dit la vérité ?

    B Tu (　　　　) ce qu'elle dit ?   ————

(12) **A** Vous vous souvenez de mon fils ?

    B Vous (　　　　) mon fils ?   ————

comprendre	connaître	croire	oublier	penser
reconnaître	remarquer	sentir	s'apercevoir	savoir
se souvenir	se rappeler			

13. 判断・予想

① 判　断

décider	他 決める　Il *a décidé* de partir demain. 彼はあす出発することにした。
juger	他 判断する
	Il n'*a* pas *jugé* bon de me prévenir. 彼は私に前もって知らせるのがいいと思わなかった。
aimer	他 愛する (⟷ détester, avoir horreur de)
	Ma femme *aime* faire la cuisine. 私の妻は料理をするのが好きだ。
plaire	間他 (à qn 人に) 気に入る　Ce film m'*a* beaucoup *plu*. この映画はとても私の気に入った。
préférer	他 …のほうが好きである (= aimer mieux)
	Je *préfère* le thé au café. 私はコーヒーより紅茶のほうがいい。
respecter	他 尊敬する，尊重する (⟷ se moquer de)
	Il *respecte* ses parents. 彼は両親を尊敬している。
	Il faut *respecter* la loi. 法律は遵守しなければならない。
sembler	自 …のように思える (=paraître, avoir l'air)
	Elle *semble* fatiguée. 彼女は疲れているようだ。
ressembler	間他 (à に) 似ている　Georges *ressemble* à son père. ジョルジュは父親に似ている。
intéresser	他 興味をひく (⟷ ennuyer)
	Ce film *a intéressé* les jeunes. この映画は若者たちの興味をひいた。
s'intéresser	代動 (à に) 興味がある
	Bertrand *s'intéresse* à la musique. ベルトランは音楽に興味がある。
choisir	他 選ぶ　Il *a choisi* le métier de professeur. 彼は教師という職業を選んだ。
trouver	他 見いだす
	Tu *as* déjà *trouvé* un nouvel appartement ? もう新しいアパルトマンは見つかった？
trouver+直接目的語+属詞 …を …と思う
	J'*ai trouvé* le film très intéressant. 私はその映画をとてもおもしろいと思った。
se trouver	代動 いる，ある (= être)
	Le musée *se trouve* dans le centre-ville. 美術館は中心街にある。

② 予　想

prévenir	他 予告する
	Il m'*a prévenu(e)* de son arrivée. 彼は私に来ることを前もって知らせた。
prévoir	他 予想する
	J'*avais prévu* qu'il ne viendrait pas. 私は彼が来ないと予想していた。
attendre	他 待つ
	Je t'*attendrai* devant la librairie. 私は君を本屋のまえで待っています。
s'attendre à …	代動 …を予想する (= prévoir)
	Je m'*attendais à* ce résultat. 私はその結果を予想していた。
espérer	他 期待する
	J'*espère* que tu seras reçu(e) à l'examen. 君が試験に合格することを期待しています。
réussir	自 他 (à に) 成功する (⟷ échouer)
	Je ne suis pas sûr(e) de *réussir* (à) l'examen. 私は試験に合格する自信がない。

EXERCICE 13

次の（1）～（12）について，**A**，**B**がほぼ同じ意味になるように，（　）内に入れるのにもっとも適切なものを，下の語群から1つずつ選び，必要な形にして解答欄に書いてください。ただし，同じものを複数回用いることはできません。

(1)　**A**　Bernard se moque de son père.

　　　B　Bernard ne (　　　) pas son père.　　　　　　　_____

(2)　**A**　Ces fleurs plairont beaucoup à ma fille.

　　　B　Ma fille (　　　) beaucoup ces fleurs.　　　　　　_____

(3)　**A**　De ces deux chemisiers, lequel prenez-vous ?

　　　B　De ces deux chemisiers, lequel (　　)-vous ?　　_____

(4)　**A**　Émilie est vraiment comme sa mère.

　　　B　Émilie (　　　) beaucoup à sa mère.　　　　　　　_____

(5)　**A**　Il aime mieux le cinéma que le théâtre.

　　　B　Il (　　　) le cinéma au théâtre.　　　　　　　　　_____

(6)　**A**　Il était facile de savoir d'avance qu'il raterait l'examen.

　　　B　Il était facile de (　　　) qu'il raterait l'examen.　　_____

(7)　**A**　Ils ont choisi de s'installer aux États-Unis.

　　　B　Ils (　　　) de s'installer aux États-Unis.　　　　　_____

(8)　**A**　Je ne pensais pas que ça arriverait.

　　　B　Je ne (　　　) pas à ça.　　　　　　　　　　　　_____

(9)　**A**　Je trouve Louise très intelligente.

　　　B　Louise me (　　　) très intelligente.　　　　　　_____

(10)　**A**　Sa conférence ennuie l'auditoire.

　　　B　Sa conférence n'(　　) pas l'auditoire.　　　　　_____

(11)　**A**　Sais-tu où est située la tour Eiffel ?

　　　B　Sais-tu où (　　　) la tour Eiffel ?　　　　　　　_____

(12)　**A**　Tu es content de ta nouvelle voiture ?

　　　B　Ta nouvelle voiture te (　　　) ?　　　　　　　　_____

aimer	choisir	décider	intéresser	plaire	préférer
prévoir	respecter	ressembler	s'attendre	sembler	se trouver

14. 意向・義務

① 意　向

vouloir　他 …が欲しい, …したい (= avoir envie de)
Je *veux* un vélo pour mon anniversaire. 私は誕生日に自転車が欲しい。
Elle ne *veut* pas sortir ce soir. 彼女は今夜は外出したくない。

demander　他 頼む, 必要とする (= Il faut, avoir besoin de)
Il m'*a demandé* de lui prêter ce livre. 彼は私にこの本を貸してくれるように頼んだ。
Ces recherches *demandent* bien des efforts. この研究にはたいへんな努力を要する。

accepter　他 承諾する (←→ refuser) J'*accepte* avec plaisir ton aide. 君の支援を喜んで受け入れる。

refuser　他 拒否する (←→ accepter)
Ils *ont refusé* mon invitation. 彼らは私の招待を拒絶した。

éviter　他 回避する　On a réussi à *éviter* le pire. うまく最悪の事態は免れた。

permettre　他 許す (←→ interdire)
Je *permets* à ma fille de sortir jusqu'à dix heures. 私は娘に10時までの外出を許している。

défendre　他 禁じる (= interdire, ←→ permettre)
Le médecin m'*a défendu* de fumer. 医者は私に喫煙を禁じた。

interdire　他 禁じる (←→ permettre)
Mes parents m'*ont interdit* de sortir le soir. 両親は私に夜間外出を禁じた。

empêcher　他 妨げる (←→ permettre) Le bruit m'*empêche* de dormir. うるさくて眠れない。

promettre　他 約束する　Il m'*a promis* d'être là à 7 heures. 彼は7時には着いていると約束した。

réserver　他 予約する (= louer, retenir)
Tu *as réservé* les places de concert ? 君はコンサートのチケットを予約したの？

retenir　他 引き止める, 予約する (= louer, réserver)
Il m'*a retenu(e)* dix minutes. 彼は私を10分も引き止めた。
Il *retient* toujours sa place dans le train. 彼はいつも列車の席を予約する。

② 義　務

devoir　他 (à qn 人に) 負っている, …しなければならない (= être obligé(e) de)
Il *doit* se lever tôt pour arriver à l'heure. 彼は定刻に着くには早起きしなければならない。
Il *doit* sa vie à ce médecin. 彼はその医者のおかげで命を救われた。

falloir　非人称 …しなければならない (= devoir), …が必要である (= avoir besoin de)
Il *faut* que j'aille voir ma tante demain. 私はあすおばに会いに行かなければならない。
Il *faut* une heure pour y aller. そこへ行くには1時間かかる。

obliger　他 強制する　Il *a obligé* Jean à prendre un bain. 彼はジャンをむりやり風呂に入らせた。
être obligé(e) de+不定詞　…しなければならない (= devoir)
Elle *est obligée de* rentrer avant minuit. 彼女は0時までに帰らなければならない。

oser　他 あえて…する
Je n'*ai* pas *osé* lui dire ce que je pensais. 彼 (女) に思っていることを言う勇気はなかった。

EXERCICE 14

次の（1）～（12）について，**A**，**B** がほぼ同じ意味になるように，（　）内に入れるのにもっとも適切なものを，下の語群から１つずつ選び，必要な形にして解答欄に書いてください。ただし，同じものを複数回用いることはできません。

(1)　**A**　Comme il gagne bien sa vie, il pourra acheter cette voiture.

　　　B　Son salaire lui (　　　) d'acheter cette voiture.　　　————

(2)　**A**　Il a bien voulu venir à la soirée.

　　　B　Il (　　　) de venir à la soirée.　　　————

(3)　**A**　Il fait attention pour ne pas être pris dans les embouteillages.

　　　B　Il fait attention pour (　　　) les embouteillages.　　　————

(4)　**A**　Il faut plus de trois ans pour finir ces travaux publics.

　　　B　Ces travaux publics (　　　) plus de trois ans.　　　————

(5)　**A**　Il n'a pas pu aller faire du vélo à cause de la tempête.

　　　B　La tempête l'(　　　) d'aller faire du vélo.　　　————

(6)　**A**　Je n'ai pas le courage de lui dire non.

　　　B　Je n'(　　　) pas lui dire non.　　　————

(7)　**A**　Laure n'avait aucune envie d'aller à la piscine.

　　　B　Laure ne (　　　) pas du tout aller à la piscine.　　　————

(8)　**A**　Nous n'acceptons pas son invitation ?

　　　B　Nous (　　　) son invitation ?　　　————

(9)　**A**　On ne peut pas marcher sur les pelouses.

　　　B　Il (　　　) de marcher sur les pelouses.　　　————

(10)　**A**　Sa fille a été sauvée par ces pompiers.

　　　B　Sa fille (　　　) sa vie à ces pompiers.　　　————

(11)　**A**　Tu devrais réfléchir davantage.

　　　B　Il te (　　　) réfléchir davantage.　　　————

(12)　**A**　Vous pouvez partir.

　　　B　Je ne vous (　　　) pas.　　　————

accepter　　demander　　devoir　　　empêcher　　éviter　　falloir
interdire　　oser　　　　permettre　　refuser　　　retenir　　vouloir

15. 育成・援助・争い

① 育 成

élever	他 上げる，建てる，育てる
	On *a élevé* un grand mur autour du domaine. 敷地の周囲に高い塀が建てられた。
	Il *a* très bien *élevé* son fils. 彼は息子をとてもじょうずに育てた。
étudier	他 勉強する (= apprendre)
	Quelles langues étrangères *as*-tu *étudiées* au lycée ? 君はリセでどんな外国語を勉強したの？
enseigner	他 教える (= apprendre)
	Il *enseigne* les mathématiques dans un lycée. 彼はリセで数学を教えている。
apprendre	他 (ニュースなどを) 知る，学ぶ (= étudier)，教える (= enseigner)
	J'*ai appris* la nouvelle par la radio. 私はラジオでニュースを知った。
	Elle *apprend* l'allemand. 彼女はドイツ語を学んでいる。
	Mon père m'*a appris* à faire du ski. 父は私にスキーを教えてくれた。
pouvoir	他 …できる [可能]，…かもしれない [推定] (= être capable de)，…してもよい [許可]
	Tu *peux* m'emmener à la gare ? 君は私を駅へ連れて行くことができる？
	Il *pourrait* pleuvoir demain. あすは雨が降るかもしれない。
	Est-ce que je *peux* fumer ici ? ここはたばこを吸ってもいいの？

② 援 助

aider	他 助ける　Je vais t'*aider* à laver la voiture. 私は君が洗車するのを手伝いましょう。
servir	他 (食事などを) 出す　Tu me *sers* du vin, s'il te plaît ? 私にワインをもって来てください。
servir à qn de	…として役立つ
	Ce meuble *me sert de* bureau. この家具は私の机になっている。
servir à	…に役立つ
	À quoi *sert* cet outil ? この道具は何に使うの？
se servir	代動 (de を) 使用する (= employer)
	Tu *te sers* de ta voiture demain ? あすは君の車を使うの？
employer	他 使う　On *emploie* l'électricité pour se chauffer. 私たちは暖をとるのに電気を使う。
s'employer	代動 使われる　Ce mot ne *s'emploie* plus. この単語はもう使われない。
conseiller	他 助言する，推薦する (= recommander)
	Je te *conseille* de partir de bonne heure. 私は朝早く出発することを勧めます。
	Je vous *conseille* ce restaurant. 私はこのレストランをお勧めします。

③ 争 い

battre	他 打つ (= frapper)，うち負かす (= gagner)
	Notre équipe de foot *a été battue* par 1 à 0. 私たちのサッカーチームは1対0で負けた。
blesser	他 傷つける
	Il *a été blessé* dans un accident de voiture. 彼は自動車事故で負傷した。
punir	他 罰する　La directrice *a* sévèrement *puni* Paul. 校長はポールを厳しく罰した。
frapper	他 打つ (= battre)
	Frappez avant d'entrer. 入るまえにノックしてください。
	Tu ne dois pas *frapper* ta petite sœur. 君は妹をたたいてはいけない。
obéir	自 (à に) 従う (= écouter)　Il *obéit* à ses parents. 彼は両親の言うことをきく。

EXERCICE 15

次の（1）〜（12）について，**A**，**B** がほぼ同じ意味になるように，（　　）内に入れるのにもっとも適切なものを，下の語群から1つずつ選び，必要な形にして解答欄に書いてください。ただし，同じものを複数回用いることはできません。

(1) **A** Il est possible de faire ce travail en une heure.

     B On (　　　　) faire ce travail en une heure.　　　　　＿＿＿＿＿

(2) **A** Il n'écoutait pas son institutrice quand il était à l'école primaire.

     B Il n'(　　　　) pas à son institutrice quand il était à l'école

        primaire.　　　　　＿＿＿＿＿

(3) **A** Jacques m'a parlé de ton arrivée.

     B J'(　　　　) ton arrivée par Jacques.　　　　　＿＿＿＿＿

(4) **A** Le professeur donne une punition aux élèves qui bavardent.

     B Le professeur (　　　　) les élèves qui bavardent.　　　　　＿＿＿＿＿

(5) **A** L'équipe de France a gagné contre le Mexique.

     B L'équipe de France (　　　　) le Mexique.　　　　　＿＿＿＿＿

(6) **A** Ma fille apprendra à jouer du piano.

     B Ma fille (　　　　) le piano.　　　　　＿＿＿＿＿

(7) **A** Mon père donnait des cours de chimie au lycéc.

     B Mon père (　　　　) la chimie au lycée.　　　　　＿＿＿＿＿

(8) **A** Notre ami nous a recommandé un nouveau restaurant.

     B Notre ami nous (　　　　) un nouveau retaurant.　　　　　＿＿＿＿＿

(9) **A** On n'utilise pas souvent ce mot.

     B Ce mot ne (　　　　) pas beaucoup.　　　　　＿＿＿＿＿

(10) **A** Qu'est-ce que vous prenez ?

     B Qu'est-ce que je vous (　　　　) ?　　　　　＿＿＿＿＿

(11) **A** Tu prends ta voiture pour y aller ?

     B Tu (　　　　) de ta voiture pour y aller ?　　　　　＿＿＿＿＿

(12) **A** Vos conseils sont toujours très utiles.

     B Vos conseils m'(　　　　) toujours.　　　　　＿＿＿＿＿

aider	apprendre	battre	conseiller	enseigner	étudier
obéir	pouvoir	punir	s'employer	servir	se servir

16. 感情，売買

① 感　情

regretter
他 悔やむ，残念に思う
Je *regrette* d'avoir acheté ce livre. 私はこの本を買ったことを後悔している。

plaindre
他 同情する
Je la *plains* d'avoir un fils difficile. 気むずかしい息子をもって彼女も気の毒だ。

se plaindre
代動 (de について) 不平を言う
Il *se plaint* souvent d'être mal payé. 彼は給料が安いとよく不平を言う。

souffrir
自 苦しむ，(de が) 痛い (= avoir mal à)
Il a l'air de *souffrir*. 彼は苦しそうだ。
Je *souffre* de la tête. 私は頭が痛い。

craindre
他 恐れる，心配する
Il n'y a plus rien à *craindre*. もう心配することはなにもない。

craindre de
…ではないかと心配する
Je *crains* d'avoir raté l'examen. 試験にしくじったのではないかと心配だ。

étonner
他 驚かせる　Cette nouvelle m'a *étonné(e)*. この知らせに私は驚いた。

remercier
他 感謝する　Je vous *remercie* de votre aide. あなたの援助に感謝します。

② 売　買

vendre
他 売る (⟷ acheter)
Combien *as*-tu *vendu* ta moto ? 君はバイクをいくらで売ったの？

acheter
他 買う (⟷ vendre)
J'ai *acheté* une bouteille de vin pour le dîner. 私は夕食用のワインを1瓶買った。

gagner
他 稼ぐ，(試合などに) 勝つ
Il *gagne* trois mille euros par mois. 彼は月に3千ユーロ稼ぐ。
L'équipe de France *a gagné* contre l'Italie. フランスチームはイタリア戦に勝った。

payer
他 支払う
J'ai *payé* mon manteau plus cher que le tien. 私のコートは君のものより高くついた。

dépenser
他 (金を) 使う
Combien *as*-tu *dépensé* pour les courses ? 君は買いものにいくら使ったの？

coûter
自 (値段が) …である，(à qn 人に) (費用が) …かかる
Ces chaussures *coûtent* deux cents euros. この靴は200ユーロする。
Ce voyage m'a *coûté* très cher. 今度の旅行はとても高くついた。

peser
自 重さがある
Simon *pèse* trente kilos. シモンの体重は30キロです。

compter
他 数える
Cette classe *compte* vingt élèves. このクラスには20名の生徒がいる。

compter + 不定詞　…するつもりである
Il *compte* faire un voyage en Afrique. 彼はアフリカへ旅行するつもりです。

valoir
自 …の価値がある (= coûter)
Combien *vaut* ce parapluie ? この傘はいくらですか？

EXERCICE 16

次の（1）〜（12）について，**A**，**B** がほぼ同じ意味になるように，（　）内に入れるのにもっとも適切なものを，下の語群から1つずつ選び，必要な形にして解答欄に書いてください。ただし，同じものを複数回用いることはできません。

(1) **A** Ce manteau t'a coûté cher ?

    B Tu (　　　) ce manteau cher ?　　　_____

(2) **A** Ce voyage m'a coûté très cher.

    B J'(　　　) beaucoup d'argent pour ce voyage.　　　_____

(3) **A** Il a acheté cette voiture.

    B On lui (　　　) cette voiture.　　　_____

(4) **A** Il est dommage qu'il ne puisse pas venir.

    B Je (　　　) qu'il ne puisse pas venir.　　　_____

(5) **A** Il est peu probable qu'il accepte votre proposition.

    B Cela m'(　　　) qu'il accepte votre proposition.　　　_____

(6) **A** Il y a trois cents habitants dans ce village.

    B Ce village (　　　) trois cents habitants.　　　_____

(7) **A** J'ai peur de manquer mon train.

    B Je (　　　) de manquer mon train.　　　_____

(8) **A** Je te dis merci de m'avoir aidé.

    B Je te (　　　) de m'avoir aidé.　　　_____

(9) **A** Leur maison de campagne peut être vendue dix millions d'euros.

    B Leur maison de campagne (　　　) dix millions d'euros.　　　_____

(10) **A** On lui donnait beaucoup d'argent pour son travail.

    B Il (　　　) beaucoup d'argent.　　　_____

(11) **A** Où as-tu mal ?

    B Où (　　　)-tu ?　　　_____

(12) **A** Quel est le prix de ce sac ?

    B Ce sac (　　　) combien ?　　　_____

compter	coûter	craindre	dépenser	étonner	gagner
payer	regretter	remercier	souffrir	valoir	vendre

まとめの問題

　次の各設問の（1）〜（5）について，**A**，**B** がほぼ同じ意味になるように，（　　）内に入れるのにもっとも適切なものを，下の語群から1つずつ選び，必要な形にして解答欄に書いてください。ただし，同じものを複数回用いることはできません。（配点　10）

1 (1) **A** Alors, comment marchent les affaires ?

　　　 B Alors, comment (　　　) les affaires ?

(2) **A** Il passera me prendre chez moi vers huit heures.

　　 B Il (　　　) me prendre chez moi vers huit heures.

(3) **A** Je n'ai pas assez de temps pour finir ce travail aujourd'hui.

　　 B Je (　　　) de temps pour finir ce travail aujourd'hui.

(4) **A** Mon grand-père est mort à un âge avancé.

　　 B Mon grand-père (　　　) longtemps.

(5) **A** Samuel a joué au tennis pendant tout l'après-midi.

　　 B Samuel (　　　) tout l'après-midi à jouer au tennis.

aller	jouer	manquer	passer
travailler	venir	vivre	

(1)	(2)	(3)	(4)	(5)

2 (1) **A** Cette maison nous empêchait de voir la mer.

　　　 B Cette maison nous (　　　) la mer.

(2) **A** Cette revue est mise en vente tous les mois.

　　 B Cette revue (　　　) tous les mois.

(3) **A** Elle a demandé au médecin de venir chez elle.

　　 B Elle (　　　) le médecin.

(4) **A** Il n'arrêtera pas de s'exercer au violon après le dîner.

　　 B Il (　　　) à s'exercer au violon après le dîner.

(5) **A** Je ne te fais plus confiance.

　　 B Je t'(　　　) ma confiance.

appeler	cacher	continuer	dormir
paraître	prendre	retirer	

(1)	(2)	(3)	(4)	(5)

3 (1) **A** En travaillant beaucoup, il a réussi le bac.

  B En travaillant beaucoup, il (   ) le bac.

(2) **A** Il faut que je lui dise la date de départ à l'avance.

  B Il faut que je le (   ) de mon départ.

(3) **A** Il utilisait le métro pour aller au bureau.

  B Il (   ) le métro pour aller au bureau.

(4) **A** Pierre est au courant de la nouvelle ?

  B Pierre (   ) la nouvelle ?

(5) **A** Quelle est votre profession ?

  B Qu'est-ce que vous (   ) dans la vie ?

  arriver   **connaître**   **faire**   **obtenir**
  prendre   **prévenir**   **suivre**

(1)	(2)	(3)	(4)	(5)

4 (1) **A** Ce n'est pas permis de se garer ici.

  B On ne (   ) pas se garer ici.

(2) **A** Il vous faudrait refuser cette proposition.

  B Vous (   ) refuser cette proposition.

(3) **A** Je n'avais plus envie de le voir.

  B Je ne (   ) plus le voir.

(4) **A** Je suis content de mon collaborateur.

  B Je n'ai pas à (   ) de mon collaborateur.

(5) **A** Les chats ont horreur de l'eau.

  B Les chats n'(   ) pas du tout l'eau.

  abandonner   **aimer**   **devoir**   **partager**
  pouvoir   **se plaindre**   **vouloir**

(1)	(2)	(3)	(4)	(5)

5 (1) **A** Ces acteurs travaillaient sur un nouveau spectacle.

      B Ces acteurs (   ) un nouveau spectacle.

(2) **A** Elle passera un mois au Canada.

      B Elle (   ) un mois au Canada.

(3) **A** Le poids de ce paquet est de deux kilos.

      B Ce paquet (   ) deux kilos.

(4) **A** Les Blanc sont partis de Paris avant-hier.

      B Les Blanc (   ) Paris avant-hier.

(5) **A** Un embouteillage nous empêche de circuler.

      B Un embouteillage (   ) la rue.

boucher	essayer	peser	préparer
quitter	remettre	rester	

(1)	(2)	(3)	(4)	(5)

6 (1) Ce mur mesure 3 mètres de hauteur.

    Ce mur (   ) 3 mètres de hauteur.

(2) Ces deux mots n'ont pas le même sens.

    Ces deux mots ne veulent pas (   ) la même chose.

(3) Cet instrument était utilisé pour faire du feu.

    Cet instrument (   ) à faire du feu.

(4) Fais attention à ce que je te dis.

    (   )-moi quand je te parle.

(5) Il ne faut pas manquer aux limitations de vitesse.

    Il faut (   ) les limitations de vitesse.

arrêter	dire	écouter	faire
ouvrir	respecter	servir	

(1)	(2)	(3)	(4)	(5)

4

代名詞を中心とした問題

　範囲は，強勢形人称代名詞，目的語人称代名詞，中性代名詞，指示代名詞，所有代名詞，疑問形容詞，疑問代名詞，関係代名詞，不定代名詞，不定形容詞と多岐にわたります。対話文のなかの空欄にこれらのなかから適切なものを選択する問題です。3級までの代名詞の問題に比べると，出題範囲の中心だった目的語人称代名詞や中性代名詞の比重がへり，関係代名詞，不定代名詞，不定形容詞，所有代名詞にまで範囲が広がります。

・＜・出題例（2012年春季 4）・＞・

4　次の対話 (1) ～ (5) の（　　）内に入れるのにもっとも適切なものを，下の①～⑦のなかから1つずつ選び，解答欄のその番号にマークしてください。ただし，同じものを複数回用いることはできません。なお、①～⑦では文頭にくるものも小文字にしてあります。(配点　10)

(1) — Avec quels amis es-tu parti en voyage ?

　　 — Avec (　　) de mon école.

(2) — En France, toutes les boutiques sont fermées le dimanche ?

　　 — Non, (　　) sont ouvertes.

(3) — Il faudrait qu'on appelle Jacques.

　　 — C'est justement ce à (　　) je pensais.

(4) — Ils m'ont proposé ces trois projets.

　　 — (　　) vous a plu le plus ?

(5) — Tu connais Pierre ? Il est comment ?

　　 — C'est une personne en (　　) tu peux avoir confiance.

① ceux　　　　② dont　　　　③ le　　　　④ lequel

⑤ quelques-unes　⑥ qui　　　　⑦ quoi

1．強勢形人称代名詞

主語	je	tu	il	elle	nous	vous	ils	elles
強勢形	**moi** 私	**toi** 君	**lui** 彼	**elle** 彼女	**nous** 私たち	**vous** あなた(たち)	**eux** 彼ら	**elles** 彼女ら

用法

(a) 前置詞（句）のあとで

> à …に, avec …といっしょに, de …の, から, sans …なしに, pour …のために, contre …に反して, chez …の家に, devant …の前に, derrière …の後ろに, autour de …のまわりに, à côté de …の近くに, などのあとで。

Que voulez-vous de *moi* ?
あなたは私にどうして欲しいのですか？

Il regarde autour de *lui* d'un air très étonné.
彼はとても驚いた様子で周囲を見回している。

(b) 接続詞のあとで

> et …と, ou あるいは, ni …も（…ない）などのあとで。

J'ai accepté son invitation, et *vous* ?
私は彼（女）の招待に応じた，で，あなたは？

Ni *elle* ni *lui* ne me plaisent.
彼女も彼も私の気に入らない。

(c) 属詞として

Si j'étais *toi*, je refuserais sa proposition.
私が君ならば，彼（女）の提案を断るのだが。

Qui est là ?   —C'est *moi*.
どなた？―私です。

C'est *elle* qui a apporté le gâteau d'anniversaire.
バースデイケーキを持ってきたのは彼女です。

Ce sont *eux* qui ont déménagé.
引っ越したのは彼らです。

(d) 主語や目的語の強調

Tu n'as pas changé, mais Éric, *lui*, a beaucoup grandi.
君は変わっていないが，エリック，彼はとても大きくなった。

Elle te parlera à *toi*, pas à *moi*.
彼女は君に話すだろう，君に。私にではない。

注　aussi や non plus とともに

Je connais bien Diane.   —*Moi* aussi.
私はディアヌをよく知っています。―私もです。

Je n'irai pas au cinéma dimanche.
私は日曜日に映画を見に行かないだろう。

—Alors, *moi* non plus.
―じゃあ私も行かない。

(e) 比較の que や限定表現 ne … que のあとで

Il parle allemand mieux que *nous*.
彼は私たちよりうまくドイツ語を話す。

Il n'aime qu'*elle*.
彼は彼女だけを愛している。

注　上記以外に，再帰代名詞 se の強勢形 soi があります。性・数不変で，不定代名詞 on, chacun, personne など
を受けます。また，不定詞や非人称表現で人称主語がない場合にも用いられます。

On a souvent besoin d'un plus petit que *soi*.
人はしばしば自分より小さい者を必要とする。

Ce que ça fait plaisir de rentrer chez *soi* !
自分の家へ帰るというのはなんとうれしいことか！

Il faut avoir confiance en *soi*.
自信をもたなければならない。

EXERCICE 1

次の対話（1）～（12）の（　）内に入れるのにもっとも適切な強勢形人称代名詞を解答欄に書いてください。

(1)　—Bruno a réussi son examen ?

　　　—Oui, ses parents sont fiers de (　　　). ＿＿＿＿＿＿

(2)　—Ce parapluie est à madame Legrand ?

　　　—Oui, il est à (　　　). ＿＿＿＿＿＿

(3)　—Je leur ai demandé leur avis.

　　　—Et alors, combien d'entre (　　　) sont d'accord ? ＿＿＿＿＿＿

(4)　—Quand est-ce qu'on se voit ?

　　　—C'est (　　　) qui décides. ＿＿＿＿＿＿

(5)　—Quand est-ce que tu verras les Girard ?

　　　—J'irai chez (　　　) la semaine prochaine. ＿＿＿＿＿＿

(6)　—Robert, Patrick, j'ai vu cette émission hier soir, et vous ?

　　　—(　　　) aussi. ＿＿＿＿＿＿

(7)　—Ta mère vient de te téléphoner.

　　　—C'est amusant, je pensais justement à (　　　). ＿＿＿＿＿＿

(8)　—Tu les connais, elle et sa sœur ?

　　　—Non, mais j'ai entendu parler d'(　　　) pendant la soirée
　　　de Patrice. ＿＿＿＿＿＿

(9)　—Tu ne prends jamais d'alcool, et ta femme ?

　　　—(　　　) non plus. ＿＿＿＿＿＿

(10)　—Tu parles bien italien.

　　　—Merci, mais Alicia le parle mieux que (　　　). ＿＿＿＿＿＿

(11)　—Vous pouvez m'appeler quand vous voulez.

　　　—Vous êtes chez (　　　) ce soir ? ＿＿＿＿＿＿

(12)　—Vous vous êtes déjà habitués à la vie à Paris ?

　　　—Non, ni (　　　) ni ma femme ne supportent le rythme
　　　de la vie parisienne. ＿＿＿＿＿＿

２．目的語人称代名詞

数	単数				複数			
人称	1人称	2人称	3人称		1人称	2人称	3人称	
			男性	女性			男性	女性
主語	je	tu	il	elle	nous	vous	ils	elles
直接目的語	**me (m')** 私を[に]	**te (t')** 君を[に]	**le (l')** 彼を それを	**la (l')** 彼女を それを	**nous** 私たちを[に]	**vous** あなた(たち)を[に]	**les** 彼(女)らを それらを	
間接目的語			**lui** 彼(女)に				**leur** 彼(女)らに	

注　1)（　）内は母音字または無音の h で始まる語のまえで用います。

　　 2)「もの・事柄」には，その性・数に応じて 3 人称の代名詞を使います。ただし，間接目的語人称代名詞 lui, leur は，「人」にしか使いません。

Monique ? Je *la* vois tous les jours.　　　　　モニック？彼女には毎日会っている。

Je ne *te* crois pas, tu *me* racontes des histoires.　私は君を信じない，君は私にでたらめを言うから。

J'ai acheté un cadeau pour vous et je *vous le* donne ce soir.

　　　　　　　　　　　　　　　　　　あなたのためにプレゼントを買った，今晩あなたにそれをさしあげます。

Ne *lui* parlez pas encore de mon projet.　　まだ彼(女)に私の計画を話さないでください。

Tu voulais ce livre ? Prends-*le*, je *l'*ai fini.

　　　　　　　　　　　　　　　　　この本が欲しかったの？それを持ってって，読みおえたから。

Rendez-*moi* ce CD demain.　　　　　　　このCDはあす私に返してください。

注　1) 肯定命令文では，目的語人称代名詞 me, te はそれぞれ強勢形人称代名詞の moi, toi にかえなければなりません。ただし，中性代名詞 en のまえでは，それぞれ m'en, t'en となります。

　　 2) 間接目的語人称代名詞が使えるのは，«à+ 人 » の場合に限られます。«à+ もの・事柄 » の場合は，中性代名詞 y を使います。

Je prête souvent de l'argent *à Jacques*.　　　私はよくジャックにお金を貸します。

　→ Je *lui* prête souvent de l'argent.　　　私はよく彼にお金を貸します。

Je vais *à Paris*.　　　　　　　　　　　私はパリへ行く。

　→ J'*y* vais.　　　　　　　　　　　　私はそこへ行く。

　　 3) «à+ 人 » であっても，間接目的語人称代名詞ではなく，«à+強勢形人称代名詞 » にしなければならない動詞があります。

penser à …について考える. tenir à …を大切に思う. s'intéresser à …に興味をもつ. s'opposer à …と対立する. faire attention à …に注意する. など。

Je pense *à Gérard*. → Je pense *à lui*.　　　私はジェラール［彼］のことを考えている。

cf. Je pense *à mon projet*. → J'*y* pense.　　私は私の計画［そのこと］について考えている。

　　 4) 再帰代名詞は目的語人称代名詞の語順と同じです。

Tu *te* couches tôt ?　　　　　　　　　　君は早く寝ますか？

—Non, je ne *me* couche pas très tôt.　　　—いいえ，それほど早くは寝ません。

Couche-*toi* tôt.　　　　　　　　　　　早く寝なさい。

4 代名詞を中心とした問題

EXERCICE 2

次の対話（1）～（12）の（　）内に入れるのにもっとも適切な目的語人称代名詞（再帰代名詞）を解答欄に書いてください。

(1) —C'est incroyable !

　　—Regarde-(　　　) bien, est-ce que j'ai l'air de mentir ?　　　_____

(2) —J'ai rendez-vous avec Sandrine à midi.

　　—Si tu la vois, dis-(　　　) de me téléphoner.　　　_____

(3) —Je ne trouve plus mon portable.

　　—(　　　) voilà, il est sur la table !　　　_____

(4) —Je vais chez les Levaud.

　　—Alors, vous (　　　) donnerez ce paquet de ma part.　　　_____

(5) —Nous sommes en octobre, mais il fait si froid !

　　—C'est vrai, on (　　　) croirait en plein hiver.　　　_____

(6) —Où achetez-vous vos livres ?

　　—Je (　　　) achète toujours dans cette librairie du Quartier latin.

　　　_____

(7) —Tu as appris tes leçons ?

　　—Je ne (　　　) sais pas encore tout à fait.　　　_____

(8) —Tu as vu Louise ?

　　—Oui, je (　　　) ai vue hier.　　　_____

(9) —Tu me téléphoneras ?

　　—Mais je (　　　) ai téléphoné hier !　　　_____

(10) —Tu peux venir nous chercher demain matin ?

　　—Oui, je passerai (　　　) prendre vers huit heures. Ça va ?　　　_____

(11) —Vous lui écrivez ?

　　—Oui, nous lui écrivons souvent, mais lui ne (　　　) écrit pas. _____

(12) —Vous voulez encore du fromage ?

　　—Donnez-(　　　) en un peu, s'il vous plaît.　　　_____

4 代名詞を中心とした問題

3．中性代名詞

ここでとりあげる3つの代名詞は，性・数の変化がありません。語順は，目的語人称代名詞と同じです。

① **y**

≪前置詞 à＋もの・事柄≫に代わります。ただし，≪前置詞 dans, en, sur, chez, *etc.*＋☐☐☐≫で場所を表わす場合は y に代えることができます。

Elle va souvent *au marché*.　→ Elle *y* va souvent.　彼女はよく市場［→そこ］へ行く。

Il s'est intéressé *à mon projet*. → Il s'*y* est intéressé.　彼は私の計画［→それ］に興味を示した。

Le chat est *sur la table*.　　→ Le chat *y* est.　猫はテーブルのうえ［→そこ］にいる。

注　1）前置詞 à と定冠詞の縮約（à+le → au, à+les → aux）に注意しましょう。

　　2）≪à＋☐☐≫の☐☐は原則として「もの・事柄」でなければなりません。≪à＋人≫の場合は，目的語人称代名詞や強勢形人称代名詞を使います。詳しくは「2．目的語人称代名詞，注2），3）」を参照のこと。

Il s'intéresse *à Marie*. → Il s'intéresse *à elle*.　彼はマリー［→彼女］に興味をもっている。

② **en**

(a)　≪前置詞 de＋もの・事柄≫に代わります。

Il est revenu *du Japon*.　　→ Il *en* est revenu.　彼は日本［→そこ］から帰った。

Il est fier *de sa maison*.　→ Il *en* est fier.　私は自分の家［→それ］を自慢している。

(b)　≪不定冠詞複数 (des), 部分冠詞 (du, de la, de l')＋名詞≫に代わります。

J'ai acheté *des CD de jazz*. → J'*en* ai acheté.　私はジャズの CD［→それ］を買った。

Je viens de prendre *du thé*. → Je viens d'*en* prendre.　私は紅茶［→それ］を飲んだばかりです。

(c)　≪数詞・不定形容詞＋名詞≫の≪名詞≫に代わります。

Ils ont *une fille* [*deux filles*].　彼らには1人［2人］の娘がいる。

→ Ils *en* ont une [deux].　彼らには娘が1人［2人］いる。

J'ai trouvé *une autre solution* [*plusieurs solutions*].

私はもう1つの［いくつもの］解決策を見つけた。

→ J'*en* ai trouvé une autre [plusieurs].　私は解決策をもう1つ［いくつも］見つけた。

注　1）前置詞 de と定冠詞の縮約（de+le → du, de+les → des）に注意しましょう。

　　2）≪de＋☐☐≫の☐☐は原則として「もの・事柄」でなければなりません。≪de＋人≫の場合は，強勢形人称代名詞を使います。

être content de …に満足する，être fier de …を自慢する，se souvenir de …を思いだす，s'occuper de …の世話をする，avoir besoin de …を必要とする，parler de… …について話す，など。

Il est fier *de sa fille*. → Il est fier *d'elle*.　彼は娘［→彼女］を自慢している。

③ **le**

(a)　文，節，不定詞に代わります。

Je sais *où se trouve la gare de Lyon*.　私はリヨン駅がどこにあるか知っている。

→ Je *le* sais.　私はそのことを知っている。

Nous ne pensions pas *arriver en retard*.　私たちは遅刻するとは思わなかった。

→ Nous ne *le* pensions pas.　私たちはそうは思わなかった。

(b)　属詞（形容詞，名詞）に代わります。

Elle est *fatiguée*.　→ Elle *l'*est.　彼女は疲れている。　→彼女はそうです。

EXERCICE 3

次の対話（1）～（12）の（　）内に入れるのにもっとも適切な中性代名詞を解答欄に書いてください。

(1) —Daniel a pris quelques photos ?

　　—Non, il n'(　　　) a pris aucune. ＿＿＿＿

(2) —Depuis combien de temps vos parents sont-ils mariés ?

　　—Ils (　　　) sont depuis vingt ans. ＿＿＿＿

(3) —Es-tu passé à la poste ?

　　—Oui, j'(　　　) viens. ＿＿＿＿

(4) —Il y a combien d'élèves dans ta classe ?

　　—Il y a vingt élèves, (　　　) compris Jacques qui est absent

　　aujourd'hui.

＿＿＿＿

(5) —Je dois partir tout de suite.

　　—Il pleut à torrents. (　　　) tiens-tu vraiment ? ＿＿＿＿

(6) —Les Victor partiront en vacances la semaine prochaine.

　　—Ils (　　　) prennent plus que nous. ＿＿＿＿

(7) —Maman, je peux aller chez Paul ce soir ?

　　—Oui, vas-(　　　). ＿＿＿＿

(8) —Prendrez-vous du sucre dans votre café ?

　　—Oui, j'(　　　) prendrai un peu. ＿＿＿＿

(9) —Son projet est un peu fou, tu ne trouves pas ?

　　—Ne m'(　　　) parle pas ! ＿＿＿＿

(10) —Tu as déjà lu son dernier livre ?

　　—Non, mais j'(　　　) ai entendu parler. ＿＿＿＿

(11) —Tu sais que Robert part en Inde ?

　　—Oui, il nous (　　　) a annoncé hier, pendant le dîner. ＿＿＿＿

(12) —Vous avez rencontré cette personne quelque part ?

　　—Oui, j'(　　　) suis certain. ＿＿＿＿

4．指示代名詞・所有代名詞

① 指示代名詞

(a) 性・数変化しないもの

ce être の主語として，または関係代名詞の先行詞として使われます。

Ce sont mes chaussures. これらは私の靴です。

Il n'écoute jamais *ce* que je lui dis. 彼は私が言うことをけして聞かない。

ceci / cela 2つのものを区別するために用いられ，ceci は近いものを，cela は遠いもの
をしめします。

Je voudrais essayer *ceci* et puis *cela*, là-bas. 私はこれと，次にあれを試着したいのですが。

ça cela のくだけた形です。

Comment *ça* va ? — Comme ci comme *ça*. 元気かい？ —まあまあだよ。

(b) 性・数変化するもの

前置詞 de または関係詞節に限定されて用いられます。2つのものを区別したいとき
は，-ci，-là をつけてそれぞれ近いものと遠いものをしめします。形は ce と強勢形人称
代名詞の3人称（lui, elle, eux, elles）が合体したものです。

男性・単数	女性・単数	男性・複数	女性・複数
celui	celle	ceux	celles

J'entends une voiture ; c'est sans doute *celle* de Louis.

車の音が聞こえる，あれはたぶんルイのものです。

Il écoute *ceux* qui lui donnent des conseils. 彼は助言してくれる人の言うことをよく聞く。

Laquelle de ces deux cravates préfères-tu ? *Celle-ci* ou *celle-là* ?

これら2本のネクタイのなかで，君はどちらが好きですか？ こちら，それともあちら？

② 所有代名詞

所有者 ＼ 所有される名詞の性・数	男性・単数	女性・単数	男性・複数	女性・複数
je → 私のもの	le mien	la mienne	les miens	les miennes
tu → 君のもの	le tien	la tienne	les tiens	les tiennes
il, elle → 彼（女）のもの	le sien	la sienne	les siens	les siennes
nous → 私たちのもの	le nôtre	la nôtre	les nôtres	
vous → あなた（たち）のもの	le vôtre	la vôtre	les vôtres	
ils, elles → 彼（女）たちのもの	le leur	la leur	les leurs	

Mon père est moins âgé que *le tien*. (← ton père) 私の父は君の父より年下です。

De ces voitures, laquelle est *la vôtre* ? (← votre voiture)

これらの車のなかで，どちらがあなたのものですか？

Mon appartement a une forme carrée, alors que *le leur* est tout en longueur.

(← leur appartement) 私のアパルトマンは正方形ですが，彼らのは長方形です。

EXERCICE 4

次の対話（1）〜（12）の（　）内に入れるのにもっとも適切な指示代名詞または所有代名詞を解答欄に書いてください。ただし，（5），（9），（11）の2つの（　）内には同じものが入ります。

(1) —Comment trouves-tu ma jupe et celle de Marthe ?

　　—Ta jupe est jolie, mais (　　　) est encore plus belle. ＿＿＿＿＿＿

(2) —Ils s'irritent facilement ces temps-ci.

　　—Laisse-les tranquilles, nous avons nos problèmes et ils ont (　　　).

＿＿＿＿＿＿

(3) —Je suis désolé, je n'ai pas d'argent liquide.

　　—(　　　) n'a pas d'importance, vous pouvez faire un chèque. ＿＿＿＿＿＿

(4) —Ma femme aime beaucoup faire la cuisine. Et ta femme ?

　　—(　　　) aussi. ＿＿＿＿＿＿

(5) —Mets des gants, sinon tu auras froid aux mains.

　　—Lesquels ? (　　　) en cuir ou (　　　) en laine ? ＿＿＿＿＿＿

(6) —Quelle est la meilleure université pour toi ?

　　—(　　　) dépend ! ＿＿＿＿＿＿

(7) —Regarde cette jeune fille.

　　—Laquelle ? (　　　) qui lit « le Monde » ? ＿＿＿＿＿＿

(8) —Ton père, c'est lequel ?

　　—C'est (　　　) qui porte la barbe. ＿＿＿＿＿＿

(9) —Tu as deux portables ?

　　—Non, (　　　)-ci est à moi, et (　　　)-là est à Nicole. ＿＿＿＿＿＿

(10) —Tu as pris quelles chaussures ?

　　—(　　　) qui vont avec ma jupe rouge. ＿＿＿＿＿＿

(11) —Tu hésites entre ces deux jupes ?

　　—Oui, (　　　)-ci est plus confortable, mais (　　　)-là est
　　　plus élégante. ＿＿＿＿＿＿

(12) —Tu me passes mon assiette, s'il te plaît ?

　　—C'est (　　　) qui est à côté du plat, là-bas ? ＿＿＿＿＿＿

5．疑問形容詞・疑問代名詞

① 疑問形容詞

「…はなに？，どのような…？」という意味です。

男性・単数	女性・単数	男性・複数	女性・複数
quel	**quelle**	**quels**	**quelles**

Je voudrais réserver une chambre.　　　　部屋を予約したいのですが。

— À *quel* nom ?　　　　ーどなたの名前で？

Je pars avec des amies.　　　　私は友人たちと出かけます。

—Avec *quelles* amies ?　　　　ーどの友人たちと？

② 疑問代名詞

(a) 性・数変化しないもの

	主語	直接目的語・属詞	間接目的語・状況補語
人 （だれ）	qui…? qui est-ce qui…? だれが	**qui**＋倒置形? **qui est-ce que**…? だれを・…はだれ	前置詞＋**qui**＋倒置形? 前置詞＋**qui est-ce que**…?
もの （なに）	qu'est-ce qui…? なにが	**que**＋倒置形? **qu'est-ce que**…? なにを・…はなに	前置詞＋**quoi**＋倒置形? 前置詞＋**quoi est-ce que**…?

C'est le 14 juillet, demain.　　　　あすは革命記念日です。

—*Qu'est-ce qui* se passe dans la ville ?　　　　ー町では，なにが行なわれるのですか？

Je vais en France pour une semaine.　　　　私は1週間の予定でフランスへ行きます。

— *Qui* voyez-vous là-bas ?　　　　ーあちらではだれに会うのですか？

La réunion a duré une heure.　　　　会議は1時間続いた。

— De *quoi* avez-vous discuté ?　　　　ーあなたたちはなにを討議したのですか？

注　くだけた表現では，倒置形をさけてイントネーションの疑問文を使うことがあります。

　　Tu sors avec *qui* ?　だれとでかける？　　Il parle de *quoi* ?　彼は何について話してるの？

(b) 性・数変化するもの

「…のなかのだれ」，「…のなかのなに」と選択を問うときに用います。形は，定冠詞と疑問形容詞がそれぞれ性・数に対応して合体したものです。

男性・単数	女性・単数	男性・複数	女性・複数
lequel	**laquelle**	**lesquels**	**lesquelles**

à + *le*quel, *laquelle*, *lesquels*, *les*quelles → *au*quel, à laquelle, *aux*quels, *aux*quelles

de + *le*quel, *laquelle*, *lesquels*, *les*quelles → *du*quel, de laquelle, *des*quels, *des*quelles

Il y a trois actrices dans ce film.　　　　この映画には3名の女優が出演している。

— À ton avis, *laquelle* est la plus jolie ?　　　　ー君の意見では，だれが一番かわいい？

Tu as beaucoup de bons CD.

— *Lequel* veux-tu écouter ?

Tu peux me prêter tes dictionnaires ?

—*Desquels* as-tu besoin ?

君はいい CD をたくさんもってる。

—どれを聞きたい?

君の辞書を貸してくれる?

—どれとどれが必要なの?

EXERCICE 5

次の対話（1）〜（12）の（　）内に入れるのにもっとも適切な疑問形容詞または疑問代名詞を解答欄に書いてください。

(1) —Ça fait deux ans que Paul a déménagé à Tours.

　　—(　　　　) devient-il ?　　　　　　　　　　　　　_____

(2) —Cette imprimante est très chère.

　　—Elle est à (　　　　) prix ?　　　　　　　　　　_____

(3) —Désolé, je ne peux pas venir ce soir.

　　—Pour (　　　　) raisons refuses-tu mon invitation ?　_____

(4) —Est-ce que je pourrais parler à votre frère, s'il vous plaît ?

　　—(　　　　) de mes deux frères ?　　　　　　　_____

(5) —Il y a un feu d'artifice demain.

　　—À (　　　　) heure est-ce qu'il commence ?　　_____

(6) —J'ai deux projets pour mes vacances.

　　—(　　　　) parles-tu maintenant ?　　　　　　_____

(7) —J'ai rencontré un copain tout à l'heure.

　　—(　　　　) ?　　　　　　　　　　　　　　　_____

(8) —J'ai répondu à toutes les questions.

　　—(　　　　) vous ont paru difficiles ?　　　　　_____

(9) —J'ai trop bu hier soir.

　　—(　　　　) t'a pris de faire ça ?　　　　　　　_____

(10) —Mon fils va entrer à l'école l'année prochaine.

　　—À partir de (　　　　) âge est-ce qu'on doit y aller en France ?　_____

(11) —Vous pouvez me donner un conseil ?

　　—Je ne comprends pas ce que vous dites. De (　　　　) s'agit-il ?　_____

(12) —Vous voulez un carnet de tickets ?

　　—(　　　　) c'est, « un carnet » ?　　　　　　_____

6．間接疑問文

(a) 疑問詞を用いない疑問文

伝達動詞＋**si** [s']＋被伝達文（平叙文の語順：主語＋動詞）

　　主節と被伝達文は，**si** で接続します。被伝達文の主語は，主節の人称と一致し，語順は平叙文の語順になります。

Il me demande : « Aimez-vous Picasso ? »　　彼は私に「あなたはピカソを好きですか？」とたずねる。

→ Il me demande *si* j'aime Picasso.　　彼は私に，私がピカソを好きかどうかとたずねる。

Il me demande : « Est-ce que tu connais Dijon ? »

彼は私に「君はディジョンへ行ったことがある？」とたずねる。

→ Il me demande *si* je connais Dijon.

彼は私に，私がディジョンへ行ったことがあるかどうかとたずねる。

(b) 疑問詞を用いた疑問文

伝達動詞＋疑問詞＋被伝達文（平叙文の語順：主語＋動詞）

　　主節と被伝達文は，原則として，使われている疑問詞で接続します。被伝達文における人称の一致と語順については「疑問詞を用いない疑問文」の場合と同じです。

Il me demande : « À quelle heure partez-vous ? »

彼は私に「あなたは何時に出発するのですか？」とたずねる。

→ Il me demande *à quelle heure* je pars.　　彼は私に，私が何時に出発するのかたずねる。

Il me demande : « Où est-ce que vous habitez ? »

彼は私に「あなたはどこに住んでいるのですか？」とたずねる。

→ Il me demande *où* j'habite.　　彼は私に，私がどこに住んでいるのかたずねる。

注 1) où est-ce que, quand est-ce que, pourquoi est-ce que などの est-ce que は間接話法のなかでは省略します。

2) 次の疑問代名詞は間接話法のなかでは変形します。

qui est-ce qui → **qui**（だれが）　　　　qui est-ce que → **qui**（だれを，…はだれ）

qu'est-ce qui → **ce qui**（なにが）　　　qu'est-ce que [que] → **ce que**（なにを）

Il me demande : « Qu'est-ce qui s'est passé ? » 彼は私に「なにが起こったの？」とたずねる。

→ Il me demande *ce qui* s'est passé.　　彼は私になにが起こったのかたずねる。

Il me demande : « Qu'est-ce que tu fais ? »　　彼は私に「君はなにをしているの？」とたずねる。

→ Il me demande *ce que* je fais.　　彼は私に，私がなにをしているのかたずねる。

3) 被伝達文が主語を省略して，〈疑問詞＋不定詞〉の形で示されることがあります。

Vous pourriez me dire *où aller* ?　　どこへ行けばいいのか教えていただけますか？

EXERCICE 6

次の対話（1）～（12）の（　　）内に入れるのにもっとも適切な語を解答欄に書いてください。

(1) —Elle m'a parlé de son projet de vacances.
　　—Dites-moi (　　　) que vous en pensez.　　　　　　　　　　＿＿＿＿＿

(2) —Il vous a demandé si vous vouliez venir ?
　　—Oui, mais je n'ai vraiment pas su (　　　) lui répondre.　　＿＿＿＿＿

(3) —Je me sens complètement déprimé ces jours-ci.
　　—Tu as l'air si triste. Dis-moi (　　　) qui ne va pas.　　　＿＿＿＿＿

(4) —Je n'aime ni le sport, ni la musique.
　　—Alors, dis-moi à (　　　) tu t'intéresses.　　　　　　　　＿＿＿＿＿

(5) —Je ne trouve plus mon porte-monnaie.
　　—Tu ne te rappelles pas (　　　) tu l'as mis ?　　　　　　　＿＿＿＿＿

(6) —Jerry a eu une mauvaise note en histoire ?
　　—Oui, et le professeur voulait savoir (　　　) de temps
　　　il avait étudié son cours d'histoire.　　　　　　　　　　　＿＿＿＿＿

(7) —Jérôme est trop difficile pour la nourriture, non ?
　　—Je ne sais pas (　　　) alimentation lui donner.　　　　　＿＿＿＿＿

(8) —Les deux robes vous vont bien !
　　—C'est vrai ! Je ne sais pas (　　　) prendre.　　　　　　＿＿＿＿＿

(9) —Ma carte de séjour est périmée. Que faire ?
　　—Je vais vous expliquer (　　　) qu'il faut faire pour la renouveler.
　　　　　　　　　　　　　　　　　　　　　　　　　　　　　　＿＿＿＿＿

(10) —Quelqu'un t'a téléphoné tout à l'heure.
　　—Tu ne sais pas (　　　) c'est ?　　　　　　　　　　　　＿＿＿＿＿

(11) —Tu veux acheter une nouvelle voiture ?
　　—Oui, j'hésite entre ces deux voitures.
　　　Tu sais (　　　) consomme le moins d'essence ?　　　　　＿＿＿＿＿

(12) —Tu sais que Laurent s'est marié ?
　　—Oui, mais je ne sais pas (　　　) est sa femme.　　　　　＿＿＿＿＿

7．関係代名詞

関係代名詞を含む節を関係詞節（_____），関係詞節が修飾する名詞や代名詞を先行詞（____）といいます。

(a) 性・数変化しないもの

qui：先行詞（人・もの）は関係詞節の動詞の主語になります。

Tu viens de dire <u>quelque chose</u> *qui* m'intéresse beaucoup. (qui = quelque chose)

君はたったいま，とても興味深いことを言った。

que：先行詞（人・もの）は関係詞節の動詞の直接目的語になります。

<u>Le passeport</u> *que* vous me présentez n'est plus valable. (que = le passeport)

あなたが提示しているパスポートはもう通用しません。

dont：de+ 先行詞（人・もの）が関係詞節中の補語になります。

Je vais te rendre <u>ton logiciel</u> dont je n'ai plus besoin. (dont = de ton logiciel)

私はもう必要なくなった君のソフトを返します。

J'ai rencontré <u>un Espagnol</u> *dont* la famille est d'origine française.

(dont = de cet Espagnol)   私は家族がフランス国籍をもつスペイン人に会った。

où：先行詞（もの）は関係詞節中で場所・時をあらわす状況補語になります。

Voilà <u>une boutique</u> *où* on trouve de très jolies choses.

(où = dans cette boutique)   ここはとてもきれいなものが置いてあるブティックです。

Ma voiture est tombée en panne <u>un jour</u> *où* il neigeait beaucoup.

(où = ce jour-là)   私の車は大雪の日に故障した。

注　où は〈前置詞＋où〉の形で用いることもできます。

Je connais <u>un restaurant</u> *d'où* l'on peut voir tout Paris. (d'où = de ce restaurant)

私はそこからパリ全体が見えるレストランを知っている。

前置詞＋qui：先行詞（人）は関係詞節中で間接目的補語・状況補語になります。

Je te présente <u>un ami</u> *sur qui* tu peux compter. (sur qui = sur cet ami)

君が当てにできる友だちを紹介します。

前置詞＋quoi：先行詞（ce, rien, quelque chose などの不定代名詞）は関係詞節中で間接目的語・状況補語になります。

C'est <u>ce</u> *pour quoi* je veux partir tout de suite. (pour quoi = pour cela)

これがすぐに出発したい理由です。

注　1) sans quoi, après quoi の形で，quoi は前文の内容をうけることがあります。

Note cette adresse, *sans quoi* tu vas oublier.   この住所をメモしなさい，さもないと忘れるよ。

2)〈de quoi ＋不定詞〉の形で「…するのに必要なもの」という意味をあらわします。

Il ne gagne même pas *de quoi vivre* ?   彼は生活費さえかせいでいない。

(b) 性・数変化するもの

前置詞＋lequel, laquelle, lesquels, lesquelles：先行詞はもの。性・数変化のある疑問代名詞と同形。

<u>Le couteau</u> *avec lequel* je me suis coupé était bien aiguisé.

(avec lequel = avec ce couteau)   ぼくがけがをしたナイフはよく研いであった。

J'aime beaucoup <u>ce lac</u> *autour duquel* il y a de hautes montagnes.

(duquel = de ce lac) まわりに高い山があるこの湖が大好きです。

EXERCICE 7

次の対話（1）～（12）の（ ）内に入れるのにもっとも適切な関係代名詞を解答欄に書いてください。

(1) —C'est vrai qu'il est gentil, cet homme !

—Oui, et c'est la raison pour (　　　) tout le monde le respecte. ＿＿＿＿

(2) —Ils ont des enfants ?

—Oui, bien sûr. Je me souviens de leur fils (　　　) l'entreprise fabriquait des tables. ＿＿＿＿

(3) —Le jardin est à l'abandon. Que faire ?

—Couper l'herbe, voilà ce par (　　　) il faut commencer ! ＿＿＿＿

(4) —On joue au foot cet après-midi.

—Finis tes devoirs, après (　　　) tu pourras aller jouer. ＿＿＿＿

(5) —Pour aller dans le village de Saint-Quirin, s'il vous plaît.

—Il faut prendre une petite route (　　　) est très pittoresque. ＿＿＿＿

(6) —Quel projet ?

—Celui (　　　) je t'ai parlé, tu sais. ＿＿＿＿

(7) —Qui est-ce ?

—C'est un ami (　　　) je connais depuis longtemps. ＿＿＿＿

(8) —Tu peux me donner tes coordonnées ?

—Oui. Tu as de (　　　) écrire ? ＿＿＿＿

(9) —Tu sais que Claire va se marier ?

—Oui. Son fiancé est un garçon très sérieux en (　　　) on peut avoir confiance. ＿＿＿＿

(10) —Tu te souviens de notre dernier voyage ?

—Oui, je me rappelle le jour (　　　) nous sommes partis sous une forte pluie. ＿＿＿＿

(11) —Tu as tricoté un nouveau pull ?

—Non, c'est celui (　　　) tante Annie m'a offert. ＿＿＿＿

(12) —Vous passerez par Besançon pour aller en Suisse ?

—Oui. C'est la ville (　　　) mes parents sont nés. ＿＿＿＿

8．不定代名詞

① **on** 人は，だれかが，私たちは，私は，など（主語としてだけ用いられ，動詞は3人称単数で活用します。属詞は，**on** の意味内容にしたがって性・数一致します）

Dans ce café, *on* doit payer en espèces.　　　　この喫茶店では，（人々は）現金で払わなければならない。

On est très occupés en ce moment.　　　　このところ私たちはとても忙しい。(on = nous)

② **quelqu'un** だれか，ある人

Quelqu'un vient dîner ce soir ?　　　　今晩だれか夕食に来るのですか？

J'entends *quelqu'un* jouer du violon.　　　　だれかヴァイオリンを弾いているのが聞こえる。

　　注 ②〜⑦の代名詞は主語として用いられるとき，動詞は3人称単数で活用します。

③ **ne...personne, personne ne**... だれも…ない

Il *n'*y a *personne* à la maison.　　　　家にはだれもいない。

Personne ne peut répondre.　　　　だれも答えることができない。

　　注 ③．⑤．⑦の代名詞は否定を表わし，pas は省略されます。

④ **quelque chose** なにか，あるもの

J'ai *quelque chose* à vous dire.　　　　私はあなたに言わなければならないことがある。

Y a-t-il *quelque chose* de vrai dans cette histoire ?　この話の中になにか本当のことがありますか？

⑤ **ne...rien, rien ne**... なにも…ない

Je *n'*ai *rien* à déclarer.　　　　申告するものはなにもない。

*Rien n'*est prévu pour demain.　　　　明日のことはなにも予想できない。

⑥ **chacun(*e*)** めいめい，それぞれ

Chacun est responsable de ses actes.　　　　めいめいが自分の行為に責任がある。

Il a trois filles, *chacune* a son charme.　　　彼には3人の娘がいるが，それぞれ魅力がある。

⑦ **ne...aucun(*e*), aucun(*e*) ne**... （…のなかの）なに［だれ］も…ない

Aucune d'elles *ne* me plaît.　　　　私は彼女たちのだれも気に入らない。

Je *ne* connais *aucun* de ses amis.　　　　私は彼の友人たちのなかのだれも知らない。

⑧ **certain(*e*)s** 何人かの人たち，…のいくつ［何人］か

Certains aiment le vin, d'autres préfèrent la bière.　ワインが好きな人もいれば，ビールの人もいる。

Parmi tes amies, *certaines* semblent méchantes.　君の友人たちのなかの何人かは意地悪そうだ。

⑨ **quelques-un(*e*)s** …のいくつ［何人］か

Quelques-unes de ces photos sont très réussies.　これらの写真の何枚かはとてもよく撮れている。

⑩ **plusieurs** 何人もの人たち，…のいくつ［何人］も

Plusieurs personnes ont essayé de résoudre ce problème.

　　　　　　　　　　　　　　　　　　　　　何人もの人たちがその問題を解こうとした。

J'ai lu *plusieurs* de ses romans.　　　　私は彼（女）の小説を何冊も読んだ。

⑪ **même(*s*)** 同じもの［人］

Elle est toujours la *même* : gaie et aimable.　　彼女は相変わらずです。陽気で愛想がいい。

⑫ **autre(*s*)** ほかのもの［人］

Alice et Rose ne se parlent plus l'une à l'*autre*.　アリスとローズはもうお互いに話をしない。

⑬ **tout ; tous, toutes** すべて，すべてのもの［人］

Tout va bien.　　　　　　　　　　　　　すべてうまくいっている。

Ces CD, je les ai *tous* écoutés.　　　　これらの CD は全部聞いた。

EXERCICE 8

次の対話（1）〜（12）の（　）内に入れるのにもっとも適切な不定代名詞を解答欄に書いてください。

(1) —Ça fait quelque temps que je ne t'ai pas vu.

　　—Ça fait deux ans, je crois. Mais tu restes le (　　　).　　————

(2) —Ces lettres sont timbrées ?

　　—Oui, elles sont (　　　) timbrées.　　————

(3) —Il est très timide ?

　　—Oui, il ne parle à (　　　).　　————

(4) —Le patron a renvoyé deux employés.

　　—Ils ont fait (　　　) de mal ?　　————

(5) —Pourquoi vous vous êtes quittés ?

　　—On ne s'entendait plus du tout l'un avec l'(　　　).　　————

(6) —Pouvez-vous m'aider ?

　　—Désolé, je suis très occupé. Demandez à (　　　) d'autre.　　————

(7) —Qu'est-ce que tu as fait hier ?

　　—(　　　) du tout, je me suis reposée.　　————

(8) —Tu as l'air triste. Qu'est-ce que tu as ?

　　—Je n'ai (　　　) du tout.　　————

(9) —Tu n'as rien entendu ?

　　—Si, je crois qu'(　　　) a frappé à la porte.　　————

(10) —Vous avez déjà visité plusieurs appartements. Vous allez
　　　acheter lequel ?

　　—On ne sait pas, on hésite. (　　　) ne nous convient.　　————

(11) —Vous avez des animaux domestiques ?

　　—Oui, j'en ai (　　　). J'ai deux chiens, deux chats
　　　et deux lapins.　　————

(12) —Vous avez des petits-enfants ?

　　—Oui, j'ai trois petites-filles. Pour leurs dix-huit ans
　　　j'ai donné un bijou à (　　　).　　————

9. 不定形容詞

① **ne...aucun(*e*)(*s*) ...**, **aucun(*e*)(*s*) ...ne...**　どんな…も…ない

Je *ne* trouve ce mot dans *aucun* dictionnaire.　　この単語はどんな辞書にもでていない。

Aucune visite *n'*est autorisée après 19 h 30.　　19時30分以降はいかなる面会も許されない。

② **ne...nulle part**　どこにも…ない

Je *ne* trouve mon sac *nulle part*.　　私のバッグがどこにも見あたらない。

　　cf. Ce film est vraiment *nul*.　　この映画はじつにつまらない。

③ **même(*s*) ...**　同じ…

Ces deux écoliers ont le *même* cartable bleu.　　2人の小学生は同じ青い通学鞄をもっている。

④ **tel(*le*) ...**　そのような…

Il est *tel* que je pensais.　　彼は私が考えていたような人だ。

Il faisait un *tel* bruit que je n'ai pas pu dormir.　　彼がとても騒がしかったので私は眠れなかった。

⑤ **autre(*s*) ...**　ほかの…

Jean est plus grand que les *autres* garçons de son âge.

　　　　　　　　　　　　　　　　　　ジャンは同年代のほかの男の子より背が高い。

J'ai une *autre* idée.　　私にはべつの考えがある。

　注　**autre chose**　ほかのこと［もの］，　**autre part**　ほかの所で［に］

　　Voulez-vous *autre chose* ?　　ほかになにか欲しいものはありますか？

　　Cet hôtel est complet, allons *autre part*.　　このホテルは満室だ．ほかの所へ行きましょう。

⑥ **chaque ...**　それぞれの…（単数形しかありません）

Chaque étudiant de la classe a un dictionnaire.　　クラスの各学生が1冊ずつ辞書をもっている。

Chaque fois que je vais en vacances, j'envoie des cartes postales.

　　　　　　　　　　　　　　　　　　私はヴァカンスへ行くたびに絵はがきをだす。

⑦ **quelque ...**　ある…，いくらかの…（単数形しかありません）

J'ai *quelque* peine à te croire.　　君はやや信じがたい。

　注　**quelque part**　どこかに［で］

　　Tu vois mes lunettes *quelque part* ?　　どこかにぼくの眼鏡はある？

⑧ **un(*e*) certain(*e*) ...**　ある…，なんらかの…，かなりの…

C'est une dame d'un *certain* âge.　　この人はかなり年配の夫人です。

⑨ **quelques ...**　いくつ［何人］かの…（複数形しかありません）

Il reste seulement *quelques* places libres.　　空席は数席残っているだけです。

⑩ **certain(*e*)(*s*) ...**　ある…，いくつ［何人］かの…

Certains invités préfèrent le café, d'autres le thé.

　　　　　　　　　　　　お客さんのなかにはコーヒーが好きな人もいれば紅茶が好きな人もいる。

⑪ **plusieurs ...**　いくつ［何人］もの…（複数形しかありません）

J'ai essayé *plusieurs* fois, mais je n'y arrive toujours pas.

　　　　　　　　　　　　　　　　　　私は何回も試したが，いつもうまくいかない。

⑫ **tout** (*m.s.*)，**toute** (*f.s.*)，**tous** (*m.pl.*)，**toutes** (*f.pl.*)　すべて，すべてのもの［人］

Je ne peux pas faire *tout* ce travail en un jour.　　1日でこの仕事を全部することはできない。

Hier, il a plu *toute* la journée.　　きのうは１日中雨だった。

J'ai lu *tous* les romans de Camus.　　私はカミュの小説を全部読みました。

Toutes les expositions seront fermées le 1er mai.　　すべての展覧会は５月１日に閉会する。

EXERCICE 9

次の対話（１）〜（12）の（　）内に入れるのにもっとも適切な語（１語とは限らない）を解答欄に書いてください。

(1) —C'est un très bon café.

　　—Tu veux en boire (　　　) ?　　　　　　　　　　_____

(2) —Cette jupe vous va très bien.

　　—Mais elle est trop courte. Montrez-moi (　　　).　　_____

(3) —Tu as combien sur toi ?

　　—J'ai cent euros et (　　　).　　　　　　　　　　_____

(4) —Comme son frère jumeau et lui se ressemblent !

　　—Oui, ils ont les (　　　) yeux marron.　　　　　_____

(5) —Elle va souvent au cinéma ?

　　—Oui, elle y va (　　　) fois par mois.　　　　　_____

(6) —On va à la mer, tu viens avec nous ?

　　—Moi, j'ai très envie d'aller (　　　).　　　　　_____

(7) —Où est-ce que je peux acheter des livres de Proust ?

　　—Dans (　　　) les bonnes librairies.　　　　　_____

(8) —Où est le restaurant ?

　　—(　　　) dans le centre-ville !　　　　　　　　_____

(9) —Pourquoi vous allez faire les courses aujourd'hui ?

　　—Parce que demain, (　　　) les magasins sont fermés dans

　　ce quartier.　　　　　　　　　　　　　　　　　_____

(10) —Qu'est-ce que tu cherches ?

　　—Mes lunettes. Je ne les trouve (　　　).　　　_____

(11) —Tu sais que les parents de Joseph habitent en Finlande ?

　　—Oui, il va les voir (　　　) mois.　　　　　　_____

(12) —Vous venez de manquer votre train ?

　　—Oui. Pourriez-vous m'indiquer les horaires des

　　(　　　) trains pour Nice ?　　　　　　　　　　_____

まとめの問題

次の各設問において，対話の（1）～（5）の（　　）内に入れるのにもっとも適切なものを，下の①～⑦のなかから1つずつ選び，その番号を解答欄に書いてください。ただし，同じものを複数回用いることはできません。なお，①～⑦では，文頭にくるものも小文字にしてあります。(配点　10)

1 (1) —Comment trouves-tu cette écharpe ?

　　　—Je préfère (　　　) que tu portais hier.

(2) —Comment va Olivier ?

　　　—Je ne sais pas, je n'ai aucune nouvelle de (　　　) depuis un mois.

(3) —Il y a trois candidats aux élections municipales.

　　　—Tu as décidé pour (　　　) tu vas voter ?

(4) —J'aime surtout les films d'aventure.

　　　—(　　　) sont tes acteurs préférés ?

(5) —Tu veux manger cette pomme ?

　　　—Oui, j'(　　　) veux bien la moitié.

　　① autre　　② celle　　③ en　　　④ lequel

　　⑤ lui　　⑥ quels　　⑦ y

(1)	(2)	(3)	(4)	(5)

2 (1) —Je suis invité chez François.　Tu viens avec moi ?

　　　—Non, merci.　Je n'ai (　　　) envie d'aller le voir : il est trop ennuyeux.

(2) —Quelqu'un m'a dit que tu étais au café hier soir.

　　　—Ah oui ! (　　　) a dit ça ?

(3) —Tu es allé au concert hier ?

　　　—Oui, le concert de rock (　　　) j'ai assisté était passionnant.

(4) —Vous avez vu quelqu'un entrer dans la pièce ?

　　　—Non, je n'ai vu (　　　).

(5) —Vous voilà enfin !　Ça fait une heure que je vous attends !

　　　—François s'est mis à téléphoner juste au moment (　　　) il fallait partir.

　　① aucune　　② auquel　　③ dont　　　④ même

　　⑤ où　　⑥ personne　　⑦ qui

(1)	(2)	(3)	(4)	(5)

3 (1) —Je dois retirer de l'argent à la banque.

　　　　—Elle va bientôt fermer ; vas-(　　　) tout de suite.

　(2) —Je voudrais visiter ce musée.

　　　　—Vous parlez (　　　) ?

　(3) —Suzanne travaille dans cette entreprise ?

　　　　—Oui. C'est grâce à (　　　) que j'ai pu y entrer.

　(4) —Tu n'as pas ton parapluie ?

　　　　—Non, j'ai laissé (　　　) dans le train.

　(5) —Viens vite ! On part !

　　　　—Oui, oui, (　　　) voilà, je suis prêt !

　　① celle　　　② duquel　　　③ elle　　　④ le mien
　　⑤ me　　　　⑥ quoi　　　　⑦ y

(1)	(2)	(3)	(4)	(5)

4 (1) —À quel prix as-tu acheté ces tasses ?

　　　　—Elles ont coûté trois euros (　　　).

　(2) —C'est qui, la dame sur cette photo ?

　　　　—C'est ma tante chez (　　　) je passais toujours mes vacances
　　　　dans mon enfance.

　(3) —Il n'y a aucun survivant à cet accident d'avion.

　　　　—Vous savez (　　　) qui a causé l'accident ?

　(4) —Qu'est-ce que tu préfères lire ?

　　　　—Ça dépend. Certains jours, je préfère lire un roman, d'(　　　)
　　　　jours de la poésie.

　(5) —Tous ces films sont passionnants ?

　　　　—Non, pas tous. (　　　) sont ennuyeux.

　　① aucuns　　　② autres　　　③ ce　　　④ chacune
　　⑤ quelques-uns　⑥ qui　　　　⑦ y

(1)	(2)	(3)	(4)	(5)

5 (1) —Il faut faire un détour d'au moins cinq kilomètres aujourd'hui.

—Oui. Le pont sur (　　　) nous passons d'habitude est en travaux.

(2) —J'étais là pendant l'accident.

—Alors, vous avez (　　　) vu, monsieur ?

(3) —Marc plaisante tout le temps.

—Tu crois ? Mais il y a parfois (　　　) de vrai dans ce qu'il dit.

(4) —Tu connais cette dame ?

—Je l'ai déjà rencontrée (　　　), mais je ne sais pas où.

(5) —Vous allez faire une randonnée en montagne demain ?

—Oui, tous (　　　) qui en ont envie peuvent venir avec nous.

① certains　　　② ceux　　　③ lequel　　④ personne

⑤ quelque chose　⑥ quelque part　⑦ tout

(1)	(2)	(3)	(4)	(5)

6 (1) —À quel âge devient-on majeur dans votre pays ?

—On (　　　) devient à dix-huit ans.

(2) —À qui est cette moto ?

—C'est (　　　).

(3) —C'est qui, Verlaine ?

—Tu ne connais pas Verlaine ? C'est (　　　) de merveilleux.

(4) —Comment s'est passée la réunion ?

—(　　　) personnes n'étaient pas d'accord, mais dans l'ensemble, ça a été.

(5) —Tu connais Émilie ?

—C'est qui ? Celle (　　　) la mère est pianiste ?

① chacun　　　② dont　　　③ la sienne　　④ le

⑤ quelques　　⑥ quelqu'un　⑦ quoi

(1)	(2)	(3)	(4)	(5)

5

長文完成

　長文のなかの5箇所の空欄に入る語をそれぞれ3つの選択肢から選ぶ，選択式問題です。出題される長文は，3人称の文体で書かれていて，おもに新聞や雑誌でとりあげられる話題です。論理的な展開に注意しながら読み進めていくことが肝要です。選択肢にふくまれる正解は，文意と文脈から判断根拠のあるものを選ぶようにしましょう。

◆出題例（2012年秋季 5）◆

 　次の文章を読み、（ 1 ）〜（ 5 ）に入れるのにもっとも適切なものを、それぞれ右のページの ① 〜 ③ のなかから1つずつ選び、解答欄のその番号にマークしてください。（配点　10）

　　Paul aimait beaucoup l'école quand il était petit, (1) avait de très bons copains. Il s'amusait toujours avec eux. (2) chose qu'il détestait était ses devoirs.

　　Ces derniers temps, Paul, qui est maintenant père de famille, a entendu parler de « la semaine sans devoirs ». (3), dans l'école de sa fille Marie, on a décidé de ne donner aucun devoir pendant une semaine.

　　Cette idée lui a beaucoup plu. Il pense que les enfants ont d'autres choses à faire à la maison que des devoirs. Il (4) qu'on ne donne jamais de devoirs à faire à la maison. Mais sa femme, Estelle, (5). Elle craint que, sans devoirs, les enfants ne travaillent pas du tout chez eux.

(1)　① comme s'il
　　　② parce qu'il
　　　③ tandis qu'il

(2)　① La même
　　　② La seule
　　　③ L'autre

(3)　① En effet
　　　② Par contre
　　　③ Pourtant

(4)　① a même peur
　　　② est même malheureux
　　　③ souhaite même

(5)　① est contente
　　　② ne s'intéresse pas à cette question
　　　③ n'est pas de son avis

EXERCICE 1

次の文章を読み，（1）〜（5）に入れるのにもっとも適切なものを，それぞれ下の①〜③のなかから1つずつ選び，その番号を解答欄に記入してください。(配点 10)

La consommation d'électricité en France a diminué de 7 % l'année dernière. C'est beaucoup et ça pourrait être une (1) nouvelle si l'on ne connaissait pas les vraies causes de cette diminution.

Si les Français ont utilisé moins d'électricité, c'est d'abord parce qu'il a fait (2) froid l'année dernière. Autant dire que ce n'était pas la peine d'utiliser les radiateurs* pour avoir suffisamment chaud dans les maisons. L'autre raison de cette diminution est la crise économique. Comme l'activité des entreprises est (3), leur consommation électrique l'est aussi.

La vraie bonne nouvelle, c'est que la production d'énergie renouvelable** (4). Pour l'énergie du vent, cette augmentation est de 15 %. Pourtant, cette énergie représente une (5) part dans la consommation énergétique totale des Français. Quant à la production d'énergie solaire***, elle a été multipliée par trois par rapport à l'année dernière.

*radiateurs：暖房機

**énergie renouvelable：再生可能エネルギー

***énergie solaire：太陽エネルギー

(1) ① bonne
② mauvaise
③ triste

(2) ① beaucoup moins
② beaucoup plus
③ très

(3) ① en augmentation
② en diminution
③ en grève

(4) ① a beaucoup augmenté
② a beaucoup consommé
③ a beaucoup diminué

(5) ① faible
② grande
③ large

(1)	(2)	(3)	(4)	(5)

EXERCICE 2

次の文章を読み，（1）～（5）に入れるのにもっとも適切なものを，それぞれ下の①～③の なかから1つずつ選び，その番号を解答欄に記入してください。(配点 10)

Une campagne va être lancée pour （ 1 ） contre le harcèlement* à l'école. Le harcèlement, c'est quand on nuit à une personne en l'agressant physiquement ou en l'insultant （ 2 ）.

L'idée de cette campagne est née lors des Assises** de l'éducation. La campagne （ 3 ） sur un site Internet où le sujet sera expliqué. Il y aura aussi des spots*** qui seront diffusés à la télévision et sur Internet.

Ce sujet du harcèlement scolaire est malheureusement trop souvent dans l'actualité （ 4 ）. Juste avant la rentrée, une collégienne de 6ᵉ, âgée de 12 ans, s'est suicidée. Selon sa famille, son geste était la conséquence**** des harcèlements dont elle était victime.

Des études montrent qu'au moins un élève sur dix est victime de harcèlement （ 5 ）. Un chiffre encore plus important au collège. Il est donc urgent d'agir pour combattre ce problème.

*harcèlement：ハラスメント

**Assises：討論会

***spot：スポット広告

****conséquence：結果

長文完成

119

(1) ① jouer
   ② lutter
   ③ mettre

(2) ① continuellement
   ② quelquefois
   ③ rarement

(3) ① sera collée
   ② sera mise
   ③ sera présentée

(4) ① en ce moment
   ② plus tard
   ③ tout de suite

(5) ① à l'école primaire
   ② à l'université
   ③ au collège

(1)	(2)	(3)	(4)	(5)

EXERCICE 3

次の文章を読み，（1）〜（5）に入れるのにもっとも適切なものを，それぞれ下の①〜③の
なかから1つずつ選び，その番号を解答欄に記入してください。(配点 10)

Le zoo de Vincennes a ouvert ses portes en 1934. (1), il s'était beaucoup
dégradé. Les conditions de vie des animaux n'étaient plus bonnes, il fallait le
rénover. Construire un zoo qui (2) à un zoo, mais plutôt à des espaces
naturels rassemblant différentes espèces : c'est le défi* que s'est lancé le
nouveau zoo de Vincennes. Plus de deux ans de travaux vont être (3) pour
réaliser ce projet.

Dans les zoos des années 30, on présentait les animaux sans faire attention
au décor** dans lequel ils évoluaient. Mais les zoos d'aujourd'hui (4) de
présenter plus qu'un animal aux visiteurs. Il s'agit aussi de faire connaître
l'environnement dans lequel évoluent animaux et plantes de différentes parties
du monde.

Quand les travaux (5), le zoo de Vincennes permettra de découvrir à
quoi ressemble la Patagonie, Madagascar ou encore la Guyane. Et le millier
d'animaux présents, dont certains sont menacés d'extinction***, pourra
profiter de conditions de vie bien plus agréables.

*défi : 挑戦

**décor : 環境

***extinction : 絶滅

(1) ① Aujourd'hui
   ② Avec les années
   ③ Cette année

(2) ① faisait plaisir
   ② ne ressemblerait pas
   ③ n'était pas indifférent

(3) ① bons
   ② nécessaires
   ③ prêts

(4) ① cessent
   ② ont le souci
   ③ oublient

(5) ① seront décidés
   ② seront permis
   ③ seront terminés

(1)	(2)	(3)	(4)	(5)

EXERCICE 4

次の文章を読み，（1）〜（5）に入れるのにもっとも適切なものを，それぞれ下の①〜③のなかから1つずつ選び，その番号を解答欄に記入してください。(配点　10)

Ouvrir un robinet, boire, se laver les mains, aller aux toilettes… Ce sont des gestes tellement （ 1 ） dans les pays riches, qu'on n'y fait même plus attention. Mais ce sont des gestes que ne connaissent pas plusieurs centaines de millions de personnes sur la planète.

Sur la planète, une personne sur huit n'a pas accès à l'eau potable*. Et la population （ 2 ） augmenter. Pour ces personnes, il faut aller chercher l'eau loin, parfois même très loin de la maison. Et puis, l'eau dont l'homme （ 3 ） n'est pas seulement celle qu'il boit ou qu'il utilise pour se laver. C'est aussi celle qui est nécessaire pour l'agriculture** ou pour l'industrie***.

95% de l'eau consommée est utilisée pour produire de quoi （ 4 ）. Et il y a de plus en plus de bouches à nourrir, donc plus de cultures à arroser. Alors, où trouver toute cette eau ?

Les ressources en eau douce de la planète ne sont pas infinies. 70% de la surface de la Terre est recouverte d'eau. Mais （ 5 ） 3% de cette eau est douce. On la trouve surtout aux pôles et en haute montagne.

*eau potable : 飲料水

**agriculture : 農業

***industrie : 工業

(1)　①　courants
　　　②　impossibles
　　　③　très rares

(2)　①　aide à
　　　②　ne cesse pas d'
　　　③　refuse d'

(3)　①　a besoin
　　　②　s'approche
　　　③　se souvient

(4)　①　boire
　　　②　écrire
　　　③　manger

(5)　①　de même
　　　②　heureusement
　　　③　seulement

(1)	(2)	(3)	(4)	(5)

EXERCICE 5

次の文章を読み，（1）～（5）に入れるのにもっとも適切なものを，それぞれ下の①～③のなかから1つずつ選び，その番号を解答欄に記入してください。(配点 10)

En France, on est très fiers de la nourriture. Les habitants du monde entier veulent manger nos petits pains au chocolat, nos gâteaux.

Mais les boulangers (1) tous leurs viennoiseries* et pâtisseries. Beaucoup sont des produits surgelés**. Très tôt le matin, le boulanger ne peut pas tout faire. Il fabrique son pain, mais n'a pas le temps de faire toutes sortes de viennoiseries et de pâtisseries. (2), il a besoin de proposer des produits différents à ses clients pour faire des affaires.

Les produits surgelés n'ont souvent pas un très bon goût. Si vous (3) en acheter, vérifiez sur la porte de la boulangerie si un petit logo en forme de pingouin*** y est collé. (4), il y a des produits surgelés. Mais si vous avez près de chez vous un boulanger qui fait tout lui-même, (5) à le féliciter.

*viennoiserie : 菓子パン

**surgelés : 冷凍の

***pingouin : ペンギン

(1) ① font
② ne fabriquent pas
③ n'utilisent pas

(2) ① Ainsi
② Pourtant
③ Sinon

(3) ① avez besoin d'
② ne pouvez pas
③ ne voulez pas

(4) ① S'il est là
② S'il marche
③ S'il voit

(5) ① ne cherchez pas
② n'hésitez pas
③ ne pensez plus

(1)	(2)	(3)	(4)	(5)

EXERCICE 6

次の文章を読み，（1）～（5）に入れるのにもっとも適切なものを，それぞれ下の①～③のなかから1つずつ選び，その番号を解答欄に記入してください。(配点 10)

À Berlin, des malfaiteurs ont vidé les coffres d'une banque en novembre. Les dommages (1) plus de 10 millions d'euros. (2) commettre un banal cambriolage, les voleurs ont creusé un tunnel avec leurs hommes pour accéder* aux coffres de cette banque.

Les policiers ont découvert un lundi matin, un tunnel partant des coffres jusqu'à un garage loué sous un faux nom depuis mars par les malfaiteurs. L'argent aurait été volé un vendredi, après la fermeture de l'agence. Les voleurs auraient ensuite incendié le tunnel pour (3) toutes traces d'ADN**. C'est d'ailleurs le feu qui a alerté les pompiers et les policiers.

Le tunnel aurait été creusé pendant des mois. Les malfaiteurs ont dû (4) à des professionnels pour que le travail puisse être réalisé. Ils auraient ensuite utilisé de simples pieds-de-biche*** pour ouvrir les coffres de la banque.

Les policiers ne peuvent pas dire le nombre de malfaiteurs, mais le portrait d'un homme (5). Des habitants du quartier ont d'ailleurs affirmé que le portrait ressemblait bien à celui aperçu devant le garage.

*accéder : 到達する

**ADN : DNA

***pied-de-biche : バール

(1) ① coûtent
② mettent
③ s'élèvent à

(2) ① À la place de
② Au lieu de
③ Pour

(3) ① détruire
② laisser
③ voler

(4) ① échapper
② faire appel
③ faire plaisir

(5) ① circule
② marche
③ passe

(1)	(2)	(3)	(4)	(5)

EXERCICE 7

次の文章を読み，（1）〜（5）に入れるのにもっとも適切なものを，それぞれ下の①〜③のなかから1つずつ選び，その番号を解答欄に記入してください。（配点　10）

Un enfant de treize ans, élève de 5ᵉ, est mort mardi matin après s'être fait écrasé par un bus scolaire qui (1) à côté du collège où il était scolarisé*.

Vers 8 heures, un bus de la société Ormont Transport, stationné près du collège, a voulu faire une manœuvre** aussitôt qu'il a démarré, et (2) l'enfant qui se trouvait près du véhicule. Des collégiens ont accouru sur le lieu de l'accident qui (3) se produire. Mais le garçon est mort sur place. Un responsable de la société Ormont Transport a indiqué que l'on allait rechercher les causes de cet accident et a précisé que le chauffeur a été placé (4).

Le directeur du collège a exprimé « sa (5) émotion », et a précisé que « l'écoute psychologique est mise en place au collège ».

*scolarisé : 就学させる

**manœuvre : ハンドル操作

(1)　① habitait
　　　② rentrait
　　　③ roulait

(2)　① aurait appelé
　　　② aurait vu
　　　③ n'aurait pas vu

(3)　① allait
　　　② laissait
　　　③ venait de

(4)　① à tous points de vue
　　　② au loin
　　　③ en garde à vue

(5)　① froide
　　　② haute
　　　③ vive

(1)	(2)	(3)	(4)	(5)

EXERCICE 8

次の文章を読み，（1）～（5）に入れるのにもっとも適切なものを，それぞれ下の①～③の
なかから1つずつ選び，その番号を解答欄に記入してください。(配点 10)

Jusqu'à présent, si on voulait changer la couleur de ses yeux, on pouvait utiliser des verres de contact. Ces morceaux de plastique souple se posent directement sur l'œil. Mais tout le monde (1).

Un médecin américain a récemment annoncé qu'il avait découvert un procédé permettant de modifier définitivement la couleur de ses yeux. Cette technique (2) ceux qui ont les yeux marron et qui veulent avoir les yeux bleus.

La couleur de nos yeux est déterminée par la présence de la mélanine* dans l'iris**. Plus elle est présente, plus la couleur de l'œil est (3). Ce médecin a mis au point un laser*** qui va retirer la couleur marron qui recouvre l'iris. Ensuite, il faut attendre 2 à 3 semaines pour que la couleur bleue (4). Ça ne fait pas mal et c'est définitif.

Mais cette technique n'a pour l'instant été testée que sur peu de personnes et de plus, ce médecin manque de moyens financiers. Il faudra donc faire (5) pour changer la couleur des yeux. Avoir les yeux bleus quand on a les yeux marron, cela coûtera 3 600 euros.

*mélanine : メラニン色素

**iris : 眼球の虹彩

***laser : レーザー

(1) ① ne les jette pas
    ② ne les laisse pas
    ③ ne les supporte pas

(2) ① ne regarde pas
    ② occupe
    ③ s'adresse à

(3) ① claire
    ② foncée
    ③ pâle

(4) ① apparaisse
    ② changent
    ③ disparaisse

(5) ① des économies
    ② plaisir
    ③ ses valises

(1)	(2)	(3)	(4)	(5)

EXERCICE 9

次の文章を読み，（1）～（5）に入れるのにもっとも適切なものを，それぞれ下の①～③のなかから1つずつ選び，その番号を解答欄に記入してください。(配点　10)

C'est en 1936 que les Français ont pu prendre leurs premiers « congés payés* » : ces deux semaines de liberté ont été une véritable révolution (　1　). Depuis, les vacances se sont allongées jusqu'à 5 semaines et plus… Un record mondial !

On prend donc des vacances plus souvent maintenant, mais plus courtes. Les quinze premiers jours d'août sont la période (　2　) car la majorité** des Français cherchent le soleil et la chaleur.　Il faut dire que les côtes françaises, de la Bretagne au sud-ouest ou à la Côte d'Azur, offrent de belles plages.　En hiver, les 357 stations de ski alpin accueillent les skieurs ou les amateurs de montagne.　La France, avec ses paysages variés et ses monuments historiques, reste la première (　3　) touristique du monde.　Moins d'un tiers des Français passent leurs vacances à l'étranger, (　4　) en Europe.　Mais ils sont de plus en plus attirés par des séjours (　5　) la France et se laissent séduire par les offres de voyages dans le monde entier.

*congés payés : 有給休暇

**majorité : 大多数

(1)　①　dans leur manière de vivre
　　②　dans leur moyen de réaliser
　　③　de leur façon de voyager

(2)　①　la plus difficile
　　②　la plus fréquentée
　　③　la plus suffisante

(3)　①　destination
　　②　guide
　　③　ville

(4)　①　au moins
　　②　de préférence
　　③　sauf

(5)　①　dans
　　②　hors de
　　③　près de

(1)	(2)	(3)	(4)	(5)

EXERCICE 10

次の文章を読み，（1）〜（5）に入れるのにもっとも適切なものを，それぞれ下の①〜③のなかから1つずつ選び，その番号を解答欄に記入してください。(配点 10)

Jacques, âgé de presque sept ans, habitait au Pays basque. Il est arrivé seul, en ambulance*, le 22 décembre, à l'Hôpital des Enfants malades de Bordeaux. Un diagnostic de pneumonie** nécessitait une hospitalisation d'urgence. Sa maman ne l'a pas accompagné, parce qu'elle attendait un bébé et n'aurait pas pu (1).

Comme d'autres petits, il (2) l'hôpital pour les fêtes, alors le Père Noël est venu le voir. « J'ai eu plein de cadeaux ! », raconte Jacques, sans jamais (3). Dans cet hôpital, tous les efforts sont faits pour que, le soir de Noël, les enfants puissent être chez eux. Mais pour certains, c'est impossible. C'est le cas d'enfants atteints de maladies (4). Julien est étudiant en médecine. Il amène depuis 3 ans des cadeaux avec d'autres étudiants en médecine. « Je trouve cela (5) qu'un enfant soit malade » dit-il tout en distribuant des cadeaux aux enfants malades.

*ambulance : 救急車

**diagnostic de pneumonie : 肺炎の診断

(1)　① se promener en voiture
　　② sortir dans le jardin
　　③ supporter le voyage

(2)　① a dû sortir de
　　② n'a pas pu entrer à
　　③ n'a pas pu quitter

(3)　① arrêter de se plaindre
　　② cesser de sourire
　　③ continuer de sourire

(4)　① de peau
　　② graves
　　③ légères

(5)　① heureux
　　② injuste
　　③ innocent

(1)	(2)	(3)	(4)	(5)

6

長文読解

　長文を読んで，その内容について述べた 6 つの文が長文の内容に一致するかどうかを判断する選択式問題です。出題される長文は，1 人称で語られる日記調のこともあれば，時事問題をあつかった 3 人称体の新聞記事のこともあります。内容について述べた選択肢は，長文で言及されている順に配列されていますから，長文の内容と選択肢の対応に気をつけながら，正否の判断していくようにしましょう。

━━ ◆━ 出題例（2012年秋季 6）━

6　次の文章を読み、右のページの (1) ～ (6) について、文章の内容に一致する場合は解答欄の ① に、一致しない場合は ② にマークしてください。（配点　12）

　　Olivier double* des films étrangers en français. Il est connu en tant que voix française de Bruce Johnson. En France, c'est avec sa voix qu'on a découvert ce grand acteur américain en 1987. Depuis, il a doublé tous les films de Bruce Johnson. Le ton vif d'Olivier augmente le côté sympathique des personnages joués par l'acteur américain.

　　Olivier a aujourd'hui 57 ans. Mais c'est à huit ans qu'il a commencé dans la profession : on lui doit la voix amusante du petit chat dans *Mimi, le chat qui parle*. Beaucoup d'autres héros, animaux et humains, parlent avec sa voix.

　　Selon Olivier, il est très important de parler et respirer comme le personnage qu'on double. Il recommande surtout de regarder avec attention les yeux du personnage pour comprendre ses émotions. Bien doubler un personnage, c'est aussi l'admirer.

* doubler : 吹き替える

(1) Bruce Johnson est devenu célèbre en France avec la voix d'Olivier.

(2) Olivier double Bruce Johnson dans ses films depuis 1987.

(3) Olivier s'est mis à doubler il y a huit ans.

(4) Dans *Mimi, le chat qui parle*, Olivier a donné sa voix au petit chat.

(5) D'après Olivier, on doit parler et respirer comme le personnage à qui on prête sa voix.

(6) Selon Olivier, regarder les yeux du personnage empêche de bien le doubler.

EXERCICE 1

次の **Émilie** の文章を読み，下の（1）～（6）について，文章の内容に一致する場合は①を，一致しない場合は②を解答欄に記入してください。(配点　12)

Je suis photographe de guerre, alors les enfants, ça n'a pas été au programme pendant longtemps : ma liberté avant tout, pour pouvoir partir dans l'heure au bout du monde.　Et, surtout, faisant un métier quand même dangereux, je refusais de porter la responsabilité* d'un autre être humain que moi-même. Mes parents ne disaient pas grand-chose mais je les sentais tristes et c'était bien pire !　Mais on ne fait pas des enfants pour faire plaisir à ses parents.

J'ai rencontré Daniel, journaliste aussi, à 39 ans.　Je crois que nous étions tous les deux « mûrs » pour nous marier.　L'envie d'avoir un enfant s'est imposée comme une évidence**.　Louis est né trois semaines après mes 41 ans.　Il est le fruit de notre amour.　Je suis heureuse d'avoir pris mon temps. Ce n'est pas de l'égoïsme.　Je me sens très sereine dans mes rôles de mère et de femme et je pense que pour Louis, c'est important. J'ai plus d'assurance*** que si j'avais été mère à 30 ans car je pense savoir mieux qui je suis.

*responsabilté : 責任

**évidence : 明白なこと

***assurance : 自信

(1)　Avant le mariage, le travail était plus important pour Émilie que d'avoir un enfant.

(2)　Avant le mariage, le danger du métier ne permettait pas à Émilie de trouver bon d'avoir un enfant.

(3)　Les parents d'Émilie lui reprochaient son style de vie.

(4)　Émilie avait 39 ans quand elle a rencontré Daniel qui était journaliste.

(5)　Émilie regrette d'avoir eu un enfant à un âge mûr.

(6)　Émilie pense qu'il est préférable de devenir mère à 30 ans.

(1)	(2)	(3)	(4)	(5)	(6)

EXERCICE 2

次の **Jean** の文章を読み，下の（1）～（6）について，文章の内容に一致する場合は①を，一致しない場合は②を解答欄に記入してください。（配点　12）

Je suis né le 29 février. C'est un jour bizarre qui revient tous les quatre ans. C'est un inconvénient pour moi, d'être né un jour si rare, parce que toute la classe se moque de moi en disant : « Oh, il a deux ans, il a deux ans ! ». Je me sens un peu à part. J'aimerais donc rencontrer quelqu'un d'autre qui est né un 29 février.

Quand je dis à ma mère que j'aurais préféré naître un autre jour, elle répond « Moi, je suis fière que tu sois né un 29 février, parce que tu es un petit garçon assez exceptionnel* ». Comme mon jour de naissance. Ma famille le fête tous les ans. D'habitude, je le fête le 28 février et j'ai des cadeaux « pas très exceptionnels ». Mais quand c'est mon vrai anniversaire, mon cadeau est toujours un peu plus gros. J'aurais préféré naître le 25 décembre, le jour de Noël, comme ça, j'aurais tout plein de cadeaux d'un seul coup.

Il y a un 29 février cette année. Je vais inviter presque toute ma classe et je vais faire une grosse fête.

*exceptionnel : 特別な

(1)　Jean est content d'être né le 29 février.
(2)　Jean a de la sympathie pour les personnes qui sont nées un 29 février.
(3)　La mère de Jean est déçue qu'il soit né le 29 février.
(4)　La famille de Jean ne le félicite pour son anniversaire que tous les quatre ans.
(5)　Jean peut avoir plus de cadeaux le 28 février que le 29 février.
(6)　Jean aura 12 ans cette année.

(1)	(2)	(3)	(4)	(5)	(6)

EXERCICE 3

次の **Alicia** の文章を読み，下の（1）〜（6）について，文章の内容に一致する場合は①を，一致しない場合は②を解答欄に記入してください。(配点 12)

J'ai grandi dans une famille où la musique avait toute sa place, entre une maman chanteuse et un papa guitariste. La musique, c'est dans mon sang. Depuis toute petite, j'aimais donc chanter. Et puis, j'avais d'autres passions artistiques, comme la danse, la guitare ou le piano. Je me suis intéressée à différents genres musicaux. Mais le style de musique numéro un pour moi, c'est la musique soul. Et puis après, j'ai eu des périodes où j'écoutais de la pop ou du hip-hop.

À l'âge de 18 ans, j'ai rencontré une productrice avec qui j'ai travaillé en studio durant 3 ans. J'ai aussi chanté dans les pianos-bars. Maintenant, chanter, c'est ma vie.

Être sur scène, c'est ce que j'attendais depuis que je suis toute petite. Dans mes concerts, j'ai envie d'apporter les différentes facettes* qui sont en moi : le show à l'américaine et le côté plus intime**, avec ma guitare. Un de mes objectifs, à travers la musique, c'est d'aider les gens. Surtout les jeunes d'aujourd'hui, qui n'ont pas vraiment de repères***. Je veux leur dire de garder espoir, d'avancer et de se battre.

*facette : 面

**intime : 親密な

***repère : 目標

(1) Le milieu familial a favorisé Alicia.

(2) Alicia n'aimait que chanter dans son enfance.

(3) Alicia préfère la musique pop à la musique soul.

(4) La rencontre d'une productrice a donné à Alicia l'occasion de devenir chanteuse.

(5) Alicia voulait donner un concert depuis toute petite.

(6) Le concert d'Alicia a pour but d'encourager les gens, surtout les jeunes d'aujourd'hui.

(1)	(2)	(3)	(4)	(5)	(6)

EXERCICE 4

次の文章を読み，下の（1）〜（6）について，文章の内容に一致する場合は①を，一致しない場合は②を解答欄に記入してください。(配点 12)

Delphine est lycéenne. Elle a 16 ans. Elle a participé au Concours de plaidoirie des lycéens pour la défense des Droits de l'homme. Une plaidoirie, c'est un texte que l'on écrit ou que l'on dit pour défendre une cause*.

Delphine avait choisi de parler des personnes âgées. De la façon dont elles sont traitées dans certaines maisons de retraite**. Pendant presque 10 minutes, Delphine a expliqué « qu'il est inacceptable que ces personnes soient considérées comme des enfants, voire comme des objets. »

Elle a demandé que la société redonne leur place à ces personnes, qu'elle les respecte, et qu'elle se donne les moyens de les aider à vieillir dans la dignité***. Delphine a gagné le premier prix du concours. Elle l'a bien mérité.

*cause : 立場

**maison de retraite : 老人ホーム

***dignité : 尊厳

(1) La plaidoirie n'est pas un exposé écrit, mais un exposé oral.

(2) Delphine avait décidé de parler pour défendre la cause des personnes âgées.

(3) Delphine a expliqué comment les personnes âgées sont traitées dans la plupart des maisons de retraite.

(4) Delphine plaint les personnes âgées d'être traitées comme des enfants dans les maisons de retraite.

(5) D'après Delphine, il faut que la société aide les personnes âgées à entrer dans les maisons de retraite.

(6) D'après Delphine, les personnes âgées ne méritent pas de vieillir dans la dignité.

(1)	(2)	(3)	(4)	(5)	(6)

次の文章を読み，下の（1）～（6）について，文章の内容に一致する場合は①を，一致しない場合は②を解答欄に記入してください。(配点 12)

Benoît a souffert d'être gaucher. Car tout est pensé pour les droitiers. De la poignée ouvrant la fenêtre à la manette* de jeux vidéo. Il s'est aperçu à 10 ans qu'il y avait plein de petites choses de sa vie qui lui avaient posé des soucis et qui venaient de sa gaucherie. Par exemple, sa grand-mère ne le laissait rien faire d'important parce qu'elle lui disait toujours : « Avec ta patte** gauche, tu vas tout casser ».

Aujourd'hui, c'est plus facile d'être gaucher qu'avant. Même s'il reste parfois des croyances***. La main gauche, c'est la main du diable. En opposition au côté droit, symbole du bien et du bon, il y a la main gauche, symbole de malheur. Benoît est déjà habitué à être gaucher. Pour bien écrire, il a l'habitude de tourner le cahier et d'aller dans le coin de la table. Sa pire expérience de gaucher, c'est la première fois où il a dansé avec une fille. Il ne savait plus quelle main ou quel pied avancer. Sa meilleure expérience, c'est que ça l'a rendu sensible à tous les gens qui sont différents. Les personnes handicapées, les personnes très âgées…

*manette : コントローラー

**patte : 動物の脚

***croyance : 信仰

(1) La plupart des objets d'usage quotidien sont faits pour les droitiers.
(2) Dès son entrée à l'école primaire, Benoît s'est aperçu que ses soucis avaient pour cause la gaucherie.
(3) La grand-mère de Benoît le trouvait très maladroit.
(4) Aujourd'hui, il n'y a plus de gens qui ont des préjugés contre les gauchers.
(5) Benoît a pu bien danser avec une fille dès le début.
(6) Sa gaucherie a permis à Benoît de bien concevoir ce que ressentent les gens différents.

(1)	(2)	(3)	(4)	(5)	(6)

EXERCICE 6

次の文章を読み，下の（1）～（6）について，文章の内容に一致する場合は①を，一致しない場合は②を解答欄に記入してください。(配点 12)

600 millions d'Indiens n'ont pas de toilettes chez eux. C'est à peu près la moitié de la population de cet immense pays. Ce qui est incroyable, c'est qu'en Inde, il y a plus de gens qui ont un téléphone portable que de gens qui ont des toilettes dans leur maison.

Dans les campagnes, en Inde, les femmes n'ont pas souvent le droit à la parole. Il a sûrement fallu beaucoup de courage à Anita Narre pour se révolter contre son mari.

Mais cette jeune mariée n'a pas réfléchi longtemps. Quand elle est arrivée chez son nouvel époux, elle s'est aperçue qu'il n'y avait pas de toilettes. Pour Anita, pas question de faire ses besoins* dehors. Elle est partie, disant qu'elle ne reviendrait que quand son mari aurait installé des toilettes.

D'autres femmes de son village l'ont imitée, déclenchant une véritable « révolution des toilettes ». Elles ne sont revenues qu'une fois les toilettes construites, pour vivre dans un village propre où l'eau ne risquait pas d'être polluée par des déjections**.

Anita a reçu une récompense de 7 700 euros pour son geste courageux.

*besoins：排泄の欲求

**déjections：排泄物

(1) La population indienne est d'environ 1 200 millions d'habitants.

(2) En Inde, tous les gens qui ont un téléphone portable ont des toilettes dans leur maison.

(3) Dans les campagnes, les Indiennes peuvent exprimer franchement leurs opinions.

(4) Anita Narre a divorcé avec son mari parce qu'il n'y avait pas de toilettes chez lui.

(5) Les femmes de son village ont quitté leur maison en prenant Anita Narre comme modèle.

(6) Anita Narre a payé une amende de 7 700 euros parce qu'elle s'est enfuie de chez son mari.

(1)	(2)	(3)	(4)	(5)	(6)

EXERCICE 7

次の文章を読み，下の（1）〜（6）について，文章の内容に一致する場合は①を，一致しない場合は②を解答欄に記入してください。(配点　12)

Enfant, Étienne dessinait plutôt bien. Mais après son bac, il ne savait pas quoi faire. C'est son père qui lui a dit : « Tu as un bon coup de crayon, essaie dans cette voie ». Alors, après une année en médecine, il a suivi une formation* en dessin.

Il a travaillé sur des grands films américains et français. Le travail est très différent. Avec les Américains, le story-board** est indispensable. Ils ont besoin de « voir » la construction du film. Il y a vraiment beaucoup de scènes d'action, de cascades***. En France, il y a moins de cascades, même dans les films d'action. Le story-board est aussi moins utilisé.

Aujourd'hui, il fait des dessins et travaille dans le cinéma. Cela doit faire rêver les enfants. Parfois, il va parler de son métier dans des écoles, et il reçoit aussi des dessins de jeunes qui lui demandent des conseils. Il leur dit qu'il est important que chacun découvre ce qui lui plaît. Sans le conseil de son père, il ne serait certainement pas dessinateur aujourd'hui. Beaucoup de jeunes ont un talent méconnu ou une passion cachée.

*formation : 研修

**story-board : 映画の絵コンテ

***cascades : スタント

(1) Étienne voulait être dessinateur depuis tout petit.

(2) Le père d'Étienne lui a conseillé d'être médecin.

(3) On peut se passer de story-board quand on produit un film américain.

(4) Le story-board est plus utilisé en France qu'aux États-Unis.

(5) Étienne donne des conseils aux jeunes qui rêvent de devenir dessinateurs.

(6) D'après Étienne, beaucoup de jeunes se rendent compte de leur talent.

(1)	(2)	(3)	(4)	(5)	(6)

EXERCICE 8

次の文章を読み，下の（1）～（6）について，文章の内容に一致する場合は①を，一致しない場合は②を解答欄に記入してください。（配点 12）

Des cités avec seulement du béton comme paysage, c'est vraiment triste. Ce n'est pourtant pas très compliqué d'améliorer la situation.

C'est ce que pense le groupe d'une vingtaine d'associations de jardiniers*, qui ont proposé un « pacte** pour le jardin dans la cité ». En fait, selon un sondage, 9 Français sur 10 souhaitent plus d'espaces verts dans leur ville. C'est également le but du pacte qui veut redonner de la place à la nature en ville. Les jardiniers veulent notamment permettre l'accès des citadins*** à des fruits et légumes de qualité avec la création de jardins partagés.

Ils veulent aussi aider au développement des espaces verts, en faisant entrer le jardinage à l'école, même pour les plus jeunes. Les jardiniers font plusieurs propositions pour faire rapidement changer les choses. Parmi celles-ci, il y a la création de jardins partagés au pied des nouveaux immeubles ou le développement des jardins dans les hôpitaux.

*jardinier：園芸家

**pacte：契約

***citadin：都会の住民

137

(1) Il est impossible d'améliorer les paysage des cités pleines d'immeubles en béton.

(2) 90% des Français pensent qu'il y a beaucoup d'espaces verts dans leur ville.

(3) L'activité de ces associations de jardiniers a pour but d'agrandir la zone verte.

(4) Ces jardiniers incitent les citadins au jardinage.

(5) Ces jardiniers veulent familiariser les écoliers avec le jardinage.

(6) Ces jardiniers proposent de créer des jardins sur la terrasse des nouveaux immeubles.

(1)	(2)	(3)	(4)	(5)	(6)

EXERCICE 9

次の文章を読み，下の（1）～（6）について，文章の内容に一致する場合は①を，一致しない場合は②を解答欄に記入してください。(配点　12)

En 2005, 32% des Français étaient connectés à Internet chez eux, et plus de 40% dans la capitale. Aujourd'hui, on estime qu'un quart de la population française se connecte chaque jour, soit pour surfer* sur Internet (77%), soit pour consulter sa messagerie** (73%). Mais les Français sont encore timides pour les achats en ligne : beaucoup s'inquiètent de la sécurité*** du paiement.

Les nouvelles technologies ouvrent aussi d'autres possibilités, dans le domaine du travail par exemple. Le rêve, pour certains, de travailler chez soi est devenu réalité : on estime à 7% le nombre des salariés qui travaillent chez eux ou loin de leur lieu de travail. La progression du « télétravail » en France est lente mais régulière.

Enfin, le « e-learning », la formation en ligne, plaît aux entreprises qui voient dans cette nouvelle méthode, comparée à l'enseignement traditionnel, un moyen de former à distance**** un grand nombre de leurs salariés.

*surfer：ネットサーフィンをする

**messagerie：電子メール

***sécurité：安全性

****à distance：遠くから

(1) En 2005, la majorité des Parisiens utilisaient Internet chez eux.

(2) Aujourd'hui, 73% des Français se connectent pour consulter leur messagerie chaque jour.

(3) Les Français hésitent à acheter en ligne parce que les modes de paiement sont compliqués.

(4) Le « télétravail » permet aux salariés de travailler chez eux sans aller à leur bureau.

(5) Le « télétravail » a tendance de progresser lentement en France.

(6) Le « e-learning » attire l'attention des entreprises qui veulent en profiter pour former leurs employés.

(1)	(2)	(3)	(4)	(5)	(6)

EXERCICE 10

次の文章を読み，下の（1）～（6）について，文章の内容に一致する場合は①を，一致しない場合は②を解答欄に記入してください。(配点 12)

La semaine dernière, la SNCF a changé les horaires de presque tous ses trains partout en France.

Pourquoi tout changer ? Il y a trois raisons à cela. D'abord, ces nouveaux horaires vont permettre de réaliser de grands travaux sur les rails. Ces travaux doivent durer cinq ans. 1 000 km de voies seront rénovées* tous les ans. Ensuite, la SNCF veut mettre en place un cadencement** sur certaines lignes : cela veut dire que, désormais, les trains partiront tous les jours à heure fixe. Le but du cadencement est de rendre le trafic*** plus fluide et de faciliter les arrivées à l'heure. Enfin, dernière raison, il faut faire de la place aux nouveaux trains qui vont circuler : il y a les TGV de la nouvelle ligne Rhin-Rhône, mais aussi les trains concurrents de ceux de la SNCF.

Les trains d'une compagnie étrangère vont être autorisés à circuler sur les voies françaises. Ils vont relier Paris à Venise. Avec ces premiers trains étrangers, le rail français change d'époque.

*rénover : 改修する

**cadencement : 列車を一定の間隔で運行すること

***trafic : 輸送

(1) Il faut cinq ans pour modifier tous les horaires.

(2) La SNCF finira la rénovation de 5 000 km de voies dans cinq ans.

(3) Si la SNCF arrive à mettre en place ce cadencement, les trains n'arriveront pas en retard.

(4) Ce cadencement empêchera le trafic d'être fluide et les trains d'arriver à l'heure.

(5) Les TGV de la nouvelle ligne Rhin-Rhône vont être mis en service.

(6) Les trains français ne pourront pas circuler en même temps que les trains étrangers.

(1)	(2)	(3)	(4)	(5)	(6)

7
会話文完成

　会話文のなかの5箇所の空欄に入る語句や文をそれぞれ3つの選択肢から選ぶ，選択式問題です。会話はある発言とそれに対する応答のやりとりで成り立っていますから，そこには一貫した文脈が生まれるはずです。この文脈に注意しながら読み進めていくことが肝要です。基本的にはとくに空欄のあとの発言に着目するようにしましょう。

━━━ 出題例（2012年秋季 7 ）━━━

7 　次の会話を読み、（ 1 ）～（ 5 ）に入れるのにもっとも適切なものを、それぞれ右のページの ① ～ ③ のなかから1つずつ選び、解答欄のその番号にマークしてください。（配点　10）

La dame : Bonjour. Je voudrais prendre le train de 6 heures 25 qui va à Lyon. Mais on m'a dit que ce train était annulé*.

L'employé : Oui, c'est vrai.

La dame : (1) !

L'employé : Mais il y en a un autre qui part à 6 heures 55.

La dame : Avec ce train, on arrive à Lyon à quelle heure ?

L'employé : À 8 heures juste.

La dame : (2) ! À Lyon, je dois prendre un TGV pour Paris à 7 heures 45.

L'employé : Vous ne pouvez pas prendre le TGV suivant ? Il part de Lyon à 8 heures 20 et arrive à Paris à 10 heures 20.

La dame : Il n'y a pas d'autre moyen ?

L'employé : (3).

La dame : Bon. Je n'ai pas le choix. Est-ce que je peux changer ma réservation de TGV ici ?

L'employé : (4), madame. Montrez-moi votre billet.

La dame : (5).

L'employé : Merci. Un moment, s'il vous plaît. Je fais votre nouvelle réservation.

* annuler : 運休にする

(1) ① Ce n'est pas possible
　　② Dépêchez-vous
　　③ Pas de problème

(2) ① Ça ne va pas du tout
　　② C'est parfait
　　③ Je ne sais pas

(3) ① Je vais voir
　　② Non, je regrette
　　③ Si, heureusement

(4) ① Absolument pas
　　② Bien sûr
　　③ Ce n'est pas grave

(5) ① Je l'ai perdu
　　② Je ne veux pas
　　③ Le voilà

EXERCICE 1

次の会話を読み，（1）～（5）に入れるのにもっとも適切なものを，それぞれ下の①～③のなかから1つずつ選び，その番号を解答欄に記入してください。(配点　10)

Denis : Si on allait faire un petit tour au bord de la mer ? Après ce bon dîner, j'ai bien envie d'aller prendre l'air.

Claudia : Moi aussi ! (1).

Denis : Bon, alors, allons-y.

(…)

Claudia : (2).

Denis : Oui, c'est cet air marin. C'est très agréable.

Claudia : On ne se promène pas souvent ensemble, n'est-ce pas ?

Denis : C'est vrai ! (3).

Claudia : Tu as raison, j'aimerais que ça dure un peu plus longtemps.

Denis : (4). Ça passe si vite. Tout ce qui est agréable passe toujours très vite.

Claudia : On a de la chance aujourd'hui. La mer est vraiment calme.

Denis : Oui, c'est magnifique. On aurait envie de (5) dedans.

Claudia : Oh, ne fais pas ça !

(1)　①　Je reste ici

②　Je t'accompagne

③　Je vais me promener seule

(2)　①　Il fait vraiment chaud

②　Il fait vraiment bon

③　Un vent froid se lève

(3)　①　ça ne nous arrive pas souvent

②　ça nous ennnuie

③　ça nous fait mal

(4)　①　Ça m'est égal

②　C'est dommage

③　On est heureux

(5)　①　plonger

②　rentrer

③　tomber

(1)	(2)	(3)	(4)	(5)

EXERCICE 2

次の会話を読み，（1）～（5）に入れるのにもっとも適切なものを，それぞれ下の①～③のなかから1つずつ選び，その番号を解答欄に記入してください。(配点 10)

Henri : Qu'est-ce que tu penses de ce projet de nouvelle route ?

Sandrine : Je suis contre ! Ça va encore une fois (1) l'environnement.

Henri : Peut-être. Mais je ne suis pas d'accord avec toi. Moi, je pense que ça va permettre de développer le tourisme.

Sandrine : (2) ! Ce projet est stupide. Tu crois que les touristes veulent venir dans une région encore plus polluée* ?

Henri : (3), la décision n'a pas encore été prise, ce n'est qu'un projet.

Sandrine : Cette information est dans tous les journaux et ce n'est pas ce que j'ai lu. Moi, j'ai compris que la décision avait (4) été prise. Je m'opposerai à ce projet.

Henri : Sandrine, tu as tort d'avoir la tête chaude. Nous avons le temps d'y réfléchir avant de conclure.

Sandrine : (5) !

Henri : On discute, c'est tout.

*polluée : 汚染された

(1) ① détruire
② protéger
③ utiliser

(2) ① Absolument pas
② D'accord
③ Pourquoi pas

(3) ① Dans ce cas
② De toute façon
③ Tout à fait

(4) ① déjà
② encore
③ souvent

(5) ① Malheureusement
② Tu as raison
③ Tu plaisantes

(1)	(2)	(3)	(4)	(5)

EXERCICE 3

次の会話を読み，（1）～（5）に入れるのにもっとも適切なものを，それぞれ下の①～③のなかから1つずつ選び，その番号を解答欄に記入してください。(配点 10)

Gilles : C'est vraiment génial de pouvoir se souhaiter la bonne année par SMS.

Patrice : Mais pourquoi on s'intéresse à ce moyen de communication ? (1).

Gilles : Parce que ça permet de la souhaiter même à des amis qui sont (2).

Patrice : Où est-ce que tes amis vivent ?

Gilles : J'ai un ami en Australie et deux amis aux États-Unis. Je leur ai envoyé des SMS le 1er janvier au matin.

Patrice : (3) minuit passé, on reçoit plein de messages, sans même une signature. Certains te souhaitent une bonne année (4) parce que tu es dans leur liste de contacts. Pas un mot personnel, pas un vœu qui te ressemble.

Gilles : Mais on peut s'amuser, créer plein de smileys*. Et puis, on peut préparer une liste d'amis et envoyer un petit message sympa à tous, en un clic.

Patrice : (5). Pour faire plaisir, on doit se donner un peu plus de mal, non ?

*smileys : 笑顔マークの絵文字

(1) ① Je déteste ça
② Je prends ça
③ Je m'y intéresse

(2) ① à côté
② dans le pays
③ très loin

(3) ① À peine
② Avant
③ Il y a

(4) ① rarement
② simplement
③ totalement

(5) ① Aucun problème
② C'est une bonne idée
③ C'est une solution de facilité

(1)	(2)	(3)	(4)	(5)

EXERCICE 4

次の会話を読み，（ 1 ）〜（ 5 ）に入れるのにもっとも適切なものを，それぞれ下の①〜③のなかから１つずつ選び，その番号を解答欄に記入してください。(配点　10)

Barbara : Alors, finalement, vous partez au Japon ou non ?

Robert : Oui, ça y est, c'est décidé, (1).

Barbara : Très bien, vous avez un mois pour préparer votre voyage. Où est-ce que vous allez ?

Robert : On va d'abord à Tokyo.

Barbara : (2) ?

Robert : Chez des amis, en fait. Nous resterons une petite semaine. J'espère que nous aurons le temps de tout voir, il y a tellement de choses !

Barbara : (3), qu'est-ce que vous allez faire ?

Robert : D'abord, nous allons aller à Kyoto en Shinkansen. Ensuite, nous avons l'intention de visiter l'île de Kyushu.

Barbara : Vous allez y aller en voiture ?

Robert : Non, bien sûr, on prendra l'avion ! Là, (4) où nous logerons. Nous essaierons de trouver des petits hôtels. Ce sera plus facile de chercher sur place.

Barbara : (5), tu parles japonais ?

Robert : Un peu…

7 会話文完成

145

(1)　①　nous hésitons encore
　　②　nous ne partons pas cette année
　　③　nous partons le 20 juillet

(2)　①　Comment est-ce que vous allez partir
　　②　Où est-ce que vous allez loger
　　③　Où est-ce que vous allez vous installer

(3)　①　Et alors
　　②　Et après
　　③　Malgré tout

(4)　①　j'ai déjà décidé
　　②　je ne sais pas encore
　　③　j'ai oublié

(5)　①　Au fait
　　②　Bref
　　③　En effet

(1)	(2)	(3)	(4)	(5)

EXERCICE 5

次の会話を読み，（1）〜（5）に入れるのにもっとも適切なものを，それぞれ下の①〜③のなかから1つずつ選び，その番号を解答欄に記入してください。(配点　10)

La journaliste : Vous êtes un grand magicien. （ 1 ） avez-vous découvert la magie ?

Le magicien : En regardant un magicien à la télévision. Et, quand j'avais 8 ans, j'ai eu une boîte à magie comme cadeau d'anniversaire. Ça a été le déclic*.

La journaliste : （ 2 ） votre premier spectacle ?

Le magicien : Bien sûr, c'était pour le gala** de l'école. Alors, j'ai proposé à la maîtresse de faire de la magie. J'ai eu beaucoup de succès auprès de mes copains.

La journaliste : Avez-vous suivi des cours de magie ?

Le magicien : Non, （ 3 ）.

La journaliste : Avez-vous déjà raté des tours ?

Le magicien : Quand j'étais jeune, oui, ça m'est arrivé bien sûr. Mais （ 4 ） maintenant. Avant qu'un numéro ne voie le jour sur scène, il y a au minimum 200 répétitions.

La journaliste : Un conseil de magicien à donner aux lecteurs ?

Le magicien : Si vous rêvez de devenir magicien, il faut juste ne pas baisser les bras***. Si on a la foi et la passion, （ 5 ） toujours !

*déclic : きっかけ　　**gala : 式典

***baisser les bras : あきらめる

(1)　①　Comment
　　　②　Combien
　　　③　Pourquoi

(2)　①　Avez-vous déjà oublié
　　　②　Avez-vous déjà vu
　　　③　Vous rappelez-vous

(3)　①　j'ai appris tout seul
　　　②　j'ai fait beaucoup de progrès
　　　③　je n'ai pas suivi ces conseils

(4)　①　je fais souvent des erreurs
　　　②　je n'ai plus le droit à l'erreur
　　　③　je ne m'aperçois pas de mon erreur

(5)　①　on y arrive
　　　②　on n'y peut rien
　　　③　on y va

(1)	(2)	(3)	(4)	(5)

EXERCICE 6

次の会話を読み，（1）～（5）に入れるのにもっとも適切なものを，それぞれ下の①～③のなかから1つずつ選び，その番号を解答欄に記入してください。(配点 10)

La propriétaire : Bonjour, monsieur Bouchard ! Comment allez-vous ?

Le locataire : Bonjour, madame. Il y a longtemps que je n'ai pas eu le plaisir de vous rencontrer.

La propriétaire : Mais vous savez, j'ai beaucoup de choses à faire. (1) de venir vous voir.

Le locataire : D'ailleurs, votre visite m'inquiète, car, à chaque fois que je vous rencontre, c'est (2) vous m'apportiez de mauvaises nouvelles.

La propriétaire : Voyons, vous savez que j'ai de grosses charges* et je suis venue vous demander une petite augmentation de loyer.

Le locataire : (3), en vous voyant venir, que vous me demandiez une augmentation.

La propriétaire : Vous savez, tout a tellement augmenté.

Le locataire : C'est toujours ce qu'on dit. Mais il n'y a qu'une chose qui (4), c'est mon salaire.

La propriétaire : Oui, je comprends. Mais regardez cette magnifique maison !

Le locataire : Mais regardez mes enfants que je dois envoyer à l'école ! J'ai des charges considérables, (5).

*charge：金銭的負担

(1)　①　J'ai eu l'occasion
　　　②　Je n'ai pas eu le temps
　　　③　Je n'avais pas envie

(2)　①　à moins que
　　　②　pour que
　　　③　si

(3)　①　J'étais content
　　　②　Je m'attendais
　　　③　Je ne savais pas

(4)　①　a monté
　　　②　n'a pas augmenté
　　　③　n'a pas baissé

(5)　①　je crois
　　　②　moi aussi
　　　③　tout de même

(1)	(2)	(3)	(4)	(5)

EXERCICE 7

次の会話を読み，（1）～（5）に入れるのにもっとも適切なものを，それぞれ下の①～③の なかから1つずつ選び，その番号を解答欄に記入してください。（配点　10）

Le vendeur : Bonjour, madame.　Qu'est-ce que je peux faire pour vous ?

Béatrice : Bonjour, monsieur.　Je vous rapporte ce scanner.　Vous ne trouvez pas qu'il fait un bruit bizarre ?

Le vendeur : (1).　Il ne marche pas bien.

Béatrice : Pourquoi grésille*-t-il ?

Le vendeur : C'est peut-être un faux contact.　Vous avez la facture et le certificat de garantie ?

Béatrice : Oui, (2).

Le vendeur : Merci… Mais la garantie** a expiré*** il y a une semaine, vous savez.

Béatrice : Vraiment ?

Le vendeur : Oui, (3).

Béatrice : Quoi ?　À une semaine près ?　Vous ne pouvez pas faire une exception ?

Le vendeur : (4), madame.　C'est la même chose pour tout le monde.

Béatrice : (5).　Je vais vous faire de la publicité sur Internet, vous pouvez me faire confiance.

*grésiller : ぱちぱちという音を出す

**garantie : 保証

***expirer : 期限が切れる

(1)　① C'est parfait
　　② C'est vrai
　　③ Je ne sais pas

(2)　① Je les ai perdus
　　② Je ne veux pas
　　③ les voilà

(3)　① ça nécessite d'importantes réparations
　　② les réparations seront à vos frais
　　③ on ne peut pas le réparer

(4)　① Je regrette
　　② Je vais voir
　　③ Si, heureusement

(5)　① Ce n'est pas croyable
　　② C'est possible
　　③ Pas de problème

(1)	(2)	(3)	(4)	(5)

7
会話文完成

EXERCICE 8

次の会話を読み，（1）～（5）に入れるのにもっとも適切なものを，それぞれ下の①～③の
なかから1つずつ選び，その番号を解答欄に記入してください。(配点 10)

Corinne : Julien, est-ce que tu es content de ton nouveau travail ?

Julien : Oui, (1).

Corinne : Où est-ce que tu travailles maintenant ?

Julien : Je suis instituteur dans un petit village du Sud. Je vais à l'école à vélo tous les matins. Il faut moins de vingt minutes pour y aller. (2), c'est précisément que je connais tout le monde dans le village, les enfants bien sûr, mais aussi leurs parents.

Corinne : Tu n'as pas de problème de discipline* ?

Julien : Non, je n'ai aucun problème de discipline. (3) d'être dans un petit village.

Corinne : Avant, où est-ce que tu travaillais ?

Julien : À Paris. Je n'aimais pas trop vivre dans cette ville.

Corinne : Mais c'est une ville magnifique, passionnante !

Julien : Oui, mais il y a beaucoup d'inconvénients**. (4), ce qui me déplaisait, c'était le temps de transport ! Je passais plus de deux heures par jour dans les transports en commun pour aller au travail.

Corinne : Ah oui, c'est fatigant. Mais le week-end, tu peux sortir, aller au concert…

Julien : Oui, mais (5) de prendre encore le métro le week-end.

*discipline : 規律　　**inconvénient : 不便

(1) ① c'est ennuyeux à mourir
　　② c'est exactement ce que je voulais faire
　　③ c'est tout ce que je n'aimais pas

(2) ① Ce que j'aime
　　② Ce qu'on me dit
　　③ Ce qui ne m'intéresse pas

(3) ① C'est à la mode
　　② C'est justement l'avantage
　　③ C'est très ennuyeux

(4) ① Bien sûr
　　② D'ailleurs
　　③ Par exemple

(5) ① ça m'ennuie
　　② ça me fait plaisir
　　③ ça me passionne

(1)	(2)	(3)	(4)	(5)

EXERCICE 9

次の会話を読み，（1）〜（5）に入れるのにもっとも適切なものを，それぞれ下の①〜③のなかから1つずつ選び，その番号を解答欄に記入してください。(配点 10)

Patrick : Tu crois que Marc sera pour notre projet ?

Cécile : Non, je ne pense pas. (1). Il dira que nous n'avons pas assez réfléchi. Tu verras !

Patrick : Alors, (2) est-ce que nous présenterons les choses ?

Cécile : On pourra commencer par les résultats du trimestre*. Tout le monde posera des questions. (3). Après, nous ferons une petite pause-café, et enfin nous présenterons notre projet.

Patrick : Et si Marc dit que notre travail est mal fait…

Cécile : Je demanderai à Lise son opinion. Je la connais, elle restera très calme, elle nous posera des questions simples et intelligentes.

Patrick : Pour ces questions, si tu veux, je pourrai répondre.

Cécile : Bonne idée ! Marc sera frappé de t'entendre parler.

Patrick : Oui, mais (4) ?

Cécile : À ce moment-là, je demanderai à Lucien de venir. S'il est là, tout le monde l'écoutera, et Marc fera comme tout le monde !

Patrick : J'espère que tout ira bien ! (5), quand même !

Cécile : Mais non ! Tu verras, tout se passera bien !

* trimestre : 四半期

(1) ① Il sera peut-être pour
② Il sera probablement contre
③ Il sera tout à fait d'accord avec nous

(2) ① comment
② depuis combien de temps
③ où

(3) ① Ça prendra au moins une heure
② Il faut qu'on parte
③ Nous avons fini notre travail

(4) ① si Marc adopte notre opinion
② si Marc donne son accord
③ si Marc refuse vraiment

(5) ① Ça marchera bien
② J'en suis sûr
③ Je suis un peu inquiet

(1)	(2)	(3)	(4)	(5)

EXERCICE 10

次の会話を読み，（1）〜（5）に入れるのにもっとも適切なものを，それぞれ下の①〜③のなかから1つずつ選び，その番号を解答欄に記入してください。（配点　10）

La dame : Bonjour.　Je voudrais partir à Madrid début avril, le 2 ou le 3. Vous pensez qu'il y a encore des places ?

L'employé : (1).　C'est pour combien de personnes ?

La dame : Une.

L'employé : (2) ?

La dame : À la fin du mois, le 29 ou le 30.

L'employé : J'ai un vol, départ le 2 avril, retour 2 mai.　Dates fixes.

La dame : Ah !　(3).　Je dois être rentrée le 1er mai.

L'employé : Alors, je n'en ai qu'un autre.　C'est un peu plus cher, à 145 euros. Départ le 5, retour le 30 avril.　Mais il faut vous décider vite, (4) à l'aller.

La dame : C'est quelle compagnie ?

L'employé : Air France.

La dame : Eh bien, (5).　Je n'ai pas le choix.

(1)　① C'est complet
　　② Désolé, il n'y a plus de places
　　③ Nous allons voir

(2)　① Vous allez partir quel jour
　　② Vous partez pour combien de temps
　　③ Vous pensez rentrer quand

(3)　① Ce n'est pas grave
　　② Ce n'est pas possible
　　③ Pas de problème

(4)　① il ne reste que deux places
　　② il y a assez de places
　　③ vous avez le temps

(5)　① c'est d'accord
　　② je vais réfléchir
　　③ pas question

(1)	(2)	(3)	(4)	(5)

第1回
実用フランス語技能検定模擬試験
筆記試験問題冊子 〈準2級〉

問題冊子は試験開始の合図があるまで開いてはいけません。

筆 記 試 験	10 時 00 分 ～ 11 時 15 分 （休憩 20 分）
書き取り 聞き取り 試験	11 時 35 分から約 25 分間

◇**筆記試験と書き取り・聞き取り試験の双方を受験しないと欠席になります。**
◇問題冊子は表紙を含め 12 ページ、全部で 7 問です。

注 意 事 項

1 途中退出はいっさい認めません。

2 筆記用具は **HB または B の黒鉛筆** (シャープペンシルも可) を用いてください。

3 解答用紙の所定欄に、**受験番号**と**氏名**が印刷されていますから、間違いがないか、**確認**してください。

4 **マーク式の解答は、解答用紙の解答欄にマークしてください**。例えば、1 の (1) に対して③と解答する場合は、次の例のように解答欄の③にマークしてください。

例	**1**	解答番号	解 答 欄
		(1)	① ② ● ④ ⑤ ⑥

5 記述式の解答の場合、正しく判読できない文字で書かれたものは採点の対象となりません。

6 解答に関係のないことを書いた答案は無効にすることがあります。

7 解答用紙を折り曲げたり、破ったり、汚したりしないように注意してください。

8 問題内容に関する質問はいっさい受けつけません。

9 不正行為者はただちに退場、それ以降および来季以後の受験資格を失うことになります。

10 **携帯電話等の電子機器の電源は必ず切って、かばん等にしまってください。**

11 **時計のアラームは使用しないでください。**

1 　次の (1) 〜 (4) の （　　　） 内に入れるのにもっとも適切なものを、下の①〜⑥のなかから1つずつ選び、解答欄のその番号にマークしてください。ただし、同じものを複数回用いることはできません。(配点　8)

(1)　J'ai de l'estime et du respect (　　　) lui.

(2)　Le champion de tennis a gagné (　　　) sa grande fatigue.

(3)　Le train pour Bruxelles va entrer (　　　) gare.

(4)　Patientez quelques instants, le musée ouvre ses portes (　　　) cinq minutes.

　　　① à　　　　② dans　　　③ de

　　　④ en　　　⑤ malgré　　⑥ pour

2 　次のフランス語の文 (1) 〜 (5) が、それぞれあたえられた日本語の文が表わす意味になるように、（　　　） 内に入れるのにもっとも適切な語（各1語）を、**示されている最初の文字とともに**、解答欄に書いてください。(配点　10)

(1)　Bon (c　　　) !
　　　がんばってね！

(2)　Ça (a　　　).
　　　そういうこともあるさ。

(3)　Cette coupe de veste n'est plus à la (m　　　).
　　　この仕立ての上着はもうはやらない。

(4)　Mon imprimante (m　　　) mal.
　　　私のプリンターは調子が悪い。

(5)　Pas (p　　　) !
　　　ありえないよ！

3 次の (1) ～ (5) について、**A**、**B** がほぼ同じ意味になるように、(　　)
内に入れるのにもっとも適切なものを、下の語群から1つずつ選び、必要
な形にして解答欄に書いてください。ただし、同じものを複数回用いるこ
とはできません。(配点　10)

(1)　**A**　Cette tarte a l'air bonne.
　　　B　Cette tarte (　　　　) bonne.

(2)　**A**　Frédéric a fait des tranches de pain.
　　　B　Frédéric (　　　　) du pain en tranches.

(3)　**A**　Je ne me rappelle pas.
　　　B　Ça ne me (　　　　) rien.

(4)　**A**　Nous en avons assez discuté.　Changeons de sujet.
　　　B　Nous en avons assez discuté.　Si on (　　　　) à un autre sujet ?

(5)　**A**　Vous pourriez m'aider un peu ?
　　　B　Vous pourriez me (　　　　) un petit service ?

couper	choisir	dire	paraître
passer	rendre	vouloir	

次の対話 (1) ～ (5) の （　） 内に入れるのにもっとも適切なものを、下の①～⑦のなかから1つずつ選び、解答欄のその番号にマークしてください。ただし、同じものを複数回用いることはできません。（配点　10）

(1)　—Il a invité ses cousins à son mariage ?

　　　—Oui, mais (　　　) n'y a assisté.

(2)　—Martin n'est pas encore là ?

　　　—Si, (　　　) voilà qui arrive en courant !

(3)　—Qu'est-ce que je vais t'offrir comme cadeau d'anniversaire ?

　　　—Non merci, je n'ai besoin de (　　　).

(4)　—Tu aimes ce sac ?

　　　—Oui, je veux (　　　).

(5)　—Tu as vu le dernier modèle ?

　　　—Ah oui, c'est (　　　) qui est dans la vitrine de la boutique, là-bas.

①　aucun　　②　celui　　③　le　　④　le même

⑤　rien　　⑥　quelque chose　　⑦　qui

5 次の文章を読み、（ 1 ）～（ 5 ）に入れるのにもっとも適切なものを、それぞれ下の①～③のなかから1つずつ選び、解答欄のその番号にマークしてください。（配点　10）

Quelle liberté peut-on avoir sur Internet ? Pas la même, selon que l'on se place du côté des autorités ou du côté des (1).

Le F.B.I. a fermé le site Internet « Megaupload ». Sur ce site, on pouvait stocker des photos, des films. Et on pouvait aussi voir des films, des émissions de télé ou écouter de la musique (2).

Pour la police américaine, c'est là le problème. Ce site violait* les droits d'auteur. (3) l'auteur d'un film, d'une chanson ou de toute œuvre artistique reçoit de l'argent chaque fois qu'une de ses œuvres est diffusée.** Et « Megaupload » ne payait pas la diffusion sur son site. (4), le site demandait aux personnes qui voulaient en profiter sans limite de payer un abonnement*** chaque mois. Avoir fait perdre de l'argent aux artistes alors qu'il en (5), voilà ce que la justice américaine reproche au fondateur de « Megaupload ».

*violer : 侵害する

**diffuser : 放送する

***abonnement : 使用料金

(1)　①　répondeurs
　　　②　spectateurs
　　　③　utilisateurs

(2)　①　en payant par carte
　　　②　en payant cher
　　　③　gratuitement

(3)　①　Car
　　　②　C'est pourquoi
　　　③　Donc

(4)　①　Par conséquent
　　　②　Par contre
　　　③　Par exemple

(5)　①　dépensait peu
　　　②　gagnait beaucoup
　　　③　perdait assez

次の文章を読み、下の (1) ～ (6) について、文章の内容に一致する場合は解答欄の①に、一致しない場合は②にマークしてください。(配点 12)

MuMo, ça veut dire Musée Mobile. Ce musée pas comme les autres est installé dans un énorme camion. Son idée est de permettre aux enfants les plus éloignés des musées de découvrir l'art contemporain. Après avoir parcouru la France, le Musée Mobile est arrivé en Afrique. Le camion a déjà parcouru 8 000 km et s'est arrêté dans plus de 60 écoles.

Le drôle de camion, décoré en rouge et blanc, contient de nombreuses œuvres. À l'intérieur, les jeunes visiteurs, qui ne sont jamais entrés dans un musée, vivent des expériences étonnantes grâce à des œuvres d'art créées par de grands artistes. Comme dans cette bulle* où un arc-en-ciel de lumière, dont on ne voit pas l'origine, se reflète sur les enfants.

Si les connaisseurs d'art moderne ont l'habitude de ces sensations, l'effet** surprend totalement les écoliers. Le MuMo va continuer à faire découvrir l'art aux enfants d'Afrique, avant de partir sur d'autres continents.

*bulle：シャボン玉
**effet：効果

(1)　« MuMo » est l'abréviation de « Musée Mobile ».

(2)　L'idée du Musée Mobile est de permettre l'accès des enfants de la ville aux œuvres d'art.

(3)　Le Musée Mobile a déjà parcouru toute l'Afrique.

(4)　Dans ce camion, il y a beaucoup d'œuvres d'art créées par de grands artistes.

(5)　De ce camion, on voit l'arc-en-ciel apparaître.

(6)　Le Musée Mobile projette de parcourir d'autres continents que l'Afrique.

7 次の会話を読み、（ 1 ）～（ 5 ）に入れるのにもっとも適切なもの
を、それぞれ下の①～③のなかから1つずつ選び、解答欄のその番号にマ
ークしてください。（配点　10）

Alice : Alors, demain, tu ne seras pas là ? （ 1 ）!

Samuel : Alice, je t'ai dit samedi dernier que je ne serais pas là demain.

Alice : （ 2 ）, tu m'as dit que tu arriverais un peu tard, mais qu'on pourrait aller dîner au restaurant chinois.

Samuel : Non, excuse-moi mais je ne t'ai pas promis qu'on pourrait y aller, j'ai juste dit qu'（ 3 ）. Tu transformes tout ce que je dis !

Alice : Tu m'as promis qu'on passerait la soirée ensemble. Tu ne tiens jamais tes promesses !

Samuel : Ma chérie, （ 4 ）, je travaille dur, j'ai des réunions tous les soirs et je dois rester une ou deux nuits au bureau.

Alice : Oui, mais tu m'as aussi dit que tu aurais fini ton projet avant le 10.

Samuel : Je sais, mais à ce moment-là, je ne savais pas que mon collègue* serait en congé maladie. C'est incroyable, （ 5 ）, tu n'arrêtes pas de me faire des reproches.

*collègue : 同僚

(1)　①　Bonne nouvelle
　　　②　Bonne idée
　　　③　Première nouvelle

(2)　①　Mais non
　　　②　Mais oui
　　　③　Tant mieux

(3)　①　on irait demain
　　　②　on irait un jour
　　　③　on était déjà allés

(4)　①　à l'instant
　　　②　de temps en temps
　　　③　en ce moment

(5)　①　au lieu de me soutenir
　　　②　en m'encourageant
　　　③　sans me reprocher ma paresse

実用フランス語技能検定模擬試験

*聞き取り試験問題の音声は姉妹編『完全予想仏検準 2 級―聞き取り試験問題編』に付属している CD に吹き込まれています。

第 1 回
実用フランス語技能検定模擬試験
聞き取り試験問題冊子 〈準 2 級〉

> 書き取り・聞き取り試験時間は、
> 11 時 35 分 から 約 25 分 間

　先に書き取り試験をおこないます。解答用紙表面の書き取り試験注意事項をよく読んでください。書き取り試験解答欄は裏面にあります。

　この冊子は指示があるまで開かないでください。

◇筆記試験と書き取り・聞き取り試験の双方を受験しないと欠席になります。
◇問題冊子は表紙を含め 4 ページ、全部で 2 問です。

書き取り・聞き取り試験注意事項

1　途中退出はいっさい認めません。

2　書き取り・聞き取り試験は、CD・テープでおこないます。

3　解答用紙の所定欄に、**受験番号**と**氏名**が印刷されていますから、間違いがないか、**確認**してください。

4　CD・テープの指示に従い、中を開いて、日本語の説明をよく読んでください。フランス語で書かれた部分にも目を通しておいてください。

5　解答はすべて別紙の書き取り・聞き取り試験解答用紙の解答欄に、**HB または B の黒鉛筆** (シャープペンシルも可)で記入またはマークしてください。

6　問題内容に関する質問はいっさい受けつけません。

7　**携帯電話等の電子機器の電源は必ず切って、かばん等にしまってください。**

8　**時計のアラームは使用しないでください。**

1

- まず、Judith と Pedro の会話を聞いてください。
- 続いて、それについての5つの質問を読みます。
- もう1回、会話を聞いてください。
- もう1回、5つの質問を読みます。1問ごとにポーズをおきますから、その間に、答えを解答用紙の解答欄にフランス語で書いてください。
- それぞれの（　　）内に1語入ります。
- 答えを書く時間は、1問につき10秒です。
- 最後に、もう1回会話を聞いてください。
- 数を記入する場合は、算用数字で書いてください。
  （メモは自由にとってかまいません）（配点　8）

(1) C'est une (　　　), avec des (　　　) naturels magnifiques.

(2) Elle arrivera (　　　) soir sur place.

(3) Elle va rester (　　　) jours.

(4) Il lui conseille de visiter le centre-ville à (　　　) et, surtout, de ne pas perdre son temps dans le quartier des (　　　).

(5) Dans le centre-ville, elle pourra trouver d'(　　　) petits restaurants traditionnels pour pas très (　　　).

メモ欄

2

- まず、Françoise の話を 2 回聞いてください。
- 次に、その内容について述べた文 (1) 〜 (10) を 2 回通して読みます。それぞれの文が話の内容に一致する場合は解答欄の①に、一致しない場合は②にマークしてください。
- 最後に、もう 1 回 Françoise の話を聞いてください。
  （メモは自由にとってかまいません）（配点　10）

〜〜〜〜〜〜〜〜〜〜〜〜〜〜〜〜〜〜〜〜〜〜〜〜〜〜〜〜〜〜〜〜〜〜〜〜〜〜〜

メモ欄

第１回 実用フランス語技能検定模擬試験（準２級）筆記試験 解答用紙

1

解答番号	解 答 欄
(1)	① ② ③ ④ ⑤ ⑥
(2)	① ② ③ ④ ⑤ ⑥
(3)	① ② ③ ④ ⑤ ⑥
(4)	① ② ③ ④ ⑤ ⑥

4

解答番号	解 答 欄
(1)	① ② ③ ④ ⑤ ⑥ ⑦
(2)	① ② ③ ④ ⑤ ⑥ ⑦
(3)	① ② ③ ④ ⑤ ⑥ ⑦
(4)	① ② ③ ④ ⑤ ⑥ ⑦
(5)	① ② ③ ④ ⑤ ⑥ ⑦

5

解答番号	解 答 欄
(1)	① ② ③
(2)	① ② ③
(3)	① ② ③
(4)	① ② ③
(5)	① ② ③

6

解答番号	解 答 欄
(1)	① ②
(2)	① ②
(3)	① ②
(4)	① ②
(5)	① ②
(6)	① ②

7

解答番号	解 答 欄
(1)	① ② ③
(2)	① ② ③
(3)	① ② ③
(4)	① ② ③
(5)	① ② ③

2

解答番号	解 答 欄	採点欄
(1)		② ⓪
(2)		② ⓪
(3)		② ⓪
(4)		② ⓪
(5)		② ⓪

3

解答番号	解 答 欄	採点欄
(1)		② ⓪
(2)		② ⓪
(3)		② ⓪
(4)		② ⓪
(5)		② ⓪

会 場 名

氏 名

会場コード

受験番号

（数字欄 ⓪①②③④⑤⑥⑦⑧⑨）

 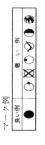

第1回 実用フランス語技能検定模擬試験（準2級）書き取り 聞き取り 試験 解答用紙

書き取り試験注意事項　（書き取り試験解答欄は裏面にあります。）

フランス語の文章を、次の要領で全文を書き取ってください。

- 1回目、2回目は、ふつうの速さで全文を4回読みます。全文を書き取ってください。
- 3回目は、ポーズをおきますから、その間に書き取ってください（句読点も読みます）。
- 最後に、もう1回ふつうの速さで全文を読みます。
- 読み終わってから2分後に、聞き取り試験に移ります。
- 数を書く場合は、算用数字で書いてかまいません。（配点 12）

書き取り試験

採 点 欄

| 0 | 1 | 2 | 3 | 4 | 5 | 6 | 7 | 8 | 9 |
| 10 | 11 | 12 |

2

解答番号	解 答 欄
(1)	① ②
(2)	① ②
(3)	① ②
(4)	① ②
(5)	① ②
(6)	① ②
(7)	① ②
(8)	① ②
(9)	① ②
(10)	① ②

聞き取り試験

1

解答番号	解 答 欄	採点欄
(1)		① ⓪
(2)		① ⓪
(3)		① ⓪
(4)		① ⓪
(5)		① ⓪

会 場 名

氏 名

会場コード

⓪①②③④⑤⑥⑦⑧⑨

受 験 番 号

⓪①②③④⑤⑥⑦⑧⑨

記入およびマークについての注意事項

1. 解答には必ずHBまたはBの黒鉛筆（シャープペンシルも可）を使用してください。
2. 記入は太線の枠内に、マークは○の中を正確に塗りつぶしてください（下記マーク例参照）。採点欄は塗りつぶさないでください。
3. 訂正の場合は、プラスチック製消しゴムできれいに消してください。
4. 解答用紙を折り曲げたり、破ったり、汚したりしないでください。

マーク例

良い例	悪い例
●	○ ⊗ ◐ ◑ ③

準２級書き取り試験　解答欄

第2回
実用フランス語技能検定模擬試験
筆記試験問題冊子　〈準 2 級〉

問題冊子は試験開始の合図があるまで開いてはいけません。

筆 記 試 験	10 時 00 分 〜 11 時 15 分	
	（休憩 20 分）	
書き取り 聞き取り 試験	11 時 35 分から約 25 分間	

◇**筆記試験と書き取り・聞き取り試験の双方を受験しないと欠席になります。**

◇問題冊子は表紙を含め 12 ページ、全部で 7 問題です。

注 意 事 項

1　途中退出はいっさい認めません。

2　筆記用具は **HB または B の黒鉛筆**（シャープペンシルも可）を用いてください。

3　解答用紙の所定欄に、**受験番号**と**氏名**が印刷されていますから、間違いがないか、**確認**してください。

4　**マーク式の解答は、解答用紙の解答欄にマークしてください。**例えば、1 の (1) に対して③ と解答する場合は、次の例のように解答欄の ③ にマークしてください。

例　1

解答番号	解 答 欄
(1)	① ② ● ④ ⑤ ⑥

5　記述式の解答の場合、正しく判読できない文字で書かれたものは採点の対象となりません。

6　解答に関係のないことを書いた答案は無効にすることがあります。

7　解答用紙を折り曲げたり、破ったり、汚したりしないように注意してください。

8　問題内容に関する質問はいっさい受けつけません。

9　不正行為者はただちに退場、それ以降および来季以後の受験資格を失うことになります。

10　**携帯電話等の電子機器の電源は必ず切って、かばん等にしまってください。**

11　**時計のアラームは使用しないでください。**

1 次の (1) ～ (4) の (　　) 内に入れるのにもっとも適切なものを、下の ①～⑥のなかから 1 つずつ選び、解答欄のその番号にマークしてください。 ただし、同じものを複数回用いることはできません。(配点　8)

(1)　C'est un bateau (　　　　) moteur.

(2)　Il est âgé (　　　　) trente ans.

(3)　J'ai pris rendez-vous (　　　　) le médecin pour demain.

(4)　On a une belle vue (　　　　) le sommet de la montagne.

   ① à   ② chez ③ dans
   ④ depuis ⑤ de   ⑥ pour

2 次のフランス語の文 (1) ～ (5) が、それぞれあたえられた日本語の文が 表わす意味になるように、(　　) 内に入れるのにもっとも適切な語 (各 1 語) を、**示されている最初の文字とともに**、解答欄に書いてください。 (配点　10)

(1)　Ça me fait (p　　　　).
  うれしいです。

(2)　C'est hors de (q　　　　).
  論外だよ。

(3)　Cette valise est trop lourde, viens me donner un (c　　　　) de main.
  このスーツケースは重すぎる、手を貸しに来てよ。

(4)　Je voudrais une (b　　　　) de lait, s'il vous plaît.
  牛乳を 1 パック欲しいのですが。

(5)　Lundi prochain, ça ne m'(a　　　　) pas.
  次の月曜日は都合が悪い。

3 　次の (1) ～ (5) について、**A、B** がほぼ同じ意味になるように、（　　）内に入れるのにもっとも適切なものを、下の語群から 1 つずつ選び、必要な形にして解答欄に書いてください。ただし、同じものを複数回用いることはできません。（配点　10）

(1) **A** Elle a grossi pendant ces vacances.
　　B Elle (　　　　) du poids pendant ces vacances.

(2) **A** Il interdisait à ses enfants de lui mentir.
　　B Il ne (　　　　) pas à ses enfants de lui mentir.

(3) **A** J'ai eu besoin de trois heures pour ce travail.
　　B Ce travail m'(　　　　) trois heures.

(4) **A** Mon fils ne sera pas reçu au bac.
　　B Mon fils (　　　　) au bac.

(5) **A** Pierre arrive quelquefois en retard à cause du brouillard.
　　B Le brouillard (　　　　) quelquefois Pierre d'arriver à l'heure.

conseiller　　　demander　　　empêcher　　　permettre
prendre　　　　refuser　　　　s'employer

4 次の対話 (1) ～ (5) の （　） 内に入れるのにもっとも適切なものを、下の①～⑦のなかから1つずつ選び、解答欄のその番号にマークしてください。ただし、同じものを複数回用いることはできません。なお、①～⑦では、文頭にくるものも小文字にしてあります。（配点　10）

(1)　—Ils s'entendent bien ?

　　　—Non, ils se disent toujours du mal les uns des (　　　).

(2)　—Qu'est-ce que tu en penses ?

　　　—Je ne comprends pas très bien. De (　　　) il s'agit ?

(3)　—Qui paie l'addition ?

　　　—(　　　) paie sa part.

(4)　—Tu as mangé toutes les brioches ?

　　　—Non, il en reste encore (　　　).

(5)　—Tu connais ce chanteur ?

　　　—Oui, j'ai (　　　) de ses CD.

　　　① aucun　　　② autres　　　③ chacun　　　④ lequel
　　　⑤ plusieurs　　⑥ quelques-unes　　⑦ quoi

5

次の文章を読み、（ 1 ）〜（ 5 ）に入れるのにもっとも適切なものを、それぞれ下の①〜③のなかから1つずつ選び、解答欄のその番号にマークしてください。（配点　10）

200 nouvelles caméras de surveillance* viennent d'(1) en place à Paris. L'installation de 800 autres caméras est prévue dans les années qui viennent. Celles-ci (2) aux 10 000 caméras déjà en place dans les transports et les centres commerciaux parisiens.

Les mesures de surveillance permettent d'éviter les vols et les agressions**. En France, il y a plus de 600 000 caméras pour surveiller les lieux publics. Mais tout le monde ne pense pas que ce système de surveillance est (3). Pour certains, de tels réseaux (4) et rien ne prouve qu'ils permettent d'arrêter les coupables.

En tout cas, il est vrai que les caméras ne suffisent pas encore. Il faut aussi des policiers pour intervenir (5) infraction***. Mais dans certains endroits, comme à Paris, les caméras sont plus nombreuses, mais pas les policiers.

*surveillance : 監視

**agression : 暴行

***infraction : 違反

(1) ① être assises
　　② être faites
　　③ être mises

(2) ① assistent
　　② participent
　　③ s'ajoutent

(3) ① efficace
　　② impoli
　　③ inutile

(4) ① coûtent cher
　　② marchent bien
　　③ sont importants

(5) ① en cas d'
　　② en état d'
　　③ sur l'

次の文章を読み、右のページの (1) ～ (6) について、文章の内容に一致する場合は解答欄の①に、一致しない場合は②にマークしてください。（配点　12）

Ce week-end, Gérard est allé dans sa maison de campagne. D'abord, les trains étaient en grève : il y avait donc quinze kilomètres d'embouteillage. Il a quitté l'autoroute, mais la route était bloquée près de sa maison de campagne. Les gendarmes* arrêtaient les voitures, contrôlaient tous les papiers. Ils cherchaient apparemment quelqu'un. Il a attendu plus d'une demi-heure. Les gendarmes ont ouvert sa voiture, ils ont fouillé partout. Ils avaient l'air nerveux, ils parlaient tout le temps avec des collègues au téléphone, on entendait leurs conversations. Et soudain, ils lui ont demandé de les suivre. Il a dû entrer dans leur fourgon**, ils l'ont interrogé pendant une heure. Un gendarme écrivait tout ce qu'il disait, les autres continuaient à arrêter toutes les voitures, personne ne lui expliquait rien. Soudain, il a entendu des cris, des gens qui parlaient fort. Les gendarmes lui ont dit : « Ça va, vous pouvez partir ». Quand il est sorti du fourgon, il a vu un autre homme qui était arrêté, entre deux gendarmes. C'était incroyable. Cet homme lui ressemblait comme un frère jumeau ! Il était même habillé comme lui. C'était comme dans un film. Gérard avait l'air tellement stupéfait qu'un gendarme a commencé à rire.

*gendarme : 憲兵

**fourgon : 囚人護送車

(1) Il y avait un énorme embouteillage sur l'autoroute à cause de l'accident de la route.

(2) Gérard est arrivé à sa maison de campagne comme prévu en quittant l'autoroute.

(3) Gérard a attendu son tour pour le contrôle pendant plus d'une demi-heure.

(4) Les gendarmes se parlaient sans arrêt au téléphone pour échanger des informations.

(5) Gérard a failli être arrêté comme suspect.

(6) C'est le frère jumeau de Gérard qui a été arrêté par les gendarmes.

7 次の会話を読み、（ 1 ）～（ 5 ）に入れるのにもっとも適切なものを、それぞれ下の①～③のなかから1つずつ選び、解答欄のその番号にマークしてください。（配点　10）

Anne : Qu'est-ce que tu penses de ce manteau ? Il me va ?

Raymond : (1), mais je trouve que celui que tu viens d'essayer est plus chic. La couleur est superbe et il est mieux coupé*.

Anne : (2) ?

Raymond : Oui, ne t'inquiète pas. Puisque je te le dis.

Anne : C'est vrai ? (3) ?

Raymond : Oui, je t'assure.

Anne : Mais il est beaucoup plus cher. Il ne vaut pas mieux que j'achète celui-ci ? Il me semble plus pratique, (4). Tu ne crois pas ?

Raymond : (5), mais si tu veux mon avis, l'autre fait plus d'effet** et il te va mieux. C'est l'argument*** décisif, ça, non ?

Anne : Tout à fait.

*couper : 服を仕立てる

**effet : 強い印象

***argument : 論拠

(1)　①　Il est trop long
　　　②　Il n'est pas joli
　　　③　Il n'est pas mal

(2)　①　Tu as tort
　　　②　Tu es d'accord
　　　③　Tu es sûr

(3)　①　Il est à ma taille
　　　②　Il est trop serré à la taille
　　　③　Il n'est pas à ma taille

(4)　①　il n'est plus à la mode
　　　②　plus confortable aussi
　　　③　plus ennuyeux aussi

(5)　①　Ce n'est pas la peine
　　　②　Ce n'est rien
　　　③　C'est vrai

＊聞き取り試験問題の音声は姉妹編『完全予想仏検準2級—聞き取り試験問題編』に付属しているCDに吹き込まれています。

第2回
実用フランス語技能検定模擬試験
聞き取り試験問題冊子 〈準2級〉

> 書き取り・聞き取り試験時間は、
> 11時35分から約25分間

　先に書き取り試験をおこないます。解答用紙表面の書き取り試験注意事項をよく読んでください。書き取り試験解答欄は裏面にあります。
　この冊子は指示があるまで開かないでください。

◇筆記試験と書き取り・聞き取り試験の双方を受験しないと欠席になります。
◇問題冊子は表紙を含め4ページ、全部で2問題です。

書き取り・聞き取り試験注意事項

1　途中退出はいっさい認めません。

2　書き取り・聞き取り試験は、CD・テープでおこないます。

3　解答用紙の所定欄に、**受験番号**と**氏名**が印刷されていますから、間違いがないか、**確認**してください。

4　CD・テープの指示に従い、中を開いて、日本語の説明をよく読んでください。フランス語で書かれた部分にも目を通しておいてください。

5　解答はすべて別紙の書き取り・聞き取り試験解答用紙の解答欄に、**HBまたはBの黒鉛筆**(シャープペンシルも可)で記入またはマークしてください。

6　問題内容に関する質問はいっさい受けつけません。

7　**携帯電話等の電子機器の電源は必ず切って、かばん等にしまってください。**

8　**時計のアラームは使用しないでください。**

1

- まず、Daniel と Stéphanie の会話を聞いてください。
- 続いて、それについての6つの質問を読みます。
- もう1回、会話を聞いてください。
- もう1回、6つの質問を読みます。1問ごとにポーズをおきますから、その間に、答えを解答用紙の解答欄にフランス語で書いてください。
- それぞれの（　　）内に1語入ります。
- 答えを書く時間は、1問につき10秒です。
- 最後に、もう1回会話を聞いてください。
- 数を記入する場合は、算用数字で書いてください。

（メモは自由にとってかまいません）（配点　8）

(1) Parce qu'elle （　　） lire.

(2) Oui, elle a travaillé pendant 5 ans dans une （　　） d'informatique.

(3) Elle l'a donnée quand elle s'est （　　）.

(4) Parce qu'elle a lu plusieurs （　　） qui avaient été （　　） par cette maison d'édition.

(5) Non, mais elle a le permis de （　　）.

(6) Elle parle anglais, （　　） et un peu （　　）.

～～～～～～～～～～～～～～～～～～～～～～～～～～～～～～～～～～

メモ欄

2

- まず、Charles についての文章を 2 回聞いてください。
- 次に、その内容について述べた文 (1) ～ (10) を 2 回通して読みます。それぞれの文が話の内容に一致する場合は解答欄の①に、一致しない場合は②にマークしてください。
- 最後に、もう 1 回 Charles についての文章を聞いてください。
  （メモは自由にとってかまいません）（配点　10）

メモ欄

第2回 実用フランス語技能検定模擬試験（準2級）筆記試験 解答用紙

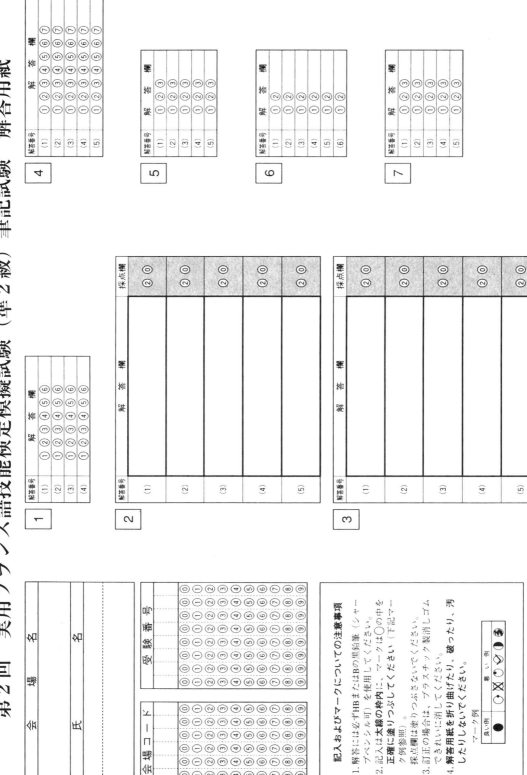

第 2 回 実用フランス語技能検定模擬試験 （準 2 級） 書き取り 試験 解答用紙 聞き取り

会 場 名

氏 名

会場コード

受 験 番 号

記入およびマークについての注意事項

1. 解答には必ずHBまたはBの黒鉛筆（シャープペンシルも可）を使用してください。
2. 記入は太線の枠内に、マークは○の中を正確に塗りつぶしてください（下記マーク例参照）。
3. 訂正の場合は塗りつぶさないでください。消しゴムできれいに消してください。プラスチック製消しゴムできれいに消してください。
4. 解答用紙を折り曲げたり、破ったり、汚したりしないでください。

マーク例

良い例	悪い例
●	⊘ ✕ ◑ ◓ ◐

書き取り試験注意事項 （書き取り試験解答欄は裏面にあります。）

フランス語の文章を、次の要領で全文を書き取ってください。

・1回目、2回目は、ふつうの速さで全文を書き取ります。全文を書き取ってください。
・3回目は、ポーズをおきますから、その間に書き取ってください（句読点も読みます）。内容をよく理解するようにしてください（句読点も読みます）。
・最後に、もう1回ふつうの速さで全文を読みます。
・読み終わってから2分後に、聞き取り試験に移ります。
・数を書く場合は、算用数字で書いてかまいません。（配点 12）

書き取り試験

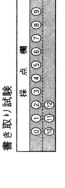

採 点 欄

	0	1	2	3	4	5	6	7	8	9
	10	11	12							

聞き取り試験

1

解答番号	解 答 欄	採点欄
(1)		① ⓪
(2)		① ⓪
(3)		① ⓪
(4)		① ⓪
(5)		① ⓪
(6)		① ⓪

2

解答番号	解 答 欄
(1)	① ②
(2)	① ②
(3)	① ②
(4)	① ②
(5)	① ②
(6)	① ②
(7)	① ②
(8)	① ②
(9)	① ②
(10)	① ②

実用フランス語技能検定模擬試験

179

準2級書き取り試験　解答欄

著者紹介

富田　正二（とみた　しょうじ）
1951年熊本生まれ。1979年，中央大学大学院
文学研究科仏文学専攻博士課程単位取得退
学。現在，中央大学，千葉商科大学，獨協大
学ほか講師。『イメージの心理学』（共訳，勁
草書房），『アルチュール・ランボー伝』（共
訳，水声社）など。

完全予想　仏検準2級

―筆記問題編―
（二訂版）

2014.10.1　初版発行　　2024.7.1　二訂版発行

著　者　　富田正二

発行者　　上野名保子

発行所　　株式会社　駿河台出版社

〒101-0062 東京都千代田区神田駿河台3の7
電話03（3291）1676 FAX03（3291）1675

製版・印刷　フォレスト

ISBN978-4-411-00575-5　C1085

http://www.e-surugadai.com